本书主要架构源于对国家社会科学基金项目“基于社会认同的税制体系构建研究”（12XJY027）研究成果的进一步拓展。同时受到以下项目的资助：广西哲学社会科学规划研究课题“贸易便利化视角下中国—东盟税收制度深度协调研究”（18BJY002）；广西（东盟）财经研究中心2018年开放性课题“税收制度协调视角下的中国—东盟贸易便利化测度研究”；广西经济与金融财税研究院2018年智库专项课题“广西企业投资东盟国家税收问题研究”。

基于社会认同的税制体系构建研究

焦耘／著

Jiyu Shehui Rentong de Shuizhi Tixi Goujian Yanjiu

中国财经出版传媒集团
经济科学出版社
Economic Science Press

图书在版编目（CIP）数据

基于社会认同的税制体系构建研究 / 焦耘著 . —北京：经济科学出版社，2020. 9
ISBN 978 -7 -5218 -1851 -2

Ⅰ. ①基… Ⅱ. ①焦… Ⅲ. ①税收制度 - 研究 - 中国 Ⅳ. ①F812. 422

中国版本图书馆 CIP 数据核字（2020）第 175423 号

责任编辑：刘 博 罗一鸣
责任校对：靳玉环
责任印制：李 鹏 范 艳

基于社会认同的税制体系构建研究
焦 耘 著
经济科学出版社出版、发行 新华书店经销
社址：北京市海淀区阜成路甲 28 号 邮编：100142
总编部电话：010 -88191217 发行部电话：010 -88191522
网址：www. esp. com. cn
电子邮箱：esp@ esp. com. cn
天猫网店：经济科学出版社旗舰店
网址：http：//jjkxcbs. tmall. com
北京季蜂印刷有限公司印装
710 ×1000 16 开 13. 75 印张 257000 字
2020 年 12 月第 1 版 2020 年 12 月第 1 次印刷
ISBN 978 -7 -5218 -1851 -2 定价：66. 00 元
（图书出现印装问题，本社负责调换。电话：010 -88191510）

前　言

对社会认同理论的兴趣始于对一个研究结论的思考：同一时期相似税收负担水平，税收遵从度存在巨大差异①。而这显然不仅仅是一个经济学的问题，主流经济学理论多以成本效益分析诠释个体的税收行为。个体在税收不遵从成本约束下追求利益最大化。尽管对税收不遵从成本和收益的研究不断深入，其内涵不断拓展，对相似经济发展水平的国家、相似的社会制度、相似的税收负担水平下，税收遵从巨大差异的分析有了相当程度的拓展。但经济人同时是社会人，从社会人的角度看，税收遵从应该是一个不同领域的问题。什么样的税收制度是好的？什么样的又是难以忍受的？社会认同理论及其在相关学科的拓展有助于分析这些与税收相关的问题吗？笔者带着这些疑问在阅读与思考中，形成了一些系统的看法，并以获得国家社会科学基金资助为契机，通过调研搜集大量的第一手资料，有了许多过去理论研究中未曾有过的感悟。

随着社会经济制度从计划向市场逐渐演进，税收成为政府与社会、民众之间重要的纽带。在中国传统体制下对个体而言无关痛痒的税收，从边缘走向被社会广泛关注。“什么样的税制体系是合宜的？”这一问题从宏观上关系国家治理，从中观和微观上分别影响社会群体行为与个体行为。同时，税收行为是社会行为的一部分，税制体系合宜与否

① 詹姆斯·阿尔姆（James Alm）在1995年和2006年的研究显示，欧美13个经济发展水平和税收制度大致相同的国家，税收遵从水平存在很大的差异。James Alm，Isabel Sanchez，Ana D. Juan. Economic and Non-economic Factors in Tax Compliance［J］. Kyklos，1995（48）：3－18. James Alm，Benno Torgler. Culture Differences and Tax Morale in the United States and in Europe［J］. Journal of Economic Psychology，2006（27）：224－246.

不仅应该从经济行为理性分析，更应从社会行为理性界定。

换句话说，从成本效益的角度界定为合宜的税制体系，从社会实践看往往未必尽如人意。在实践中，税制体系构建如果仅从成本效益等经济学视角分析很难在公平与效率之间权衡。税制体系构建一般的切入点是最优税制的构建。从经济学理论看，最优税制是对行为人行为扭曲最小的税制。而实践中这样的税制（如一次总付税）往往有失公平。基于公平原则对经济效率做出让步与折中的权衡中，很难说清楚什么样的侧重和具体结构是合宜的。是否可以换一个角度看——从对社会行为主体的行为影响看，最优税制不仅是引致经济效率损失最少的税收制度，而且应该是符合社会行为主体的基本规范，从而能被较好地与其基本社会价值理念融合的税收制度。

税收行为是社会行为的组成部分，其基本立场、观点从属于一般社会行为。社会认同理论在社会行为分析中以其独特的视角成为有效工具。将社会认同引入税制体系构建研究，分析税制演进中个体意见表达，并以社会认同为路径和集约分歧的手段，有助于解读税收行为及对税制结构合宜与否的判断。在此视野下，进一步分析社会认同的税制体系的基本规范和具体税制结构，以期推进能够促进社会经济进步、具有现实基础的税制体系的形成。

本书在相关概念界定的基础上，分析税收社会认同过程及其演化，推演出个体的具体税收行为取决于经由社会比较获得的主流税收共识，并产生社会主流的税收行为。这一基于税收社会范畴化的主流税收共识不仅是抽象、基本的共识，也是对具体税制结构的共识。而从社会制度背景分析，国家合法性认同及社会变迁过程进一步影响税收社会认同。在理论研究基础上，分析社会认同的税制体系的具体构建。这是前面所有问题研究的归宿和意义——为中国社会认同的税制体系的构建，提供可兹因循的规则和具体特征、结构，并指出可能的问题。

本书共分九章，具体内容简介如下：

第一章为导论，通过对税制体系构建及税收社会认同等相关文献的回顾与梳理，发现对最优税收制度的理论研究结论大多难以付诸实践。主要原因是在这样的研究中往往忽略制度背景差异对税收行为的影响。因此，将税收行为不仅仅看作是经济行为，而且重视其所具有的社会属性，才能够更好地解释制度背景差异下税制体系构建的相关问题。社会认同理论对社会行为有较强的解释力，而这正是本书的逻辑起点。

第二章为税制及其变迁社会认同的理论分析，在厘定社会认同及税收社会认同相关概念的基础上，分析税收个人认同与社会认同的特殊性及其演化，并从不同学科的角度讨论社会认同税收行为。

研究问题，首先需要界定清楚相关概念，使之边界清晰。尤其是在跨学科引入分析工具时。一般地，在借用社会心理学中的社会认同概念分析相关学科领域的问题时，将其或隐含或直接界定为同意和认可。例如税制的社会认同，往往被界定为社会对税制的普遍赞同，而认同在这里则被解读为同意、认可。即社会对税制普遍的同意和认可。而且在运用中其内涵和外延往往随语境的变化而变化，具有较大的随意性。换言之，在社会认同的泛化使用中，多被简单地看作良性评价，尤其是在经济学领域。在经济学中这样的语义使用，主要的缺憾有两个：首先，无法与其发源学科社会心理学中的界定自洽；其次，社会认同不仅仅是“良性评价”这样的结果（尽管从截面上看，这也是含义之一），其本源意义中所包含的形成良性评价过程中的冲突、沉淀、隐忍、变迁，从而对行为产生不同的影响——短期静态、短期动态、长期静态、长期动态及过程等被忽略。一方面，这些问题正是我们在经济分析中难以准确把握、希望借助社会认同这一概念能有所进展的问题；另一方面，在制度经济学中，以非正式制度概括的、对人们行为的影响，其社会心理学基础是什么，如何与社会认同自洽？这都是将社会认同理论引入经济行为分析（包括本书所讨论的税收行为分析）必须解决的前置问题。如果仅仅以“良性评价”作为社会认同的经济学含义，不仅不能起到将社会认同引入经济学科以补充对个人行为和对社会经济影响的过程进一步解读的目的，而且容易被诱入主观评价的歧途。

因此这一章首先分析社会认同的内涵，在此基础上分析社会认同在经济学中的基本含义，并进一步界定社会认同应用于税制及其变迁中的内涵。然后通过不同学科下对社会认同的税收行为的解释进一步拓宽视野，为后面的分析，尤其是第八章“可行能力”增进与中国社会认同税制体系构建的分析做理论准备。

社会认同以个体为核心折射社会背景特质。社会认同决定了个体对自己的定位，并赋予自身行为方式的基本特征。在这样的前提下，人们行为选择甚至常常不一定符合一般意义的个人利益最大化。同时，从静态的社会认同和社会认同动态过程分析，社会认同的社会建构当然不可能是一次性整体“意义漂移”的结果，具体演化的过程一开始往往是静默的、难以被察觉的。从其具体演化过程看，包括个体社会认同的主动建构及其扩散和被动建构。与此同时，社会认同形成过程中非正式制度有较大的影响。

税收社会认同即社会以群体为中介建构个体对税收及税收制度的认可。个体通过“习得”或社会建构形成对税收制度的看法和群体归属，如果这一看法是被认可并内化于自己的行为规范，同时在群体归属中内含税收和税收制度的正面评价即为个体对税制的社会认同。而从税收社会认同形成的具体过程看，在社会身份（社会范畴）或自我（心理）归属判断中，内含税收维度的判断结果为认可，即为税收社会认同。税收社会认同的前提条件是，税收是群体归属判断的重要影响因素及税收制度是人们行为规范的重要组成部分。税收社会认同状态下，人们的税收行为并不单纯追求个体利益最大化，至少并不以短期的成本效益为其税收行为的判断标准。

第三章为税收社会认同均衡及演化，分析税收社会认同均衡状态下的特征及其具体演化过程与中国个体税收社会认同的主动与被动建构。

对税收社会认同均衡状态的特征及演化具体过程的研究，同时考虑三个维度：对社会总体的认同、以税收为核心维度的税收社会认同和以税收为认知对象的税收社会认同。并分别在两类社会总体认同前提下分析税收社会认同的静态和动态特征以及对税收行为和税制运行的影响。

从静态看，社会总体认同下，具有现实可能性的有七类税收社会认同（$\alpha_1\beta_1\gamma_1$、$\alpha_1\beta_1\gamma_2$、$\alpha_1\beta_0\gamma_0$、$\alpha_1\beta_2\gamma_1$、$\alpha_1\beta_2\gamma_2$、$\alpha_1\beta_0\gamma_2$、$\alpha_1\beta_0\gamma_1$）；在社会总体非认同下，具有现实可能性的有四类税收社会认同（$\alpha_2\beta_2\gamma_2$、$\alpha_2\beta_2\gamma_0$、$\alpha_2\beta_0\gamma_0$、$\alpha_2\beta_0\gamma_2$）。各有其不同的静态特征，对税收行为和税制运行有不同影响。并进一步从特定均衡状态出发，分析影响税收社会认同变迁的因素，为介入税收社会认同过程以改变其变动轨迹、达到目标状态提供理论依据。总的来看，社会总体认同是税收社会认同最重要的影响因素。

在了解税收社会认同静态特征及演化的影响因素的基础上，进一步分析税收社会认同形成的具体路径和过程。与一般的社会认同具体过程比较，税收社会认同的特殊之处当然是引入税收这一特定的认同核心。个体的税收相关维度的主动建构形成个体的税收个人认同，经由合宜性判断完成个体税收社会认同主动建构，再经过交流与实践形成个体税收社会认同被动建构，并最终形成税收社会认同。税收社会认同形成具体路径和过程中的主动与被动建构有其特殊性，涉及两个维度，过程复杂。先梳理实践中主动建构和被动建构的过程与结果，并从中国各历史时期（前国家时期①、分封制时期、郡县制时期及现代国家时期）的截面特征出发，分析个体税收社会认同主动与被动建构的具体过程和历史线索。

第四章为税收社会认同过程的社会范畴化解读，分析税收社会认同形成中的社会范畴化具体过程和对税收行为的影响。

前面分析了以税收为认知对象和以税收为核心维度的社会认同的基本特征和均衡的形成，并研究从某一特定的税收社会认同状态出发，税收社会认同衍生的路径及影响因素。但有一个至关重要的问题未能涉及：某一特定时点上税收社会认同的截面特征是如何形成的？这一影响截面特征的因素又如何影响税收社会认同的演化？换句话说，前面的分析中一再提及以税收为核心维度的社会认同，但对税收如何成为社会认同的核心维度却未能深入探讨。因此，这一章用社会认同范畴化理论，分析税收在身份认同和群体归属判断中核心地位形成的可

---

① 指人类历史上国家出现以前的时期。为行文方便简称为前国家时期。下同。从某种意义上看国家是一个复杂的制度体系，其出现是一个漫长的过程，很难截然判定出现在某个具体的时间点。

能性及税收不同层次、不同角度的社会认同形成的范畴化过程和对税收行为的形塑过程。

随着国家的建立，税收演化为一种被强制执行的法定行为规范。对这一法定规范，其社会表征呈现出不同的特征。抽象意义上对这一强制性规范的评价与个人实际行为选择意义上的评价有多种组合，对税收行为产生不同的影响。在某种意义可以说，“范畴化”过程即为“评价”和变迁的过程。

“范畴化”在社会学、社会心理学等相关学科中有非常深入和宽泛的应用。在引入税收研究前，先对相关概念做个简要梳理。涉及的相关概念除了范畴化外，还有自我范畴化、个体范畴化及社会范畴化，在此基础上进一步界定税收范畴化。税收社会范畴化可以从两个既相联系又有区别的角度分析：税收维度社会范畴化与以税收为客体的范畴化。

税收维度社会范畴化过程的研究讨论了两种不同起点的群体归属产生过程及其变迁：以税收维度初始个体自我范畴化为起点和以税收维度负面税收立场个体自我范畴化为起点。得出结论，即使是在税收观点和行为规范并非自我范畴化影响因素的前提下，人们的初始税收行为选择是随机的，其税收行为选择所形成的群体利益比较结果也会使个体自我范畴化过程对税收的认知具有了明显的倾向性。以税收为客体的范畴化过程对税收的分类和认知是建立在个体税收维度自我范畴化基础上的。与此同时，对税收客体的分类和认知从长期看也会影响个体税收维度自我范畴化。

税收范畴化过程形成的税收认知往往模糊直观，通过社会比较获得个体的共识，并逐渐形成更为清晰具体的认知。在制度背景的影响下，进一步形成税收共识及主流税收共识。

第五章为主流税收共识、群体税收特征与税收社会认同，分析税收范畴化过程形成不同群体的税收认知和税收特征，进一步集约、演化为主流税收共识，影响税收社会认同。

主流税收共识分为三类：对纳税人行为、对征收主体及对税收社会角色的主流共识。三者的不同组合形成不同的社会主流税收共识。

在此基础上进一步分析群体税收特征、社会变迁与税收社会认同。社会变迁受很多因素的影响，而税收影响通过群际关系的合法性、稳定性及社会流动，影响社会变迁的特征；同时，现代社会非公平性直指税收制度的诉求将社会竞争诱向宪法框架内，减少社会暴力型竞争。

第六章为制度化利益与国家稳态利益互动演化与税收社会认同，分析国家合法性认同的影响因素与变迁及其与税收社会认同的关系。

国家的统治即贯彻其被制度化了的利益和价值，而国家的合法性却又往往由处于被动地位的普通民众的利益决定。从历史线索看税制变迁是国家合法性认同危机的诱因，也是化解危机的手段。社会变迁、利益诉求和价值取向变化，其冲突与协调影响社会制度的进一步变迁与演化，税收社会认同、税制体系随之变迁。

在理论分析基础上，从历史衍生脉络中分析中国制度化和国家合法化利益与价值取向的演化及其平衡与协调。并进一步分析国家合法性认同的特征、与税收社会认同的关系及其对税收行为的影响。

第七章为中国税收社会认同及税制变迁的历史线索和演化路径，分析中国税收社会认同及基于税收社会认同的税收制度变迁的历史线索和演化路径。

制度化利益与国家合法化利益的冲突与平衡，影响税收社会认同状态及税收制度变迁路径。中国的社会背景及其变迁与西方主流国家和地区存在较大差异，因此其社会演化过程、税制变迁及税收社会认同衍化也存在较大差异，有其特殊性。

依据中国的社会制度背景及其税收社会认同的特征，可以概要地分为前国家时期、前税收国家时期①、税收国家时期及向预算国家过渡的时期四个阶段。由于社会经济背景的差异，这四个阶段形成税收社会认同的过程和状态不同。前国家时期，税收性质扣除的数量和结构的刚性约束使其容易形成认同；前税收国家时期，税收缴纳更多的是对分封土地的主体威权的尊重，如果税收的数量和结构与国家的威权状态一致，则表现为税收社会认同；中国的税收国家时期的税收制度

① 前税收国家时期是指国家出现后到税收国家出现之前的这一段时期。下同。

及其认同与西方主流理论所界定的家财国家和“税收国家”不同，这一阶段的税收制度及其认同具有特殊性；而向预算国家过渡的时期，税收社会认同较为复杂，在各种因素的影响下不断演化，并逐渐呈现出越来越清晰的线索。

相应地，社会认同的税收制度在中国的这四个不同历史时期也有不同的特征，并在社会制度背景下不断演化。

这部分研究的最终落脚点是分析1949年后中国税收社会认同及税制变迁路径。即在分析1949年后中国社会制度背景演化的基础上，分析中国当代税收社会认同的主动、被动变迁与税制变迁。

第八章为中国税收社会认同及社会认同税制体系的现实判断，讨论中国税收社会认同及社会认同税制体系的总体特征和现状。

在第七章历史演进分析的前提下，研究中国当代税收社会认同及其税制体系。在这一章讨论具体税制构建意义上的税收社会认同时，是从税收所能满足的促进基本能力从而促进实质自由的角度分析，不同于前面从税收制度形成的权力及其实施过程的理论分析。

在中国当前社会背景下，最尖锐的问题并不完全指向物质的丰裕程度。当经济发展到一定的程度，社会具有了一定的经济实力，以“可行能力”意义上的实质自由审视社会经济发展代替单一的经济增长指标。在这一意义上，社会认同的税制应该有助于缓解贫困，并推动其他弱势群体可行能力的增进。在这一基本的现实判断下，分析中国当前的基本税收理念和当前税收制度的社会认同失衡具象。

当前中国的制度背景下，税收制度变迁的开端不是政治程序，而是能否被政府回应。中央地方税收格局认同失衡集中体现在中央政府对地方税制中未被表现的税收认同是否回应。

中国当前的税收社会认同及被税收行为主体直接感知的税制特征是能获得的税收收入不断增长、低水平税收负担、不比别人负担多、不触及既得税收利益等。

第九章为中国社会认同税制体系构建的具体建议，对中国社会认同税制体系的构建提出具体建议。在厘清中国税收社会认同及税制变迁的历史线索并做出现实判断的基础上，这一章分析中国社会认同税制体系的具体构建。

首先，从宏观和中观视角看，中央地方税收制度框架与地方税制体系的构建是中国当前税制体系构建中最为核心的问题。中国当前制度背景下，地方税收收入的主要来源可以是土地来源的规范性收入，同时由于地方自然资源、主体经济结构和发展水平的差异，其主体税种的选择不能“一刀切”，而应该是与地方社会经济相契合的个性化构建。更重要地，地方社会认同税制体系中主体税种构建的着眼点应该是地方政府治理。

其次，具体讨论中国当前税制体系构建的实践中，备受关注的几个税种——个人所得税、个人房产税及遗产税的具体税制体系构建。

社会认同理论在经济学领域的应用尚处于探索阶段，无论是其理论体系解读经济问题时与经济理论的逻辑自洽，还是对其相关概念和术语的内涵外延的界定都相当含混。尤其在税收研究领域，几近空白。因此，笔者在该领域的相关工作某种意义上是一种尝试。差不多十年前，与丁晓安博士（因病已英年早逝）曾就经济学行为分析涉及人的行为判断的基本出发点做过深入讨论。他认为，中国的文化、历史演进和习俗与主流经济学的制度背景有较大差异，研究中国的经济问题应该仔细考量这一差别，以期形成与现实世界相吻合的经济行为分析（丁晓安博士称之为“东方经济学”）。而从社会认同的角度研究税收行为及税制构建，则是对该问题研究的一个艰难探索。希望本书的研究对从中国的实际情况出发研究中国特定社会文化背景下的税收问题有所助益。

目　录

第一章　导　　论

第一节　选题背景及研究意义

一、选题背景

随着社会经济制度从计划向市场的逐渐演进，税收成为联系政府与社会以及民众的重要纽带。因此，在中国的传统体制下，对个体无关痛痒的税收，从边缘走向社会关注的中心。“什么样的税制体系是合宜的?”这一问题无论是对国家治理还是对社会群体与个体的行为均变得前所未有的重要。税收行为是社会行为的一部分，税制体系是否合宜不仅仅应该从经济人理性还应从社会行为理性界定。换句话说，仅仅从经济成本效益界定为最优的税制体系，从社会实践看往往未必尽如人意。从两个实例中可以比较清楚地看出这样的矛盾。

第一个是最优税制的研究与税收制度构建实践。从经济原理看，最优税制是对行为人行为扭曲最小的税制，其基本要素是普遍性和非透明性。税制体系越是透明，理性行为人越容易受利益诱导而改变税收行为，从而产生行为扭曲，与最优税制的要求背离。但在实践中，却往往采用与此完全不同的规范。例如我们一般认为一个越是发达的经济体系，税制体系的结构越是应该以直接税为主。而直接税的透明度远远高于间接税，其对行为的影响比间接税更为明显。显然这样的税制体系构建是有悖于经济学所界定的最优税制原则的。在研究中，一般认为这是基于公平原则对经济效率做出的让步与折中。而在这两者的权衡中往往很难说清楚什么样的侧重和结构是兼顾公平与效率下最优的。我们是否可以换一个角度——从对社会行为主体的行为影响看，最优税制不仅仅是引致经济效率损失最少的税收制度，而是符合社会行为主体的基本规范，从而能被较好地与其基本的社会价值理念融合的税收制度。

第二个是逃税行为成本效益分析。逃税成本受被检查且被查出逃税的概率、处罚率等因素影响，逃税收益则为减少的税收负担。二者对比的结果决定人们逃税与否的行为选择①。亦即检查率与处罚率越高，逃税率越低。这也许能在一定程度上解读一个特定的国家和地区在某一时间序列上的逃税状况变迁，但与不同经济体横向比较的结果不相符。中国的税收管理多年来致力于对逃税行为的严查严惩，甚至直至死刑的处罚，在世界各国都属罕见，应该具有非常低的逃税率。实际上，逃税率却一直居高不下，远远超出征管成本较低的日本等国家。因此，仅仅从经济学视角分析税收行为，显然有一些非常重要的影响因素未曾触及。

税收行为是社会行为的组成部分，其基本立场、观点从属于一般社会行为。社会认同理论在社会行为分析中以其独特的视角成为有效工具。引入社会认同分析工具，解读社会行为意义上税收运行和变迁的内在机理，以期构建能够促进社会经济进步、具有现实基础的税制体系。

二、研究意义

（一）理论意义及其前沿性

1. 将社会认同理论引入税制优化领域，拓展了传统理论的学术空间和解释力

将社会认同理论引入最优税制分析，可以更好地解释经济效率意义上的最优税制与税制公平之间的均衡与变迁。同时，提供一个消解最优税制研究理论与实践之间矛盾与冲突的可能视角，力图拓展传统最优税制理论的解释力。同时，将传统意义上被置于经济学方法中的税收制度体系的构建与评价，置于社会学及社会心理学的视野之下。这一对传统理论学术空间的拓展，使对“什么样的税收制度是合宜的”问题的研究具有了更为开阔的视野、更加贴近现实的角度，因而增强了传统理论的解释力。

2. 税制体系构建研究中重视社会认同对税收行为的影响

社会认同理论一开始从社会心理学层面上解读群体冲突和社会变迁，进一步研究“依群体而界定的自我感知对社会行为产生独特的心理影响”。因之，社会认同在很大的程度上左右个体行为。但社会认同对个体经济行为及税收行为影响分析在现有理论中很少涉及。本书针对不同社会背景个性化的经济及税收行为研究，希望为社会经济行为分析提供与社会实践更为贴切的视角，具有方法论上的前沿性。

---

① 李林木．税收遵从的理论分析与政策选择［M］．北京：中国税务出版社，2005．（这一类文献非常丰富，仅举一例。）

3. 税收社会认同研究具有社会政治外溢效益

税收制度是政治经济制度中与民众产生最为直接联系的制度之一。税制的社会认同和公平性判断，除了其自洽性价值外，更具有巨大的外溢性社会价值——影响甚至某种意义上左右对社会的公平性判断，并进一步影响国家与政府的权威及社会和谐演进。

（二）实践意义及应用前景

构建社会认同的税制体系的基本规范与推动税制良性衍生具有迫切的实践意义。良性的税制是受到社会广泛认同且其价值高度内化的税制。它有何特质？如何达至？本书将从社会认同角度出发，并以社会认同为路径和集约分歧的手段，构建过程和结果意义上的良性税制体系。为使研究尽可能贴近现实。

本书经过一定范围及程度的与实践比对的磨砺，为税制改革提供科学决策导向和实践推进参考。本书为与制度背景契合的个体税收行为解读，对理解和解决税制实践中的管理问题具有指导意义。

第二节 国内外研究现状述评

一、国内外研究现状

（一）税制体系构建研究

一般地，税制体系构建有两个主要研究方向：最优税制及工具性税制体系构建。

1. 对理想税制体系的构建，即最优税制或税制优化研究

在现有文献中，对理想税制体系的研究多在严格的约束条件下，用数学模型和数学推导分析税制优化问题的方式进行。例如戴蒙德和米尔利斯（Diamond, P. & Mirrlees, J., 1971；Diamond, 1998）对最优税收和公共生产、生产效率的分析以及对最优税制的分类；米尔利斯（Mirrlees, J., 1971）对最优税收理论的探索；哈维·S. 罗森（Harvey S. Rosen, 1996）对最优税收理论的梳理[①]及对所得课税与商品课税的比较研究，还有哈伯格（Harberger）等关于税收额外负担的理论研究等[②]。这类研究对于理想税制体系构建即最优税制研究有一定的理论借鉴意义。然而，这类方法，其前提预设与实践存在较大差异，结论也就常常偏离

① ［美］哈维·S. 罗森著．平新乔译．财政学（第四版）［M］．北京：中国人民大学出版社，2000.
② 焦耘．制度经济学视野下的税制变迁分析［M］．南宁：广西人民出版社，2008.

现实。美国经济学家约·斯林孟德在其《优化税制理论与税制优化》一文中指出："那种依存于无法观察或无法衡量的参数而存在的优化税种只能永远停留在理论设计阶段。"①

2. 在某一特定目标下的税制体系构建

例如以节能减排为目标的税制体系构建（贾康，2009），以公平（社会和谐发展、社会矛盾最小化）为目标的税负测度与税制体系构建（姚涛和欧阳玉倩，2019），助推经济高质量发展的税制优化研究（李香菊和杨欢，2019）、地方税系构建及解决养老问题视角的房产税构建（杨志勇，2018；于春敏和詹慧敏，2019）等。相关研究具体而言，包括从税制对环境的影响和推动环境良性衍生的角度及解决养老问题等，面向特定问题的特定税种研究和达到特定目的的理想税制体系构建研究。而公平税制体系构建，多涉及分税种公平性界定、测度和税制设计、宏观税负阶层分布公平性判断和理想的税制结构设计。而随着"营改增"的全面推进，对地方税主体税种选择及地方税系构建的研究不断增加，主要从地方治理（张学诞，2017）、地方收入增长（冯俏彬和李贺，2019）和地方公共品提供（朱为群等，2015）等角度介入。

（二）税收的社会认同研究

对税收社会认同的研究在理论界几乎未被直接涉及，但对社会认同的研究及其在其他领域的运用对税制社会认同研究却富有启迪。这一类研究非常庞杂，限于篇幅，仅将对税制社会认同解读具有借鉴意义的研究（虽然没有直接涉及）做简单梳理。

1. 社会认同的一般分析

社会认同，一般认为是人们知觉自我和他人的一种认知方式，是信任产生的重要心理基础。认同与社会认同被广泛运用于心理学、政治学、社会学、民族学、人类学及文学等领域，例如民族认同、国家认同、政治认同等。

（1）社会认同是社会理想认同产生的主观前提（Anthony Giddens & Tajfel H.，1970，1971）。认为"社会理想的认同只有与人的认知、情感、意愿等契合一致，才能获得自身的合理性，社会理想的观念建构向实际建构的转化，才能由此获得社会理想的主观性前提"。在理想（从当前社会诉求看，核心理想——公平和正义）税制体系构建中，其实效性取决于实际推行和施行所能达到的状态。要实现目标税制的预期结果，需经由社会认同获得合理性。遗憾的是，当前对这一问题的研究尚未涉及。

---

① ［美］约·斯林孟德著．邓力平编译．优化税制理论与税制优化［J］．税收译丛，1997（5）．

（2）个体的认同，在某种意义上，就是对责任和义务的认同（安德烈，2003）①。作为社会属性的人，认同的发生是在确定和遵守相应的各种制度下进行的。若税收制度作为一种社会行为规范（焦耘，2008）能够获得这种意义上的社会认同，也就意味着税制体系是符合社会重叠共识的理想税制体系。

（3）满意的社会认同是一个有凝聚力的社会制度的基本前提（William Bloom，2001）②。作为社会制度组成部分的税收制度，其施行影响个体可支配收入，对其判断会在较大程度上影响社会制度凝聚力，所以对税收制度“满意的社会认同”成为理想社会体系构建中至关重要的因素。

2. 认同经济学的研究

在对传统经济学研究问题和思辨的范式反思的基础上，产生认同经济学。这是近 10 年来理论经济学的重要成果（Akerlof & Kranton，2010）。阿马蒂亚·森（Amartya Sen）是最早在经济问题研究中考虑认同的经济学者之一。阿马蒂亚·森（Amartya Sen，1985）认为，“认同感运作的一个方式是，通过社群成员接受一定的行为规则以作为对群体内其他人的义务”。认同感与规则相关，因此会影响理性的行为人对目标的追求。这一思想与亚当·斯密《道德情操论》中将同情等视为行为动机有直接的传承。行为主体具有自省和理性选择的能力，其选择和行为是社会认同的内生性影响因素。认同是个体经济决策背后强大的驱动力（Klor & Shayo，2010）。认同经济学为市场交易的人格化分析提供了可能的路径和框架（明旭，2011）。

认同经济学研究认为社会认同不仅仅是文化和群类的界定和归属感，更是负责任的选择。这一结论为解读行为人经济行为（包括税收行为）提供了更为个性化和实践性的视角。

二、相关文献简要述评

一是税制结构优化研究中存在的至关重要的问题是：对目标税制具有单维性的隐含设定。这一分析方法中隐含着这样的一种思想，即税收制度“最优或有效解客观上可以定义，它只是个计算问题。”③ 但在实践中，任何最优，都只能是在一定的制度背景下界定的。在实践中能够发挥积极作用的税制体系，无论其具体结构如何，一般来说，都能获得广泛社会认同。因此，税制的社会认同往往也

①② 转引自［澳］迈克尔·A. 豪格，［英］多米尼克·阿布拉姆斯著．高明华译．社会认同过程［M］．北京：中国人民大学出版社，2011.

③ 转引自［美］丹尼尔·W. 布罗姆利著．陈郁等译．经济利益与经济制度：公共政策的理论基础［M］．上海：上海三联书店、上海人民出版社，2007.

就成为判断税制结构优劣的关键因素。而在当前的研究中，这一路径鲜有涉及。

二是为实现特定目标的税制体系构建涉及制度背景的差异，具有一定的实践意义，但研究中往往忽略税制实践的可能性，使其可行性大打折扣。实际上，平滑地推行与施行，才能使目标税制体系在社会公平与效率中发挥作用。而社会认同是平滑推行与施行税制的关键性因素。但在当前相关研究中未能涉及。

三是社会认同理论是比较成熟、在相关学科领域具有强大的解释力并得到广泛运用的理论，但遗憾的是这一对社会制度构建具有深刻意义的理论，在对作为社会制度之一端的税收制度的研究中鲜有提及。产生这一问题的原因主要有两个：（1）对税制作为社会制度组成部分的认识未能在研究中深入展开。换句话说，这一层面上的税制每每被提及（例如，岳树民，2003），但往往未能在分析中自始至终维系其理论体系的逻辑自洽；（2）与前者密切相关，往往将税制及其变迁简单看作是自上而下强制推行。未能深刻体会社会认同在税制构建中至关重要的意义。

四是认同经济学的研究将社会认同理论引入经济领域，为个体的行为动机提供了多元化的研究视阈。但遗憾的是，这一研究范式的突破性进展，较少涉及公共部门行为分析。对认同和社会认同的经济分析多用于对前现代社会的人格化交易分析，缺乏在现代制度背景下的界定和研究。税制及其变迁的社会认同解读，尚不在认同经济学的研究视野内。

第三节　选题研究过程

一、主要内容

本书的研究主要涉及以下几个方面：

1. 认同及社会认同对个人行为决策的影响

从个体的经济行为分析，影响其决策的不仅仅是利益向量。在一定社会背景下的个体，认同经由准确了解对象的同时，与“我”的定位相联系，从而内化对象的价值，并进一步内化与对象相关联的规则；而个体形成社会认同过程中逐渐获得其行为判断的基本准则，个体做出经济行为选择时，对社会规则的看法、认同度和排序的差异，影响其做出行为判断的成本效益界定。这样的界定在不考虑个体社会认同特质时甚至可能是荒谬的。

2. 税制公平性社会认同产生的机理

个人经由认知自身的特性，获得物质性和情感性需求认知。而个体自我认同的物质和情感需求的满足，并不完全由个体直接行为满足，而多诉求于群体、政府、国家。如果税制能在一个宽泛的、边界模糊的框架下满足人们的诉求，便能获得社会认同——其包含公平性在内的同样是宽泛而界定模糊的特质也就相应获得社会认同。

3. 税制社会认同对个体税收行为决策的影响

一个价值被社会广泛接受并内化的税收制度，便能获得制度性的合法性：认可税收制度秩序的正当性和正义性。由此形成认同激励，激发个体积极的、正面的税收行为选择倾向。

4. 内含社会认同的税制体系的特质

其基本特质是，税制体系与其相关现实生活条件相匹配。即与社会福利系统、社会组织方式及民众的评价如果是合宜、匹配的，则该税制体系内含社会认同。

5. 构建基于社会认同的、具有现实可行性的税制体系及其基本规范

将税制社会认同产生机理的研究置于实践性税制体系构建中，使本书的“理想税制”的研究并不简单等同于现存税制构建理论。

6. 税制结构社会认同比较研究

不同社会制度背景及其不同时期，税制社会认同诱发和产生机理存在差异。例如在中国具有差序格局传统和日本具有典型的“间人主义”传统的社会背景下，税制社会认同有何差异？中国社会差序格局衍生至今，对税制社会认同的影响如何变化？这一部分囿于自己理论准备和认知的不足，在本书的研究中，只有一些零星的观点尚未形成体系，希望在以后的研究中进一步拓展。

二、基本思路

本书在梳理社会认同相关理论的基础上，从税收社会认同及其演化对行为影响的角度分析内含社会认同的税制体系的特质及其构建。在这一问题的研究中，主要从税收社会认同均衡及其演化、税收社会认同的社会范畴化解读及主流税收共识、群体税收特征与税收社会认同的关系等方面讨论税收行为和税收制度构建影响。

本书基本思路如图 1－1 所示。

三、研究方法

本书主要运用了以下研究方法：

（1）理论研究与经验观察。本书研究的最终落脚点是内化认同的税制体系

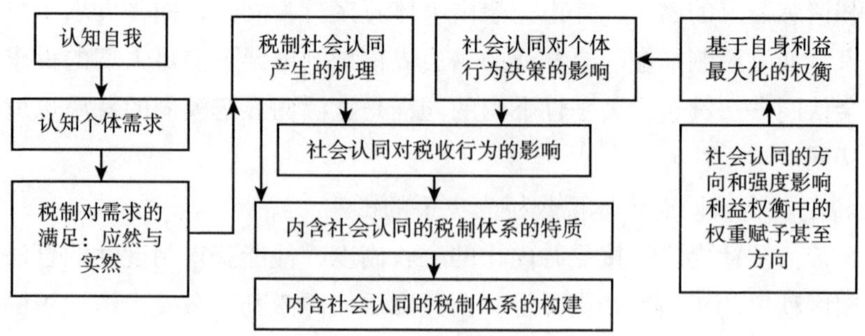

图1－1 基本思路

的构建，这首先需要经由理论分析获得相关“假说”，并经由经验观察做初步验证，然后进入调研和实证环节，并进一步升华为理论，最终，推动能够获得社会认同的税制体系建立。

（2）多学科研究视角。税收行为是行为人行为的有机组成部分，而不是“特立独行”之一端。因而个体行为研究，不仅仅是经济学视角，还包括社会学、心理学、伦理学、政治学等角度。社会认同视角下的税收行为解读也只有在多学科视阈下，才具有现实的客观基础。

（3）建立在实地调查和间接数据基础上的统计分析、计量分析与理论推演相结合，同时，力图经由广泛调研，获得案例佐证理论模型。分析社会认同对于人的行为的影响，要拓展至社会认同对个体经济决策和税收行为影响模式，同时，这样的分析若要具有现实解读力，那么理论推演和经验观察的结论只能作为假设，再通过调查和分析验证，以增进结论与现实的拟合度，使其能更为确当地指导实践。

（4）将静态分析、过程分析与动态分析相结合。本书对社会认同目标税制体系构建的分析，有两条研究路径：一是动态分析。即从当前税制和目标税制的静态特征出发，在讨论二者差异的基础上，分析达至目标的路径。二是过程分析。即从当前税制体系的静态特征出发，考虑税制变迁的若干现实基础和影响因素，讨论在这一路径上达到目标税制的可能性（见图1－2）。

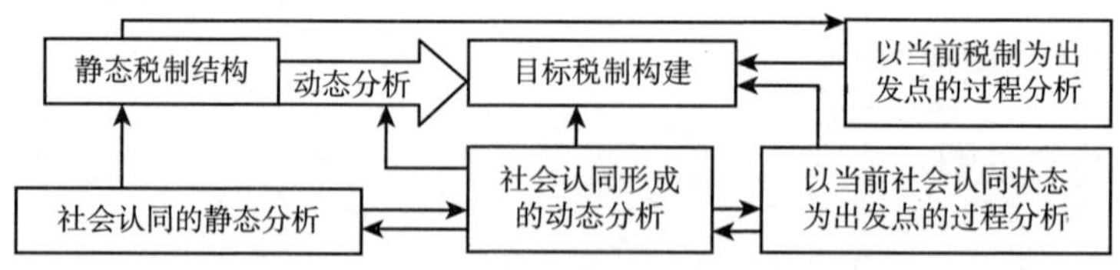

图1－2 静态分析、过程分析与动态分析相结合的分析方法

四、重点与难点

本书的重点与难点主要有以下两点：一是社会调查基础上的税制认同状况研究。对社会认同度的调查，是非直观性的，方法运用、调查对象选择中存在困难，同时，分析方法的选择也极为关键，容易出现系统性偏误。二是内化社会认同的税制体系构建，从理论上看，缺乏可以凭借的样本；从实践看试点性实验支持在前期研究中是困难的，实际上几乎是不可能的。

五、基本观点、创新与不足之处

1. 基本观点

（1）运用社会认同理论研究税制的基本界定：税制认同和税制社会认同。

（2）税制社会认同状况影响个体税收行为决策及税制合宜性判断，并进一步左右其实施效率。

（3）基于社会认同的税制体系的具体特征：过程性特征及结构性特征。

（4）获得税制社会认同的路径。

2. 可能的创新

（1）运用经济学、社会学、伦理学、政治学等多学科思维与方法，把社会认同引入税制构建研究，将税制演进中个体意见表达和集约机制的构建纳入全新的视角，使过去不能有效解读的税收行为和税制悖论等问题得以解答，如情绪型税收不遵从及无论如何都难以讨好的税制变迁陷阱。

（2）从社会认同角度解读税收行为，触及对主流经济学研究范式的解构与重塑。

（3）在社会认同和税制构建的互动中分析目标税制的构建（以公共精神税收目标分析为导向）。

（4）将税制改革不仅看作是自上而下的税制目标的形成、税制体系构建及推行，更注重税制的自发性变迁——自生自发内在演化到一定程度显现为税制社会认同的下降、税收制度体系效率降低，从而在不同的政治制度下以不同的方式推动新的税制改革。

3. 不足与遗憾

以社会认同这一社会心理学研究的新方法解读税收制度，如果仅分析某个特定的问题（如逃税行为），驾驭相对容易。但以跨学科的理论，介入一个成熟的研究领域，确实是一个费力却难以讨巧的事情。其中，最具挑战性的是与原有理论体系的自洽。具体来说，有以下不足与遗憾。

（1）对税收社会认同历史变迁的解读，不够规范且缺乏深度。同时，其中不少观点与历史学界达成共识的认知不相一致，尤其是本书对这一差异未做系统性界定和深入分析。

（2）社会心理学和社会学中对社会认同的界定主要用于解读个人尤其是群体的社会行为。将社会认同理论用于税收行为、税收制度及其变迁的分析时，对其使用可能会有脱节和逻辑一致的困难。

（3）基于社会认同理论构建税制体系是本书的最终落脚点，但由于税制体系构建涉及的问题太多，只能以一般原理界定和税种列举的方式分析。

第二章 税制及其变迁社会认同的理论分析

一般地，在借用社会心理学中社会认同这一概念分析相关学科领域的问题时，将其或隐含或直接界定为一致性同意。如税制的社会认同，往往被界定为社会对税制的普遍赞同，而认同在这里则被解读为同意、认可，即社会对税制普遍的同意和认可。而且在运用中其内涵和外延往往随语境的变化而变化，具有较大的随意性。因此，在研究中首先需要界定税制及其变迁的社会认同，并在厘清社会认同的内涵外延及其变迁基本脉络的基础上，将社会认同引入税制研究。

中国人的理想社会非法治社会，而是礼乐社会。“官职设然后兴礼乐”“先礼而后刑”；“道德教化毁灭，始用刑法”①。因此，与西方世界比较，税收的社会认同在税制运行和与社会政治经济制度之间的均衡与耦合具有更加重要的意义。

第一节 税收社会认同一般分析

税收社会认同即社会以群体为中介建构个体对税收及税收制度的认可。个体通过“习得”或社会建构形成对税制的看法和群体归属，如果这一看法是被认可并内化于自己的行为规范，同时在群体归属中内含税收和税收制度的正面评价即为个体对税制的社会认同。而从税收社会认同形成的具体过程看，是社会身份（社会范畴）或自我（心理）归属判断中，内含税收维度的判断结果为认可，即为税收社会认同。

一、税收社会认同与一般社会认同及其演化

在进一步分析相关主题之前，必须首先在认同、社会认同等相关理论的社会

① 钱穆．中国史学名著［M］．北京：生活·读书·新知三联书店，2000.

心理学原初意义的基础上，准确界定税收社会认同这一特殊研究对象。

（一）认同、社会认同及税收社会认同的定义

“认同”作为一个学术概念，最早出现在16世纪。到20世纪70年代，这一强调自身同一性的哲学概念，被社会心理学领域用于解读个体在社会情景中的群体归属与相对于社会中的“他人”的“自我构建”，即社会认同。自此“认同”被作为社会心理学的概念广泛引入各学科领域，用以分析某一特定的社会力量与相应的同一性建构的互动影响。例如“职业认同”，规范的表述应为职业社会认同，即基于“他人”的职业群体归属与自我建构。在“认同”被社会学、政治学、经济学、伦理学等学科广泛用于分析各类不同面向的问题时逐渐形成各自的话语体系。换言之，在“认同”这一符号下是各学科各自的衍生路径，累积出各不相干的文献和理论。即便是同一个研究方向，例如“国家认同”也难以形成从微观到宏观自洽的研究路径与研究框架（被一些学者归结为“巴尔干化趋势”①）。如果以这样的方式将“认同”引入税制构建的研究中，无非是用一些支离破碎的知识点重新解读税制和税收，难以构建有说服力和现实可行性的税制体系。

同时，在社会认同被引入其他学科领域的过程中，往往更多地强调静态特征，并把其作为前缀指涉某一特定的状态。例如社会认同的税收制度是指某一特定的税收制度得到社会广泛的认可和接受。当然社会认同包含了这一含义，但其在社会心理学中开放的解释力和开阔的视野却被湮灭。更是忽略了其过程和动态的含义。而这一指向变迁过程和动力机制的含义正是在税收制度体系构建中最具建构性的部分。

更进一步，在不同学科运用“社会认同”分析其各自关注的问题所形成的文献，概要地看，涉及对社会认同宏观、中观和微观三个层面。而在大多数的研究中，这三个层面之间联系的纽带往往是断裂的（除了极少数的学者关注并对这一衍生过程做过有建设性的研究②）。如何从个人认同到社会认同？微观层面的个体认同如何、并经由怎样的中介形成宏观意义上的认同？李友梅（2008）在社会认同支撑体系的分析中指出，连接微观和宏观社会认同的是中观层面的社会认同支撑——福利渗透。而税收制度是福利制度非常重要的影响因素，这即构成税收制度认同的一个重要方面，无论是对税收社会认同的静态分析还是对其演化路

---

① 方文．群体资格：社会认同事件的新路径［J］．中国农业大学学报（社会科学版），2008（01）：89－108.

② 李友梅，肖瑛，黄晓春．社会认同：一种结构视野的分析［M］．上海：上海人民出版社，2007.

径的分析，这都是一个重要的进路（如图 2－1 所示）。

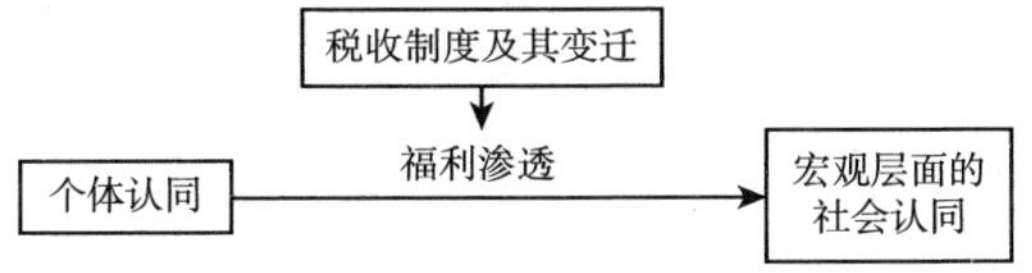

图 2－1　税收社会认同连接微观与宏观社会认同

从图 2－1 中，直观地看到税收社会认同是连接个体认同和宏观层面社会认同的路径，其对福利渗透的过程及结果的影响，连接微观个人认同与宏观社会认同，并反过来影响税收制度及其变迁的社会认同。因此，对税收社会认同的分析不能孤立地讨论某一层面的认同，也不能局限于仅仅剖析某一特定时点上的状态，而必须从宏观、中观和微观三个层面，从宏观社会认同的微观基础和微观个体认同的宏观线索分析，才能进一步了解何以至此及如何达至某一理想状态的路径。

（二）税收社会认同的特殊性及其演化

个体对税收的社会认同即社会以群体为中介建构个体的过程中，以税收为核心维度形成个体对税收的认可。因此，研究税收的社会认同与一般意义上的社会认同最重要的区别是，一般意义上个体的社会认同是社会以群体为中介建构个体所形成的对客观事物或观察对象的认可，而税收的社会认同不是对泛化的客观事物、观察对象而是对税收的认可。即个体将税收作为认知对象从社会人的角度做出的认可判断。这与典型的税收经济分析不同，是将个体视为社会的人界定税收及税收行为的社会合宜性。与此同时，以税收为对象做出判断的主体，其个人身份界定及群体归属判断中，内含以税收为核心的价值判断①。

从中国当前的税收环境看，主流观念是——比较有“办法”、收入比较高的群体，制度内外议价能力较强，其税收负担往往被认为相对甚至绝对较低。此亦为中国税收社会认同的基本取向，近年来虽然有所松动，但实质上的改变还需要假以时日。其形成当然与历史上特权阶层不交税相关。但在历史衍生过程中，还有其他因素发挥了作用，因此历史上相同的特权阶层不交税的情形，到今天在不同的国家却形成了不同指向的税收个人认同和社会认同。

西方近现代税收的衍生过程是在国王与贵族之间的对峙与博弈中进行的。与税收立宪相伴生的是公民的权利。因此，税收逐渐成为权利之一。在西方发达国家，社会生活中涉及税收的问题，其焦点和实质内核是，税收义务履行与税收权

① 部分观点经进一步研究作为课题阶段性成果，在国内专业期刊公开发表。

利（享有的公共品）之间的合宜性判断。因此，税收社会认同存在的问题往往集中在税收具体结构这一层面上，而在税收维度的身份认同和群体归属意义上的税收社会认同往往不会有太凸显和尖锐的问题。而中国近现代社会发展历程中，并没有形成这样的税收博弈格局，税收一直是自上而下推行的强制性义务，与权利的相关性弱化。因此，税收社会认同存在的最核心的问题是未能形成正向的税收维度身份认同和群体归属。

（三）税收社会认同的前提条件

1. 税收是群体归属判断的重要影响因素

只有当税收能显著影响人们的行为选择和群体归属判断时，才具有产生税制社会认同的可能性。如果税收在人们的生活中无足轻重甚至根本未进入人们的视野，则不存在税制认同判断问题（后文进一步分析）。在西方发达国家税收从来是政府执政的核心①。中国的情况却存在很大的差异。在中华人民共和国成立后的很长一段时间内，税收从未成为政府行为的核心甚至很少引起政府的关注。只是到晚近，市场经济发展和宏观经济调控手段发生变化后，政府、社会及民众对其关注开始增加。在传统经济体制下，税收制度从未停止运行，但并不影响个人福利，也就不影响群体归属判断。因此，也不在人们的视野范围内。在中国共产党第十二次全国代表大会之前，税收在政府工作报告中从未被提起。而在当前的社会经济背景下，税收越来越多地影响人们的行为和福利，越来越多地受到关注。随着民主化进程的进一步推进，公民与国家之间纳税人身份逐渐凸显为超过其他身份特征时，税收社会认同状态则将成为影响政府行为的最重要的因素。

2. 税收制度是人们行为规范的重要组成部分

这不仅仅是指税收制度客观上约束着人们的行为，而更多的是指税收制度内化为人们的行为规则。当税收制度社会认同度高，即使没有外在的强制性约束人们也会自觉遵从；而当税收社会认同度低时，即使存在客观上的强制性约束，人们相对更愿意冒风险突破约束。即税收制度社会认同度差异，会使相似的税收制度对人们形成的约束力存在很大的差异。当税收制度仅仅形成强制性行为约束、未能被认可并内化为自觉的行为规范，税收遵从度低；反之亦然。需要特别指出的是，无论税收制度认同度高还是认同度低，都是人们行为规范的重要组成部分。

---

① ［美］B. 盖伊·彼得斯著．郭为佳，黄宁莺译．税收政治学［M］．江苏：江苏人民出版社，2008.

二、不同学科视野下社会认同的税收行为

税收社会认同视野下，税收行为遵循的并不仅仅是经济意义上的个人利益最大化。以税收为重要甚至是核心维度的社会群体（心理）归属，对个人的税收行为产生的影响是税制认同研究中非常重要的部分。对税收社会认同的产生在后面的章节将做进一步分析，这里简述税收社会认同形成的基本影响因素及其所引致的税收行为。

（一）社会认同税收行为的经济学解释

在经济学视野下，个体行为的终极目标是追求利益最大化。在这一前提下，无论引入什么学科的理论和影响因素都须遵循经济分析的基本原则。

1. 表象上与个人利益最大化相悖的税收行为

在税收社会认同状态下，人们的税收行为并不单纯追求个体利益最大化，至少并不以短期的成本效益为其税收行为的判断标准，而且存在以下两种表象上与个人利益最大化相悖的税收行为。

（1）不符合短期成本效益原则的税收遵从。在税收社会认同状态下，即使不符合短期成本效益原则，人们的税收行为也可能表现为遵从。例如，当税收征管制度较为宽松、逃税成本比较低时，从短期成本效益分析，逃税是一种可行的理性选择，但税收社会认同赋予逃税道德上的负面意义，形成道德成本。因此，人们不一定选择逃税。

（2）不符合短期成本效益原则的税收不遵从。税收社会认同出现危机，人们的行为有可能表现为并不指向个人利益最大化的税收不遵从。即当税收遵从比逃税更符合个人利益最大化原则时，仍然故意选择逃税。如当纳税人对税收的公平性产生质疑，从而将税收遵从排斥于所归属群体合宜行为之外。一般地，将非理性税收不遵从行为分为两类：一类是在不了解税收制度的前提下做出的税收不遵从选择，这往往是因为个人理性不足；另一类是在充分了解税收制度的情况下，有意选择不符合个人利益最大化的税收不遵从，被称为情绪型不遵从。这两类税收不遵从都不符合短期成本效益原则。前者是理性不足，其税收行为选择无法企及利益最大化；后者即上述税收社会认同危机时，人们不符合短期成本效益原则税收行为选择。

2. 税收社会认同状态与税收行为理性

上述两类与税收社会认同状态密切相关的税收行为理性吗？如果将行为理性界定为实现个人即期利益最大化，那么上述两类税收行为都是不理性的。经济学如何解释其行为理性？

（1）不符合短期成本效益原则的税收遵从行为的理性分析。在税收社会认同状态为认同时，税收遵从行为获得人们内化的认可。因此，产生强烈的道德约束，并成为税收行为选择中高权重的影响因素——不遵从的道德成本远远高于因之而获得的少纳税的收益。同时，从长期看，这类税收遵从推动公共品提供与社会发展的良性循环，从而使人们纳税后的产权收益增加。因此，从短期经济利益最大化角度看来非理性的行为，加入道德成本因素或从长期社会利益最大化角度看，充分理性。

（2）不符合短期成本效益原则的税收不遵从行为的理性分析。在税收社会认同状态为不认同时，做出不符合即期个人利益最大化行为选择是非理性的吗？从长期看，基于对税制的不认同有意选择不符合即期个人利益最大化原则的税收不遵从，是对税制不认同观点的诉求，并希望通过这样的诉求，获得税收制度的改变。这一类税收不遵从行为对税制的良性演化产生正的外部效应，推动税制良性衍生、社会利益增进和个人利益的最大化。所以，从长期和社会利益的角度看并不是非理性行为。

3. 税收社会认同形成的经济学解释

引入税收社会认同后，经济学对税收行为理性的分析有两个变化：一是引入道德成本；二是拓展税收行为理性分析的时间维度，从短期分析转化为长期分析。

（1）税收社会认同的形成，从经济学的角度看都是追求自身利益最大化原则的内化。引入道德因素，当道德对行为人逃税行为强约束时，道德成本较高，逃税行为并不能获得利益最大化。而道德对行为人的影响内化为税收社会认同的一部分，从而影响其税收行为判断和实施。

（2）将成本—效益分析的时间维度从短期变为长期，短期看来不符合利益最大化的税收行为选择是为了谋求税收制度的良性变迁，长期看仍然符合追求个人利益的最大化经济学行为选择。

（二）追求满意假定下的社会认同税收行为解释①

近些年越来越多的学者对经济学行为分析的利益最大化假定提出了质疑。1978 年获得诺贝尔经济学奖的管理学家赫伯特·西蒙（Herbert Aleyander Simon）在 20 世纪 50 年代指出，人其实并不是利益最大化的动物，无限制地追求效益最大化，成本太高，并不符合理性。并认为，人们在行动之前会对行动的效果有一个预期（aspiration level），如果行为实施后达到甚至超过预期效果，人们就会感

① 部分观点经进一步研究作为课题阶段性成果，在国内专业期刊公开发表。

到满意。其后，不再有进一步的行为。即管理学肯定人的理性，但认为人的行为理性并不是无止境地追求最大化利益，而是追求与预期水平比较下的“满意”①（其后有经济学家受其启发对经济行为人行为做了进一步界定②）。管理学的目的之一是直视并试图解决实践中人的这一惰性，其对行为的界定来自这类行为产生的实际影响，比较符合现实世界中个体行为的特征。从这个意义上看社会认同下的税收行为方式和动机，并不能仅仅以经济学所界定的利益最大化为判断标准。

1. 追求“满意”的税收行为的基本特征

（1）税收行为具有惯性。人在某一特定时点上的行为是过去所有经历过的事件和行为的累积。因此，从微观看，个体固有的税收行为模式难以改变；从宏观看，某一特定时点上社会中税收行为也具有相对稳定的特征。因此，不同的社会背景，税收行为无论从宏观还是微观都有其连续演化的特征。这就往往表现为同样的税制变化对税收行为的影响在不同的社会背景下不同，并难以轻易改变。

在中国社会背景下，从微观看税收多被视为个人不必要的损失。因此，税收行为的基本特征是尽可能减少“损失”。从宏观看，税收被视为政策工具——轻徭薄赋是政策工具，杂税并入正税是政策工具，加征是政策工具，某一行业或地区发展落后减税也是政策工具。当然，随着社会制度的变迁，其具体表现形式和边界逐渐演化，税收行为有明显差异。在当前的社会背景下，税收行为惯性表现为税收制度的改变只要无损自己的收入很难引发程序性的质疑。从特定时点上看，这似乎是个“优点”，可以将税收工具效能发挥到极致。但换一个角度看，由于程序性问题不会触动税收行为惯性，人们不会因为质疑程序而改变其税收行为，个体的税收行为不是建立在程序性认同的基础上，税收制度一旦在一定程度上触及利益，人们对税收制度的质疑指向结果而很难通过程序性公正而被安抚，并重回低成本运行的均衡。这在经济快速持续增长的前提下尚无大碍，可以在不断实质性减税的同时，满足不断增长的公共需要。而当经济出现逆转，这样的惯性税收行为便可能带来困境。

在这样的惯性行为特征下，行为人的理性有时表现为“以不变应万变”式的行为安排，以减少税收行为改变带来的成本（这一成本包括改善与税务机关的关系、改变内部管理流程等），有时甚至会显得荒谬可笑。例如，20 世纪 90 年代末，从国有小型企业中脱胎而成的民营企业，通过雇用残疾人达到一定比例而

① ［美］赫伯特·西蒙著．杨砾，韩春立，徐立译．管理行为［M］．北京：北京经济学院出版社，1988.

② 汪丁丁．经济学思想史讲义［M］．上海：上海人民出版社，2012.

享受税收优惠——当时的税收政策是：先据实征收增值税，并按销售额的一定比例预缴企业所得税，年末通过查账结果进行税务处理，如果会计核算规范、按时足额完成税收缴纳则退其已经缴纳的增值税和企业所得税；如果不规范则不予退税。在这样的制度安排下，符合利益最大化的理性行为当然是规范的会计核算和税收缴纳。但实际上，该企业负责人却在账务处理中要求尽可能少记收入和利润，甚至采用非法的手段，为了降低利润，通过反推的方式编造原材料领用记录。这样的税收行为处于税收制度边界之外，但却并不能通往税收利益最大化，这显然是税收行为惯性使然。

（2）税收行为的惰性。"满意"视角下的税收行为并不会如经济学中的一般经济行为，永无止境地追求税收利益的最大化，而是停滞在某一特定"满意"的状态下不再进一步面向利益"优化"。无论从税收的个人利益边界的角度还是从税收社会公平性角度看均如此。这与税收行为的惯性并无矛盾，惰性是指税收行为被锁定在某一特定满意的状态，这表现为某一特定时点上的静态特征；从长期和动态看，则表现为税收行为改变对税收制度诸多因素的迟滞，即惯性的特征。

第一，从税收个人利益边界的角度看，经济人假定认为税收行为的特点是无穷尽地追求税收经济利益。因此，具体从税收实务看，则税收行为表现为无穷尽地寻找税收制度漏洞和制度外可以利用的机会（仅以成本为约束条件）。这也正是各类税务实践类学科的出发点。例如税收筹划，即是从纳税人的角度挖掘、发现并利用一切可以被利用的制度内外的机会，在权衡成本利益的基础上，仅仅在成本约束下无穷尽地谋求税收利益。而税收管理这样的学科则在此前提下，通过制度设计将纳税人的谋利行为控制在可以忍受的范畴内。从税收制度博弈看，税收行为表现为无穷尽地谋求税收制度利益的政治博弈。而从追求"满意"的管理学视角看，虽然纳税人追求税收利益，但税收行为却会停滞于某一与预期水平比较满意的状态——习惯性利益边界的状态（而不是"最优"利益边界）。正如在前面税收惯性行为分析时指出，税收行为既可能停滞在税收制度边界处、税收制度边界外，也可能停滞在税收制度边界内远离边界的地方。换言之，从经济学的观点看，理性的经济人总会谋求利益最大化，其税收行为会尽可能靠近税收制度边界甚至在边界之外，而追求"满意"的税收行为却可能停留在任意处。

从这一视角看，个体税收行为具有较大的差异性。个体从其千差万别的个人经历和认知出发，其预期的行为效果不同，税收行为达到满意状态的具体"位置"不同。因此，税收行为所表现出来的宏观结果似乎很难预测。如果是这样，实际上无法推行有效的税收政策，其工具性效能则无法实现。当然，个体会参照周围人的行为在一定程度上修订自己的行为，但方向和程度都很难确定（如看到别人生活非常贫穷，人们可能会降低行为效果预期，从而容易达到“满意”的状态，但也可能激发其获取远离这种生活的高收入的强烈诉求，详见以下关于追求“满意”的税收行为及税收社会认同影响因素的一般分析和具体影响因素分析）。

第二，在税收社会公平意义上，税收行为无论从个体还是从社会的角度看都不是无穷尽地追求公平，而是以“满意”为公平标准。自有人类社会，人们就不断地追求公平，社会制度也在这样的追求中逐渐变迁。什么是社会公平，如何“构建”公平的社会？人们从不同的学科领域以不同的方式试图阐释这些问题，或关注结果或重视过程。对税收公平也是如此。概要地看，税收公平包括两类指向，一是过程即程序公平，二是结果公平。过程公平主要强调诉求渠道畅通的同时集约诉求的程序被认同；结果公平则是指税收制度实施结果公平，包括两层意义——税收分配结果公平和税收负担公平。前者是指经由税收再分配使社会达到公平的状态。由于社会公平诉求的多元化，其本身就是一个复杂的问题——流量还是存量的公平即收入分配结果公平还是财富水平公平？因此，非常难以界定清楚；后者是指税收制度所形成的税收负担公平，这一角度似乎比前者更容易界定和度量，但实际上仍然很难说清楚。西方主流国家和地区从理论到实践对税收负担的研究，形成错综复杂的权衡体系——相同税收负担、以负担能力权衡的税收负担、以受益程度界定的税收负担等。其困难在于，无论使用上述哪类以及什么指标权衡税收公平，如果以追求“最公平”即公平最大化为目标，其理论和实践的困难都显而易见。

而追求“满意”的税收社会公平与上述税收公平的两个指向并行不悖，并兼容这两个层面，只是其对目标追求的行为到“满意”则止。无论从过程公平还是结果公平的角度看，无论对税收公平过程和结果的一致性同意还是多数同意的原则施行，其最核心的部分是“同意”的形成。个体的同意，源于与行为的预期结果和实际结果的比较得出的结论；社会的同意则建立在个人“满意”的基础上。这同经济学的行为研究一样涉及两个问题：如何判断个体的满意；如何将个人的“满意”集约为社会的“满意”。只是其判断过程仍然是通过与行为的预期结果相比较而不是“最大化”。

换言之，按管理学的行为分析并没有彻底解决税收过程和结果的公平界定的问题，而只是将追求“最大化”的问题转化为如何影响“满意”的问题。这一分析路径似乎可以看作是约束条件下的利益最大化，但实际上，其最大的不同不在于“满意”与否的判断，而在于“满意”则止的行为惰性与惯性。

从追求“满意”的税收行为看，如何才能达到“满意”的状态？如何干预和介入？满意则止的行为模式从税收社会认同的角度看有什么特征？

2. 追求“满意”的税收行为及税收社会认同

从个体看，各类内在和外在因素通过影响其行为的预期水平，影响追求“满意”的税收行为，并进一步影响税收社会认同。

(1) 追求“满意”的税收行为及税收社会认同影响因素的一般分析。哪些因素会影响行为预期结果的判断？如何影响这些因素？人们对某一特定行为的满意程度取决于行为带来的效用，即“一连串事件的回报”①。也就是说从过去到现在个体的所有行为回报的总和即为其行为带来的总效用，对其行为的满意程度则取决于这一总效用。如果将行为的总效用视为行为带来的客观物质收益，则是经济学中追求利益最大化的行为。而在这里将行为的回报视为每一特定行为的效果（或者收益、回报）x_t与预期行为效果 a_t之差的加总。x_t为行为的客观收益，而 a_t则为行为收益或效果的主观预期②。客观收益不变的前提下，个体对其行为的满意度取决于其行为效果事前的主观预期。这就可以解释，同样的行为结果，有的人感到欣喜若狂，有的人反应平平甚至觉得沮丧。

同时，追求“满意”的行为在哪一点停止——这在很大的程度上影响税收社会认同的状态——并不是行为人在某一特定时点上充分信息下理性判断的结果，而是过去发生过的所有行为效用的加权和。比如某人过去的某一种行为累积了无数次的失败（行为效果很少达到预期），他自然就会调低同一类行为的效果预期；如果他几乎所有的行为效果都难以达到预期（当然同样是其不断调试后的预期），他就会调低所有行为的效果预期。另外，如果一些行为是他并不看重的，行为效果的“满意”状况则不太影响其预期，反之亦然。

追求“满意”的角度看，税收认同如何形成？具有什么特征？能够获得认同的税收是其结果和过程令人“满意”的税收。从个体看，纳税人从两个层面界定：一是纳税人的纳税行为（无论是否有意安排避税）从税收负担、税后收入和财富状况都超过至少达到了预期的水平，这是从自身纵向的角度看；二是从与他人比较的角度看，税收负担和财富水平的公平程度达到预期。如果行为结果达到甚至超过预期，其税收行为就会逐渐固化。这一税收行为“固化点”既可能是个体税收认同点也可能是“失望”从而放弃继续寻求改变的止损点。从社会层面看，“满意”的判断取决于社会的税收观念。如果追求宏观调控的税收工具性效果，当税收制度施行（或者改革）效果达到甚至超过预期的效果，则宏

---

①② Itzhak Gulboa & David Schmeidler. Case Based Decision-making Theory [J]. Quarterly Journal of Economics. 1994. 转引自：汪丁丁. 经济学思想史讲义 [M]. 上海：上海人民出版社，2012.

观税收工具效能令人“满意”。这同样有可能是税收社会认同状态或者接受现状的，而非内化价值认同状态——比如，认为税收干预经济结果历来如此，因此期望值本来就低。

（2）具体影响因素分析。从上文分析可知，对税收行为效果的预期会影响税收行为的“满意”评价，从而影响税收社会认同。所以需要进一步界定影响行为效果预期的因素，具体包括以下三点：

一是个人的经历。前面的分析指出，行为效果的预期是个人一连串已经发生过的事情的效果的函数，即个人的经历是其个性化的行为效果预期的最重要的影响因素。在一个追求分数的学习氛围中，考同样的分数如 85 分，A 欣喜若狂，因为他的成绩一直都在 60 分左右；B 却万分沮丧，因为他一直是接近满分的成绩。个人第 t 个行为的预期效果受他所经历过的 $t-1$ 个事件效果累积的影响——“所有经历过的幸福和不幸福事件的回报的加权和等于当前时期第 t 个事件的预期回报”[①]。也就是说个人对即将做的一件事情或特定行为的效果预期受经历过的那些事情（行为）的回报及所赋予其权重的影响。换言之，个人经历过的所有事情的效果都会对其对当前行为的效果预期产生影响，但影响的程度却是不同的，从而特定行为的“满意”评价不同。追求“满意”的税收行为，个人经历对税收社会认同的影响同样是通过影响其“满意”评价而传递的，即个人经历包括其税收相关经历和其他事件影响对特定税收行为的效果预期，而实际效果与预期效果的比较影响对税收制度的评价，并影响个体税收社会评价，最终影响税收社会评价。下面，需要进一步讨论权重与行为停止点。

第一，权重。在 t 行为前发生的所有行为的回报都会影响 t 行为的效果预期，但其影响力却是不同的。有些事件回报的影响几乎可以忽略不计，有些事件却可以产生至关重要甚至压倒一切的影响。同时需要注意的是，有些事件的影响在行为人的意识里，成为其行为决策和效果评价的显性影响因素；而其他事件的回报，一部分真的被忽略完全不对效果预期产生影响，有些则在潜意识中，虽然在个人行为选择的理性判断过程中并不显现为影响因素，却会对行为产生甚至非常重要的影响。人们常常说习以为常，即某一经常发生的事件的相类似的回报对人们行为决策的冲击力减小，但其对效果预期的影响却会在这类行为决策中产生非常重要的影响。所以，虽然第一次发生某类行为对行为人的冲击力最大，但并不

① Itzhak Gulboa & David Schmeidler. Case Based Decision-making Theory [J]. Quarterly Journal of Economics. 1994. 转引自：汪丁丁. 经济学思想史讲义 [M]. 上海：上海人民出版社，2012.

一定就会有最大权重。例如很多行为分析都认为因为初恋所具有的强烈冲击力，其失败会在这类行为效果预期中占有很大的权重，但一次性行为效果的影响，远远比不上一次次失败过程中最后一次失败带来的效果预期影响强度——不会直接表现为对行为人决策的冲击，但却使其行为逐渐固化，并难以改变。

进一步，以前发生的所有事件回报的权重除了按以上重要与否的方式分类外，还可以按相关性分类。同一类行为的回报往往被作为同一类事件预期回报的理性选择的影响因素，正面而直接地分析其影响；其他事件回报的影响往往表现为感性的影响部分。例如，人们常常会在做出行为预期的时候说出这样非理性的观点“总觉得不对”“我预感我会成功”。这一部分虽然难以形成“理性分析报告”却对人的行为选择有重要影响，这其中往往更多的是包含“其他事件”的影响。

第二，行为停止点。首先需要强调的是行为停止并不是不再有任何行为，恰恰相反是个人不断地重复当前的行为模式。《读库》曾经有一篇调查实录[①]，描述一位出生于台湾地区的李先生在广州的生活经历。因为没有父母陪伴有失教养，李先生自幼过着自由却无保障（并不是金钱和物质上的匮乏，而是缺乏情感意义上的安全感）的生活，后来虽然与人做生意有了一定的财富积累，但很快散尽并来到广州。20 世纪 80 年代广州对外贸易快速发展，却缺乏外语人才，李先生自幼英文很棒，轻轻松松便能谋取体面且收入高的职位，却除了刚来广州做过一些翻译工作外，选择流浪广州，且安安心心地过着流浪生活。他的流浪并不是心灰意冷后的得过且过，而是积极地、有计划、有远见地安于流浪。坚持锻炼、只吃健康食物、按期洗澡，并感觉自己很幸福。尽管他有高智商，受过较好的基础教育，完全能够过上一般人眼中更好的生活——高收入、房子、家庭……但他却满足于当前的状态，并且对其境况感到“满意”，并不再试图做出改变当前状况的行为，其所有行为的目的都是维系当前“满意”的状态，这即为其行为停止点。简言之，人们的行为选择并不一定遵从利益最大化的理性，而受其个人经历的影响，停止在其习惯的某一行为模式上。税收行为也不例外，有其行为停止点。税收行为人根据其个人税收经历或密切相关维度（例如与政府部门打交道）的经历，常按其固化的税收行为模式，其税收行为选择并不一定遵从利益最大化的理性决策。

税收行为回报预期是影响税收行为或是事件“满意”状态，从而影响税收社会认同最直接的因素。如果个体曾经在纳税的过程中有过非常曲折的经历，那

---

① 李正龙口述，叶小果记录．流浪广州［C］．张立宪．读库1804．北京：新星出版社，2018：200 - 223.

么税收征管的少许便利性改变都会提升其“满意”，产生认同。并同时固化其行为，而暂时不会谋取“满意度”的进一步提升。行为回报预期可表达为：

$$a_t = \sum_{i=1}^{t-1} s_i x_i \tag{2.1}$$①

x_i：i 事件的回报；S_i为 i 事件回报 x_i的权重，受与当前 t 行为或事件的相关度 R 和影响强度 I 的共同影响，即：

$$S_i = R_i I_i \tag{2.2}$$

由式（2.2）可知，相关度越大同时如果其影响强度也很大，则该事件回报对当前行为的预期回报的影响越大，其他行为回报产生间接但并非不重要的影响。如果在跟政府打交道的过程中，因为政府效率低下、贪污腐败等负面状态，使税收行为预期效果差，“满意”的边界很低，对这一直接税收行为结果往往不会产生特别强烈的负面评价——“历来如此”“早知道就会如此”。这是与税收行为相关度较大的事件，在税收行为效果预期中具有较高的权重。因此，除了直接的税收行为回报外，其他行为或事件依据与该税收行为的相关度和影响强度，影响行为效果预期，并进一步影响税收社会认同。当然事件的相关性判断，也受个体认知和社会一般性知识（后面的影响因素分析中进一步界定）的影响。例如在中国，一般民众并不会将邻里纷争纠缠难以决断视为法律界定或者施行不当，更不会将此与税收联系起来。因此，这类事件往往不会直接影响税收行为效果预期，从而不会对税收行为和税收社会认同产生显著影响。而欧美国家民众往往会将此归罪于国家相关机构未有效作为，而税收养了政府，所以会对税收行为效果预期产生直接的影响。

上述分析有一个悖论——曾经的税收行为结果越是令人不满意，行为人越是容易对当前税收行为结果感到“满意”。那岂不是过去的税收制度越是令人不满意，人们越容易产生对当前税收制度的认同？其实还有一个对税收社会认同影响更大的问题——无数次不满意的结果确实是会让行为人调低其特定行为的结果预期，并将其行为固化，不再试图改变现状。但行为人会在每一次行为效果评价的背后得出这样一个基本的界定：税收制度是难以真正让人满意的，这就会在整体上影响认同——即使某次行为结果与行为结果预期比较是“满意”的，但这是负面或者低效率评价下的“满意”，很难动摇对税收制度的负面评价，难以形成税收社会认同。对税收制度的认知被固化在负面评价，甚至不会产生去改变它的

---

① Itzhak Gulboa & David Schmeidler. Case Based Decision-making Theory [J]. Quarterly Journal of Economics, 1994. 转引自：汪丁丁. 经济学思想史讲义 [M]. 上海：上海人民出版社，2012.

冲动。

从20世纪80年代起，税收一直缺乏制度性约束，地方政府和征管机关与征管人员拥有较大的自由裁量权（当然这在当时尚在探索与中国的社会制度相契合的税收制度结构的背景下，具有一定的合宜性——是一个试错的渐进过程）。表面上看，人们对税收体系运行状况感到“满意”，行为固化，并不试图挑战和改变这一运行机制。但这带来的最大问题是，税收体系被固化在低效率状态运行，人们的税收行为“满意”于这样的非规范、非公平的状态。此时，税收社会认同水平非常低下甚至处于负面的状态。所以，需要特别注意的是，追求“满意”的行为中，行为人做出“满意”评价的点即行为固化的点所处的状态，会在很大的程度上影响税制运行效果。

二是在交往中，修正个人的税收行为预期。在个人经历对行为效果预期影响的分析中，强调人的个体性。但自我并非封闭的自我，而是在与他人的交往中被建构的。换言之，个体所具有的特性是在与他人的互动中不断变化而被建构与重构的。因此，对特定行为效果的预期除了受其个人经历的影响外，还受其周围的人的影响。特定个体对其收入的评价不仅取决于过去赚多少，还受周围的人的收入及其看法的影响。不同的人具体的影响效度，受特定社会格局界定的影响。如果周围的人的收入明显低于其收入，个体收入预期往往较低，从而对其收入产生“满意”评价，并止步于其感到满意的收入水平的行为。同时，他人评价对特定主体的影响，受关系亲疏不同的人的收入和看法不同程度和强度的影响。例如马云身家数以亿计，但很难影响一般个体的收入预期。但同事的收入尤其是相似职位的人的收入对个体的收入预期会有非常大的影响。另外，越是关系密切的人对其收入的看法越容易影响个人的收入预期和由此产生的“满意”评价。

从税收看，如果周围与自己境况相似的人对税收负担和税后收入感到“满意”，自己也容易产生“满意”的判断。所以，提高税收社会认同度最好的宣传是——其他人都对某一税收状况感到满意。例如，美国媒体有类似这样的报道，在实行激励经济的减税政策推行后，上百名富豪联名要求不愿享受税收优惠，希望能跟国家一起共渡难关，尽公民应尽的义务①。这给社会营造一种这样的氛围，多负担税收是光荣的，从而使税收负担增加对税制“满意”评价的负面影响降低。

三是特定社会背景下的内外在制度约束。这实际上是前一个问题的宏观视

---

① 美国138名百万富翁联名请求：为了国家 向我增税［EB/OL］. http://news.xinhuanet.com/wo DB/OL rld/2011－11/20/c_122307802.htm.2011.11.20.

角。对行为效果预期产生最直接影响的当然是法律。但具体的影响却往往取决于特定社会背景下法律约束的刚性和人们对这一刚性的看法。理论上，个人税收行为效果预期最为重要的影响因素应该是法律界定的税收行为边界。但如果这个边界容易被突破，人们就会降低对税法行为约束力的评价，并将其税收负担“满意”评价的边界做出调整。例如某企业收入 100 万元，按税法规定，企业所得税税前允许扣除的成本费用税金等为 82 万元，按现行企业所得税法应纳税 4.5 万元。但企业过去总是把其赞助支出当作广告费用扣除，所以把当月发生的 3 万元赞助在费用中列支。同时，该企业营业外收入在计算应纳税所得中一直未将其计入收入中，即将其营业外收入 8 万元从收入中剔除。因为这两项不符合税法规定的多列成本少计收入的行为在过去都未被发现，因此其预期当前应纳所得税为 1.75 万元。如果最终被依法征收 4.5 万元，纳税人就会感到不满意，会以各种方式谋求改变。由此演化而成的非规范行为的负面影响很难被根除。

个体为什么会产生这样的预期进而形成非规范性的税收行为？是因为从个人经历和他人行为观察发现，税法对税收行为的约束是有一定弹性的，因此，税收法律对税收行为结果的预期就不会成为一种有力的行为边界约束。这甚至成为风俗、习惯等非正式制度，即经由对个人经历和周围人行为方式的影响，影响行为边界约束和效果预期。

经济学和管理学个体行为分析对社会经济发展产生不同的影响，前者着力于推动经济不断发展，后者则主要关注如何推进制度衍生合宜促进社会均衡。在后文税收行为进而对税收社会认同的社会学、社会心理学的研究中，尽量兼容这两个视角。

第二节　税收个人认同与社会认同①

正如前面对社会认同的一般性分析，要准确把握税收社会认同需要进一步分析个体的税收个人认同、个体税收社会认同及税收社会认同形成过程及其与人体税收社会认同的关系。

一、个体的税收个人认同

个体的税收个人认同简称“税收个人认同”，包含两个不同指向的意义，一是在个人身份界定中内含以税收为核心的价值判断；二是作为非社会性的个体对

① 本节部分观点经进一步研究作为课题阶段性成果，在国内专业期刊公开发表。

税收的认可判断，即个体对作为认知对象的税收的认可判断。

（一）以税收为核心维度的税收个人认同

税收成为个体对认知对象或客观事物做出认可性判断的核心价值。在这个意义上，比较典型的是个体税收社会认同和税收社会认同，而不是个体税收个人认同。因为税收是人类群体生活的产物，作为非社会性的个人对认知对象的认可中往往不会包含税收维度。作为个人对其做出的认可判断是基于个人的感受，而不是站在社会人即第三者或公正旁观者的立场。例如，看到夜幕中的街灯，个体的认可判断来自街灯对其带来的直接好处和坏处，其中不直接关涉税收。

（二）以税收为认知对象的税收个人认同

即个体将税收作为认知对象从个人的角度做出的认可判断。此时，个体仅从自身利益出发权衡税收。传统的税收行为经济分析即可看作具有典型的个人认同分析的特点。此时，个体是典型的理性经济人，对税收的看法完全取决于税收引致的成本和收益对比。

以税收为认知对象的个人认同行为的研究，广泛运用于税收遵从分析。征纳双方都被看作是仅仅追求自身利益最大化（往往是指静态利益最大化）的个体。然而实证研究显示，个体的税收行为往往具有典型的社会性。也就是说，人们做出税收行为选择时并不仅仅从经济成本和收益的角度权衡，还会考虑其社会特质包括具体或抽象的群体归属。

二、个体税收社会认同

个体税收社会认同如税收个人认同一样，分为以税收为核心维度的个体税收社会认同和以税收为认知对象的个体税收社会认同。

（一）以税收为核心维度的个体税收社会认同

指在个人身份界定及群体归属判断中内含以税收为核心的价值判断。个人身份界定和群体归属判断是对自己与社会联系的一个基本界定。即个体将自己置身于社会中，作为社会的人权衡自己或他人的行为及对认知对象或客观事物的判断中，税收处于核心维度。进一步，个体对其所形成的个人认同以税收为核心维度进行社会合宜性判断，此一过程即为以税收为核心维度的个体税收社会认同过程。前面所举街灯的例子中，个体的个人认同仅仅关涉个体对路灯自然形态的直观的认知和认可判断，而以税收为核心维度的个体税收社会认同，则经过了这样的认知过程：“我”作为社会的人，以税收或税收行为界定的我的身份内含是什么；与之相一致，我对街灯这样的物品应该持的态度是什么，认可还是非认可。即个体在对其个人认同做社会合宜性判断时，将税收的价值内化于其个人身份界定及群体归属判断中，认为税收行为是个体社会身份至关重要的影响因素。

如果个体从其社会身份和立场看，遵从税收即是遵守社会规则的表现，是履行公民义务的要件而且是核心要件。此时，逃税行为是与自己所认定的社会身份和群体归属不符的，因此将税收遵从行为看作是判断他人和自己行为合宜性的核心或者至少是重要标志，此即是以税收为核心维度的个体税收社会认同状态。相反的情形有两类：一是税收行为并不关涉个体所认定的社会身份和群体归属判断；二是税收遵从与社会身份认定负相关。前者，税收也许实际发挥了作用但并未成为社会一般的认知对象，因此不在人们的视野，不形成影响个体身份认定和群体归属判断的因素。后者，人们将税收遵从行为看作是社会被动群体的特征，社会地位高的人不用缴税。中国历史上一直存在这样的情形。在分封制时期，赋税实质上课征于奴隶和社会底层的自耕农；在郡县制时期，虽然唐代的两税法规定了贵族、官僚、商人均要根据评定的户等纳税，但上层社会不用照章纳税却一直得到社会的公认，而且是跻身上层社会的标识。不仅上层社会成员持此看法，而且其他社会成员也认同这一情形，并希望经由努力能够像上层社会一样不用纳税，而不是希望改变这种制度。中国今天的税收制度系统是建立在依税收负担能力平等负担的基础上，并没有法定享有税收特权的群体。但在实践中仍有部分个体并不将税收遵从行为视为与自己所认定的社会身份和群体归属相符的行为。

（二）以税收为认知对象的个体税收社会认同

与以税收为核心维度的税收个体社会认同不同，以税收为认知对象的社会合宜性界定不是以税收为做出判断的维度，而是对税收制度本身的社会合宜性做出判断。例如个体站在社会人的立场上认为既存税收制度是公平合宜的，即是以税收为认知对象的税收个体社会认同状态良好。下面以 2019 年 1 月 1 日前的个人所得税为例简要分析其税收个人认同状态和个体税收社会认同状态。

某具有多渠道收入的高收入者，面临当前的个人所得税可以从不同的立场分析，得到不同的判断：

第一，由于收入渠道多，税收负担相对单一收入渠道相似收入的人而言轻，因此对其做出认可判断。即对自己有利则认可，为以税收为认知对象的税收个人认同。

第二，对个人所得税的遵从与否并不成为个体社会身份认知的重要维度，无关乎诚信、品行和道德。此即为以个人所得税为核心维度的个体社会认同状况——非核心维度以及具体层面上以不遵从为行为选择标准的非认同状态。

第三，由于有相同收入的人税收负担存在较大差异，认为个人所得税是不公平的。因此对其做出不认可的判断，即为以个人所得税为认知对象的税收个体社会认同为非认可。

需要说明的是，税收个人认同和税收个体社会认同并不仅仅建立在某一个税种的基础上，以个人所得税为维度讨论税收认同是因为在中国当前的社会背景下，个人所得税是既存税制中被人们关注最多的税种。

（三）两类个体税收社会认同的相互关系

当税收是个体社会认同判断的核心维度时，以税收为认知对象的个体社会认同状态才会对个体行为产生实质性影响。这样，税收制度才有可能成为有效的行为规则。为行文方便，在以下的分析中个体税收社会认同指个体税收社会认同状态为认同，个体税收社会非认同指个体税收社会认同状态为不认同。具体来说这两类个体税收社会认同有以下几种关系：

ⅰ：以税收为核心维度的个体税收社会认同和以税收为认知对象的个体税收社会认同

ⅱ：以税收为核心维度的个体税收社会认同和以税收为认知对象的个体税收社会非认同

ⅲ：以税收为核心维度的个体税收社会非认同和以税收为认知对象的个体税收社会非认同

ⅳ：以税收为核心维度的税收个体社会非认同和以税收为认知对象的个体税收社会认同

ⅴ：税收为个体社会认同的非核心维度和以税收为认知对象的个体税收社会认同

ⅵ：税收为个体社会认同的非核心维度和以税收为认知对象的个体税收社会非认同

ⅶ：税收为个体社会认同的非核心维度和税收不成为认知对象。税收不成为认知对象时，不可能成为个体社会认同的核心维度

用坐标表示如图 2－2 所示：

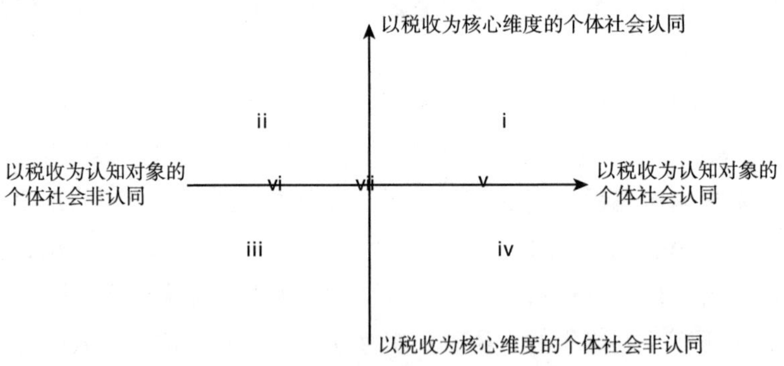

图 2－2　两类个体税收社会认同的相互关系

两类个体税收社会认同，最重要的是以税收为核心维度的个体税收社会认同。换句话说，在税收社会认同分析中，首先需要界定税收是否为个体社会认同的核心维度。如果不是核心维度，那么以税收为认知对象的个体社会认同状况便无关紧要。认同也好，非认同也好，都不能对税收制度运行产生影响。如果是核心维度，对个体的税收行为和税制运行都会产生较大的影响。

（四）个体税收社会认同对税收行为和税制运行的影响

根据图2-2分析两个层次的个体税收社会认同不同组合对税收行为和税制运行的影响。

1. ⅰ和ⅱ个体税收社会认同状态下对税收行为和税制运行的影响

一般认为如果税收行为关涉道德，逃税成本会大大提高，税收行为较为规范。问题是，在什么情况下税收行为会与道德相关联？答案是在形成税收社会认同的情况下——在身份认同和群体归属中，税收是核心正向维度，对税收的遵从是人们趋向的身份和群体具有的特征。此时，税收行为往往与那些正面的核心道德理念如诚信、正直、负责任等相联系。人们会以恪守道德准则的方式要求自己并评价他人的税收行为，从而形成对税收行为比法律强制更有效的约束力。此时，无论对税收制度体系具体结果的认知是什么，个体均表现为很强的纳税意识和遵从理念。

从静态看，ⅰ和ⅱ状态下，人们的税收行为没有区别，均表现为遵从。但从过程看，二者却存在较大的差异。税收遵从行为之所以在身份认同和群体归属判断中被视为重要，是以税收为认知对象的认同在长期的社会变迁中嬗变而成。因此，从静态甚至从短期看，以税收为认知对象的税收个体社会认同状态并不足以撼动个人道德层面上对税收的认可。而从过程看，以税收为认知对象的个体社会非认同状况下，对具体的税收制度的质疑会使对税收遵从行为的看法一点一点的松动，成为税收身份认同和群体归属变迁的推动力。这样的松动是静默的，从短期看几乎观察不出人们税收行为和税制运行状况的改变。但从长期看，如果以税收为认知对象的不认同未能改变，最终会改变以税收为核心维度的身份认同和群体归属。

2. ⅲ和ⅳ个体税收社会认同状态下对税收行为和税制运行的影响

ⅲ和ⅳ两种情形下对税收的看法仍如ⅰ和ⅱ，属于道德范畴的一部分。但在身份认同和群体归属中，税收是核心负向维度。此时，无论对税收本身的认知如何，都很难形成税收自觉遵从行为和税制的平滑运行。中国传统上视税为“苛捐杂税”。这一界定一开始是因苛严的税制所具有的非公平和非正义而生。但随着这一看法在不断重复的事件中固化，逐渐与作为认知对象的税制分离。这样的观念得到社会普遍甚至是一致性认可。在中国历史上，民众与政府面向税收的变革诉求都只有一个——轻徭薄赋。尽管在具体的税收变革中也关注税制结构和征收方法，但最终的评价却往往仅仅建立在是否减轻了税负，税收制度结构在评价体系中无足轻重。与此相对应，人们当然希望所属群体和阶层能免于这一非正义性剥夺。这成为税收维度的身份认同和群体归属的要义。即使个体认为税收具体的制度体系是公平、正义的，但由于税收作为核心维度被看作是负面的，也不能因此激发个体的税收遵从行为。

ⅲ是最糟糕的一种个体税收社会认同状态。个人税收行为和税制运行陷入泥淖而几乎不可能形成税制的平滑运行和个人自愿遵从。极端情形下，甚至会出现前面提到的非理性不遵从。

ⅳ在短期内具有稳定性。此时，即便税收制度结构体系被认为是公平正义的，在身份认同和群体归属判断中，人们仍习惯性地将其视为负面维度。但从长期看，个体对作为认知对象的税收具体制度体系的社会认同，会逐渐改变其内化的认知并最终改变以税收为核心维度的身份认同和群体归属判断。中国目前正处在这一个体税收社会认同状态。从过程看，当前的个体税收社会认同可以被看作处于从ⅲ向ⅳ转化的过程中。这是非常困难的一步——在以税收为核心维度的个体社会非认同的前提下，因为人们只会看到税收对可支配收入的减少，所以作为认知对象的税收常常被认为“有”就是糟糕的事情，具体特征被忽略。而当人们拨开惯性开始看到并逐渐重视税制本身的特征时（这一节点的出现非常重要），身份认同和群体归属判断层面上的个体税收社会认同有可能逐渐改变。但这一过程非常漫长而不确定或者脆弱。需要许多因素长期共同演化。在这一过程中有两个重要的问题需要进一步探讨：一是这一结点在什么样的情况下才会出现，如何推动其出现；二是在这一结点出现后如何推动税收核心维度个人社会认同的出现。中国历经了上千年的以税收为核心维度的个体社会非认同，至中华人民共和国成立确切地说20世纪50年代实现社会主义改造后，税收不成为身份认同和群体归属的影响因素而退出人们的视野，可以说从未有过税收在身份和群体归属判断中的被认同。70年代末80年代初，税收制度和经济体制改革，税收开始通过影响企业的净收益影响人们的福利。此时尚未被承包的国营企业的税收负担仍然不影响企业和职工的福利。而对已承包和非体制内的企业，税收成为影响企业境况和个人福利的至关重要的因素。但对社会中绝大多数的个体而言税收不在其认知范围内。随着中国经济制度和与之相适应的税收制度的变迁，税收逐渐成为人们在行为选择中的主观存在。并经历了从漠视（无视其存在，随意安排税收行为）到逐渐看到税收对个人福利的负面影响（净扣除），再到试图以税收制度为边界安排其行为的过程。此一阶段税收制度本身缺乏规范性，因此税收行为多表现为寻租行为。但无论如何与漠视阶段不同，税收制度已成为人们的行为约束，至少让行为人认识到税收制度的存在。虽然对人们规范性税收行为而言也许起到的是负面作用——甚至一度形成失范的示范效应①。当前，税收制度开始逐步走向规范，税收仅仅关涉负面影响的看法有所松动。从正式社会规范看，人们愿意认可税收在身份认同和群体归属中的正向维度。但从个体的角度看，并未形成这样的认同。这似乎难以理解——已经形成社会一般性认同的规范为什么却不是建立在个体对税收认同的基础上？这二者之间的矛盾与冲突实际上是社会人立场与理性经济人立场之间的冲突。在这一阶段，从个人的视角看尚未形成税收的核心功能是推动社会福利增进的认知。而随着这一认知的形成，社会人立场和理性经济人立场对税收的看法逐渐协调。从以税收为认知对象看，现阶段得到社会公认的看法是，税负太高有失公平。因此，总的看来税收行为表现为尽可能逃避，但与两个层次均为非认同的情况或者与中国传统经济体制下的税收不在人们视野范围内相比，已经有所改善。

3. ⅴ、ⅵ及ⅶ个体税收社会认同状况下对税收行为和税制运行的影响

这三种情况均为税收是个体社会认同的非核心维度。此时，以税收为认知对象的个体社会认同状况几乎不会对税收行为和税制运行产生影响。最为极端的是ⅶ。20 世纪 50 年代初期至 70 年代末期的税收个体社会认同非常接近这一状态。政府无论对税收体制如何调整，对个体的税收行为和税制运行都几乎不会产生影响。

三、税收社会认同形成过程及其与个体税收社会认同的关系

在个体对税收形成社会认同的基础上，经由交流、扩散形成群体进而全社会对税收的认可。与一般意义上的社会认同形成过程类似，个体对税收的社会认同主动建构，经由交流、扩散形成个体税收社会认同的被动建构，并在此基础上形成群体税收社会认同和全社会的税收社会认同。此时，这一税收社会认同（正向或负面）内化于非正式制度中，成为文化、风俗及习惯的一部分，影响并左右人们的税收行为。

一般地，税收社会认同具体表现为个体税收社会认同（下文对税收社会认同静态特征分析时，即以个体税收社会认同表现对税收这一具体事项的社会认同），往往将个体税收社会认同和税收社会认同不加区别。但仍然需要注意的是，税收

---

① 焦耘．逃税制度化衍生：路径、成本及对策［J］．当代经济管理，2008（06）：10－13．

社会认同的演化过程中，个体税收社会认同是形成税收社会认同的至关重要的一环，否则难以理解从税收个体认同到税收社会认同的过程。但同样重要的是个体税收社会认同并不都能转化为税收社会认同。换句话说，个体税收社会认同是税收社会认同的必要但不充分条件，然而一旦某个特定的个体税收社会认同扩散而成为税收社会认同，即为其具体表现形式。

第三章 税收社会认同均衡及演化

税收社会认同形成过程是社会认同形成过程的组成部分，只是认同的对象具体化为税收。从社会认同静态特征看，社会认同分为对社会总体上认同和对具体事项认同①。税收社会认同即属于对具体事项的认同。对税收这一具体事项的认同又分为两个维度。因此，在分析税收社会认同的形成过程时需要同时考虑三个维度：对社会总体的认同、以税收为核心维度的税收社会认同和以税收为认知对象的税收社会认同。对税收社会认同形成过程的分析仍然从静态特征开始。

第一节 税收社会认同的静态特征及其对税收行为和税制运行的影响

在讨论两类个体税收社会认同相互关系时，其实已经从税收维度的身份、群体归属和税收制度体系界定了税收社会认同的静态特征。这里结合税制运行的大的社会背景，引入社会总体认同（主要指对国家和政府的社会认同）从更开阔的视域讨论税收社会认同的静态特征。

为了行文方便，首先约定符号：

α_1：对社会总体认同状态为认同，简称社会总体认同；

α_2：对社会总体认同状态为非认同，简称社会总体非认同；

β_1：以税收为核心维度的税收社会认同状态为认同，简称以税收为核心维度的税收社会认同；

β_2：以税收为核心维度的税收社会认同状态为非认同，简称以税收为核心维度的税收社会非认同；

β_0：税收为社会认同的非核心维度；

---

① 焦耘．税收制度社会认同研究——税制变迁衍生社会利益冲突及其治理视角［M］．北京：经济科学出版社，2018.

γ_1：以税收为认知对象的税收社会认同状态为认同，简称以税收为认知对象的税收社会认同；

γ_2：以税收为认知对象的税收社会认同状态为非认同，简称以税收为认知对象的税收社会非认同；

γ_0：税收不在人们认知范围内即税收不成为认知对象。

一、社会总体认同下税收社会认同的静态特征及其对税收行为和税制运行的影响

（一）社会总体认同下以税收为核心维度及以税收为认知对象均表现为社会认同时对税收行为和税制运行的影响

即税收社会认同处于 $\alpha_1\beta_1\gamma_1$ 状态。这是税收社会认同最完美的状态。此时，对社会总体上认同的同时以税收为核心维度和认知对象均处于认同状态。即对国家、政府处于社会认同状态；税收是个体身份认同和群体归属的核心维度并表现为认可；对税收的具体结构和特征表现为认可；并在个体社会性认可的基础上形成全社会的认可。此时，社会制度往往表现为政治比较清明、民主化程度高、政府效率高，政府公共品提供过程清晰、结果令人满意。与此同时，税收征收过程效率高，国家或政府征收税收的立场比较公正。其中最为核心的是税收转化为公共品的过程透明、效率高，形成的公共品结构和表达的政策意图令人满意。

（二）社会总体认同下以税收为核心维度的社会认同及以税收为认知对象的社会非认同状态对税收行为和税制运行的影响

即税收社会认同处于 $\alpha_1\beta_1\gamma_2$ 状态。此时，虽然对税收制度结构、征管等不认可，但从静态看人们的税收行为表现为遵从，税制运行平滑、税收征管成本较低。

（三）社会总体认同下税收不是社会认同的核心维度，同时税收不在人们认知范围内时对税收行为和税制运行的影响

即社会认同处于 $\alpha_1\beta_0\gamma_0$ 状态。此时，人们对国家和政府表现为认同，国家和政府具有一致性的权威。与此同时，税收不在人们的视野范围内。从宏观意义上讲，税收负担水平和结构、税制结构、税收征收过程及公共品提供情况都不会影响人们的税收行为和税制运行过程与成本。微观上，税收不影响人们的福利，因此，不会成为其行为的影响因素。从目前出现过的社会形态看，只有计划经济具有这一特征。此时，所谓的“税收”并不具备税收的本质特征。在中国传统体制下，社会中普通民众的税收社会认同处于此状态。所以，在这一

阶段的税制改革及其推行与施行几乎可以在没有任何阻力的情况下实施——可以类比无重力、无摩擦时物体无论向什么方向运动都为零能量损耗。表面上，从税收征管和政府获得税收的角度看，这似乎是一种完美的状态。此时，人们行为的最重要的激励是政府支配的计划分配的资源。在今天的市场经济体制下看来能够影响人们可支配收入并最终影响社会经济效率的因素包括税收在内均无足轻重。因此，这一税收社会认同状况是以经济制度的低效率为前提的。显然不仅不可欲，而且是一种应该尽可能改变的状态。遗憾的是这一税收社会认同状况非常粘滞，其变迁依赖政治制度、经济制度包括其中至关重要的分配制度的变迁。

（四）社会总体认同下以税收为核心维度及以税收为认知对象均表现为社会非认同时对税收行为和税制运行的影响

即社会认同处于$\alpha_1\beta_2\gamma_2$状态。此时，对国家和政府表现为认可，而税收维度的两个层次均表现为非认可。社会认同处于典型的ii——对社会总的认同，对税收这一具体事项不认同。此时，最典型的观念是认为税收是不必要的存在。在中国传统体制下社会上层对税收社会认同处于该状态。传统经济体制下，国家和政府具有空前权威的同时，税收被认为是不必要的、是非社会主义的。税收被人们理直气壮地排斥在行为约束之外。此时，如前面所分析，社会中的普通民众的税收社会认同则处于$\alpha_1\beta_0\gamma_0$状态。

（五）社会总体认同下以税收为核心维度的社会非认同及以税收为认知对象的社会认同时对税收行为和税制运行的影响

即社会认同处于$\alpha_1\beta_2\gamma_1$状态。此时，对国家和政府及具体税收制度体系表现为认可，但在身份认同和群体归属中对税收非认同。此时，γ_1并不一定能直接引致税收行为表现为税收遵从。因为β和γ这两个维度中，从静态看β的影响处于核心地位。当身份认同和群体归属处于非认可，对税收这一具体事项总的表现也为非认同。即从表象和静态看社会认同仍然处于ii。

（六）社会总体认同下税收不是社会认同的核心维度及以税收为认知对象的社会认同时对税收行为和税制运行的影响

即社会认同处于$\alpha_1\beta_0\gamma_1$状态。此时，税收为身份认同和群体归属不相干的维度，但对国家与政府及具体税制体系表现为认可。此时，虽然税收不能内化于身份认同和群体归属从而约束人们的行为，但由于国家与政府的权威及在人们与具体税收制度接触中体会到的合宜性和公平性，税收行为表现为遵从的可能性较大。当然与$\alpha_1\beta_1\gamma_1$比较，内在约束力较弱，非规范性税收行为出现的可能性更大。

（七）社会总体认同下税收不是社会认同的核心维度及以税收为认知对象的社会非认同状态对税收行为和税制运行的影响

即社会认同处于$\alpha_1\beta_0\gamma_2$状态。此时，税收仍然是身份认同和群体归属不相干的维度，对国家与政府权威表现为认可，但对具体税制体系表现为不认可。此时，对税制体系既不认可，又缺乏内在约束，非规范性税收行为出现的概率较大。但因国家和政府的认同度高而收敛在一定的程度内。

二、社会总体非认同下税收社会认同静态特征及其对税收行为和税制运行的影响

当国家和政府权威缺失时，表现为政府主导和征收的税收不可能被认可，也不可能成为身份认同和群体归属的核心维度。与政府行为过程和结果密切相关的税收制度体系和税收征管更不可能得到认可。因此，社会总体认同是税收社会认同的前置条件。在社会总体非认同前提下，具有现实可能性的税收社会认同一般只有以下四类：

（一）社会总体非认同下以税收为核心维度及以税收为认知对象均表现为社会非认同时对税收行为和税制运行的影响

即社会认同处于$\alpha_2\beta_2\gamma_2$状态。此时，国家认同出现危机，政府权威不被认可，人们的身份认同和群体归属判断中税收是负向维度。与此同时，税收制度结构也不被认可。换句话说，国家和政府的合法性受到质疑，向这个合法性受到质疑的政府缴纳税收当然既非公平也不正义，逃避税收成为被认可的行为倾向，税制运行滞涩。

（二）社会总体非认同下以税收为核心维度的社会非认同及税收不在人们认知范围内时对税收行为和税制运行的影响

即社会认同处于$\alpha_2\beta_2\gamma_0$状态。与上一类不同的是，税收制度体系不在人们的认知范围内。既然国家和政府不被认同，人们身份认同和群体归属判断中税收为负向维度，越是能逃就越是能彰显其身份，因此，税收制度体系的具体特征无关紧要，往往不会成为人们的认知对象。在实践中$\alpha_2\beta_2\gamma_0$比$\alpha_2\beta_2\gamma_2$出现的可能性更大。

（三）社会总体非认同下税收不是社会认同的核心维度及以税收为认知对象的社会非认同状态对税收行为和税制运行的影响

即社会认同处于$\alpha_2\beta_0\gamma_2$状态。此时，税收是身份认同和群体归属的无关维度，而对国家、政府及税收具体制度体系的不认同，同样会引致税收不遵从和税制运行成本高。

（四）社会总体非认同下税收不是社会认同的核心维度，同时税收不在人们认知范围内时对税收行为和税制运行的影响

即社会认同处于$\alpha_2\beta_0\gamma_0$状态。由于国家和政府合法性与权威不被认可，虽然税收根本不在人们的视野范围内，但凡是政府的行为都被认为不合宜而人们自然选择不遵从。也就是说，此时人们的税收行为表现为不遵从，但并不是针对税收而是针对政府的一般性不合作行为。

综上所述，当对国家和政府出现认同危机时，人们几乎在任何情况下都会选择税收不遵从，税制运行成本高。一旦出现国家和政府认同危机，状如深陷泥淖，很难走出。

第二节 税收社会认同特定均衡状态下的影响因素及其影响力大小和方向

与社会认同过程分析相似，税收社会认同过程分析仍然从均衡状态下的影响因素、通往目标状态的路径及特定社会认同变迁三个方面分析。

在税收社会认同静态分析中，讨论了 11 种现实社会可能出现的税收社会认同状况。在特定的均衡状态下，影响税收社会认同变迁的因素是什么？其作用方向和大小如何？这为政策分析中介入税收社会认同过程以改变其运动轨迹达到目标状态提供了理论依据。

总的看来，社会总体认同是税收社会认同最重要的影响因素。当对社会总体上处于认同状态，国家和政府具有公认的权威时，任何个体税收社会认同状态都可能走上良性衍生的路径。即使是α_1前提下七种可能出现的状态中最糟糕的状态$\alpha_1\beta_2\gamma_2$与α_2前提下的所有状况比较，仍然可以得出以下结论：

第一，从静态看，前者的税收遵从水平远远高于后者，税制运行成本远远低于后者。

第二，从演化路径看，前者，人们在身份认同和群体归属中对税收维度的非认同及对税收具体制度体系的非认同往往能在既存的基本政治制度和政府架构中经由税收制度改革和公共品提供的具体结构等领域的变迁而逆转，形成税收社会认同。而后者形成税收社会认同的前提是，政治体制、政府架构及官僚体系等基本制度的变迁。这显然比前者困难得多。

第三，正如第二点所分析，前者可以在既存制度的连续演化中形成税收社会认同，但后者却往往需要重构国家和政府的权威，无论是断裂式国家与政府的权威重构还是在既存体制下的制度变迁都是困难的。

下面具体分析特定均衡状态下的税收社会认同演化。

一、在社会总体认同下以税收为核心维度的社会认同状态为认同（$\alpha_1\beta_1$）前提下的税收社会认同衍化

当对国家合法性及政府权威认同，且税收是身份认同和群体归属的核心正向维度时，对税收制度体系往往会有比较清晰的认知，一般来说不会出现税收不被人们所认知的情况。同时，即使是较重的税收负担也不一定会对税收行为和税制运行产生太大的影响。甚至具体的税制结构——主体税种是所得税还是流转税，以何种方式征收等——至少在短期内也不会产生根本性影响。

此时，从短期看，正如在前面的分析中所指出，两种可能出现的状况$\alpha_1\beta_1\gamma_1$和$\alpha_1\beta_1\gamma_2$在表象上没有太大的区别，人们的税收行为都表现为遵从，税制运行也较为平滑。但当税收社会认同处于$\alpha_1\beta_1\gamma_2$时，人们对税收制度结构、税收征管具有推动其变迁的强烈诉求。这样的诉求如果得到满足，则回归$\alpha_1\beta_1\gamma_1$状态；如果在足够长的时间维度内得不到满足，人们的税收遵从行为动摇，甚至滑向税收维度身份认同和群体归属判断的动摇，直至走向$\alpha_1\beta_2\gamma_2$。因此，截面上，人们对税收制度的负面评价不会影响税收行为和税制运行，但从长期看，社会制度对人们税制变迁诉求的有效回应非常重要。

当然，两种可能出现的状况中$\alpha_1\beta_1\gamma_1$是税收社会认同最佳状态。什么样的情况下以及什么因素会使这一均衡被打破？失衡后的运动轨迹如何？一般的，凡是影响社会利益格局的因素都会影响税收社会认同状态，但成熟的政治制度往往能自动消解这一负面影响而自动修复。例如，当对税制体系具体结构的认知偏离认同时，经由制度化的、通畅的税制意愿诉求渠道和有效的意愿集合，重新获得被认同的税制结构。税收社会认同重新回到良性一致状态。但如果对税收社会认同消解的力量是自上而下、从政治制度的变迁和国家与政府合法性认同介入的，税收社会认同迅速瓦解。极端的情形如政变或被侵略而社会制度瓦解。这显然是一种难以预期的、社会制度断裂的演化方式，在后面分析中将其视为外生的，不再视其为可能的衍生路径。

二、在社会总体认同下税收为社会认同的非核心维度（$\alpha_1\beta_0$）前提下的税收社会认同衍化

在$\alpha_1\beta_0$前提下的税收社会认同衍化过程分析可以比较贴切地解读中国自20世纪50年代至今的税制变迁，因此这部分分析相对详细。

税收社会认同静态分析中指出，$\alpha_1\beta_0$前提下有三种状态：$\alpha_1\beta_0\gamma_0$、$\alpha_1\beta_0\gamma_1$

和 $\alpha_1\beta_0\gamma_2$。在连续演化（而非如中国古代社会断裂式演化）的社会制度下，一旦具体税收制度体系进入人们的视野，成为认知对象往往不能逆转。因此，$\alpha_1\beta_0$前提下的税收社会认同衍化分析以 $\alpha_1\beta_0\gamma_0$为起点。同时，需要注意的是，从 $\alpha_1\beta_0\gamma_0$出发，首先改变的是对具体税收制度体系的认知 γ。容易理解，当 γ 还不在人们的认知范围内时，更不可能以其为身份认同和群体归属的核心维度。

具体税收制度体系从人们认知盲点成为认知对象，一般来说，首先是经济制度的改变——由计划走向市场，进而分配制度改变——由计划是资源配置的唯一因素，国家和政府是唯一的分配主体决定几乎每一个社会中行为人的利益，逐渐走向多元化。一开始，国家和政府控制的资源分配打开一个微不足道的口子，出现从政府以外的领域——市场获得资源的可能性。税收成为影响人们利益的因素，进入认知视野。如果经济制度和分配制度的变迁方向稳定，这样的一开始表现为偶然、零星的情形逐渐成为越来越明显的趋势。税收成为国家和政府与市场之间的利益分配纽带，越来越多地影响个人福利，并受到越来越多的关注，逐渐成为认知对象。下面分析两种可能的演化路径及其影响因素。

（一）社会总体认同下税收为社会认同的非核心维度（$\alpha_1\beta_0$）前提下，经济制度与分配制度变迁中税收社会认同的自然演化

1. $\alpha_1\beta_0$前提下税收社会认同自然衍生过程

在人类社会的演化中，税收从无到有，其存在的必要性和税收数量和结构的直接针对性，人们自然而然形成对税收具体结构的认同。

但在类似中国这样的从计划经济向市场经济转化的制度背景下，$\alpha_1\beta_0$前提下，经济制度与分配制度变迁中，自然演化而来的对税收的认知是 γ_2（下文分析涉及相关问题，除非特别说明都以此为出发点）。因为当税收不在认知范围时，人们不会认为税收影响其福利。税收开始进入人们的视野并不是以其提供的公共品增进了个人及社会福利。此时，即使社会福利和个人福利增进，人们也不会将其与税收相联系。这样的背景下，比较税前税后的福利状态，得出最直观的结论当然是税收减少了可支配收入，个人福利因税收而减少。此时，往往出现不同于成熟的市场经济时期对具体税收制度的理性不认同，而表现为表象上看起来非常荒谬的状态：与具体税收制度体系特征相关性较小甚至不相关的不认同。对具体税收制度体系的认同判断怎么会与具体税收制度体系无关？其实，这源于这样的判断：税收存在即减少福利而与具体结构无关。由于对具体税收制度体系的不认同，人们的税收行为自然滑向不遵从。如果任由其发展，人们对自己和他人的税收行为判断表现为：同等条件下，越“有本事”的人缴的税越少。这样的看法逐渐内化于身份认同和群体归属判断中，于是税收从与身份认同和群体归属判断无关维度走向负面维度，即从 β_0走向 β_2。

2. 中国税收社会认同：从 $\alpha_1\beta_0\gamma_0$到 $\alpha_1\beta_2\gamma_2$

中国当前的社会认同状况，正如在前文分析社会认同静态特征时所指出：对社会总体上认同，但具体到税收则普遍处于非认同状态。也就是说社会中普通民众的税收社会认同从传统经济体制下的 $\alpha_1\beta_0\gamma_0$状态演化到 $\alpha_1\beta_2\gamma_2$状态。此时，国家和政府在人们心目中仍然具有较高的权威，人们相信政府的行为总体上是为了推进社会福利和公平。但对税收这一具体事项无论身份认同、群体归属还是税收制度体系本身都处于非认同状态。相对于前文分析的 $\alpha_1\beta_0\gamma_0$，虽然不能说是一种更好的状态，但至少税收进入人们的视野，对于税收制度规范化具有转折性意义。

此时，从政府的角度看，无论是税制改革还是税收制度的推行与施行都变得比传统体制下更加困难。传统体制下，税收不在人们的视野范围内，税收制度体系由政府自上而下、单方面提供，纳税人只是税收制度的被动接受者，税制的变迁既不影响其社会经济行为也不会影响人们对税收的看法和税收行为。而在 $\alpha_1\beta_2\gamma_2$状态下，人们在身份认同、群体归属中对税收的非认同使其税收行为具有明显的非合作性特征，表现为甚至是不顾一切地逃税。而对税收的非认同的看法，往往一开始也不受税收制度体系具体特征的影响，而是先入为主地在观念中将税收看作负面的。因此，税收制度推行阻力大、成本高。政府的行为与 $\alpha_1\beta_0\gamma_0$状态时相比受到更多来自纳税人的约束，虽然这一约束往往表现为方向不确定的非理性约束。人们的税收诉求一般并不形成具体的目标税制结构，很难对政府行为和具体的税收制度产生方向明确的指引，而笼统地表现为降低税收负担。但至少税收制度和政府涉税行为因受到人们关注而被约束，可以说走上了通往规范的路径。从民众的角度看，对税收越来越多的关注，虽然表现为尽可能挣脱税收行为约束，但客观上，不得不面对税收约束。税收逐渐成为人们行为规范的一部分——虽然经常表现为对这一行为规范的不遵从。

（二）社会总体认同下税收为社会认同的非核心维度（$\alpha_1\beta_0$）前提下，推动税收社会认同理想化演进

$\alpha_1\beta_0\gamma_0\rightarrow\alpha_1\beta_0\gamma_1\rightarrow\alpha_1\beta_1\gamma_1$当然是社会可欲的良性衍生路径，但往往需要以国家和政府的良性介入为前提，而在现实的税收制度演化中存在很多的困难。

1. 理论上，从 $\alpha_1\beta_0\gamma_0$到 $\alpha_1\beta_0\gamma_1$有两种可能的路径

一是从 γ_0直接演化为 γ_1，对税收的认知从无到赞同；二是从 γ_0到 γ_2再到 γ_1。前者难度较大。正如前文分析中指出，税收成为认知对象的前提是开始成为

可支配收入的影响因素，在其提供公共品改善产权运行环境推动产权收益增加之前，首先是收入的减少项，这一过程几乎无法撼动。因此，具有现实可能性的衍化过程是后者。当 γ_0 演化为 γ_2 时，通过政府介入将 γ_2 诱向 γ_1。在这个过程中政府主要通过以下方法达到目的：提供合宜的、使社会与个人福利增加的公共品、宣传以及税制形成过程和具体结构的优化。

（1）能产生直接效果，推动对税收制度体系认同的公共品当然是与个人利益密切相关联的，其主要影响因素如下：

第一，征税前后公共品状况及公共品提供模式。如果征税前后公共品状态有明显差异，人们能感受到征税后福利的改善，那么对具体税收制度体系先入为主的非认同开始松动，并逐渐得以改变。

在中国的历史上几乎从未建立起公共品提供与税收之间的联系。中华人民共和国成立后更是如此，不仅未能建立起这种联系，甚至税收也淡出了人们的视线。国家主持生产和社会财富的创造，与之相对应公共品当然是国家给予的，并未建立税收是公共品价格、必须付出税收才能换取公共品的观念。税收进入普通民众的视野至今 40 年，公共品提供无论从规模和种类都呈现出前所未有的变化。但此时公共品提供资金尤其是地方公共品提供确实不完全甚至有时不主要源自税收，也未能形成公共品提供数量和结构的优化源于税收的观念，当然也就未能实现 γ_2 向 γ_1 的转化。

第二，人们最迫切需要解决的民生问题所涉及的公共品。与人们生活密切联系的公共品如医疗保障、养老保障的提供及其规模和结构变化能够最直接地凸显公共品提供变化和重要性。而在中国传统经济体制下，从受益人的角度看这类公共品的提供远比现在充分（以单位为主体的保障，虽然覆盖面小，但矛盾的指向是能否进入“单位”，而不是这类公共品提供水平）。因此，实现 γ_2 向 γ_1 的转化还需要进一步优化这类公共品提供。

（2）宣传所能起到的关键性作用是将被人们乐享的公共品与税收关联，这也是非常重要的一步。中国改革开放以来的税收宣传重点强调责任与义务，而未能强调与其相对等的权利与收益，难以有效推进税收认同。从中国当前的情况看，无论是与人们生活密切相关的养老及医疗等社会保障类、基础设施，还是城市绿化美化等层面的公共品提供，都达到了前所未有的水平。但人们并未将之与税收关联，当然也就很难在增进对具体税收制度体系的认同上有所助益。通过宣传，让人们逐渐认识到其税收负担与其所享受的公共品之间有必然的联系，推动税收社会认同。

（3）推动税收制度形成过程的变迁，从而推动具体税收形成过程的认同①。首先，优化税收意愿表达机制，人们有通畅的渠道诉求其税收意愿，“不平则鸣”有助于纾解其不满情绪。同时，这也是公民权利在“税收”之一端的凸显表现。其次，优化税收意愿集约机制，使人们充分表达的意愿能有效集约为税收具体制度与政策，包括过程和结果。集约税收意愿形成过程的透明甚至比结果更重要，其公平正义也更容易获得。

前者，税收意愿表达机制的构建，在中国税收制度变迁中开始逐步推进，并产生了一定的影响。例如2011年个人所得税修订，即在修订前就免征额的具体额度通过开通网上渠道的方式征求意见，产生了较大的社会反响，并将预期3000元的免征额调整为3500元；而后者则有待进一步构建和完善。

只有做好了上述三步，税收制度结构的具体特征才会影响这一维度的税收社会认同，进一步推动其理想化转化。

2. $\alpha_1\beta_0\gamma_1 \rightarrow \alpha_1\beta_1\gamma_1$是更困难的一步

$\alpha_1\beta_0\gamma_1 \rightarrow \alpha_1\beta_1\gamma_1$转化的一般过程是：提供公共品→所提供的公共品得到合宜性判断→人们认识到税收与合宜的公共品之间的联系，这三者共同作用，推动获得γ_1，并在此基础上，逐渐累积，形成身份认同和群体归属判断的核心正向维度。一开始，人们认同具体税收制度体系，并认为税收的缴纳带来了更多的公共品，并认识到公共品增进了个人福利。这样的认知能否克服对短期利益的追求，并最终将纳税行为内化为身份认同和群体归属的内在维度，还取决于非正式制度如何界定社会责任。也就是说，即便人们清晰地认识到税收与公共品之间的正相关性，并进一步认定与产权收益增长正相关（在α_1下这是比较容易的），也并不能立刻表现为β_1。因为获得公共品及产权收益增长的方式有两个：以纳税的方式承担成本及“搭便车”。如果非正式制度推崇社会责任担当，那么，当税收与社会福利及产权收益正相关，并且这种相关性被人们所认识，税收便会成为身份认同和群体归属判断的核心正向维度，即形成β_1。被社会认同的税收行为是遵从。但如果非正式制度认同投机，那么，即使税收与社会福利及产权收益正相关，并且这种相关性被人们所认识，也不一定能出现β_1。此时，人们期望他人承担社会责任，而自己则逃避税收，希望以“搭便车”的方式获得公共品、福利增进及产权收益增加。

换言之，即便是得到认可的具体税收制度体系下获得的税收收入，提供了被人们判断为合宜的公共品，提高了社会福利和产权收益，也不能保证税收遵从及

① 部分观点经进一步研究作为课题阶段性成果，在国内专业期刊公开发表。

以税收是否遵从为判断身份和群体归属的正向维度。这样的个人福利与社会福利、即期利益与长期利益之间的矛盾与冲突，最终经由非正式制度决定人们的税收行为和身份认同与群体归属维度的税收社会认同。

从 β_0 到 β_1 的演化从图 3－1 可以获得更为直观的印象。

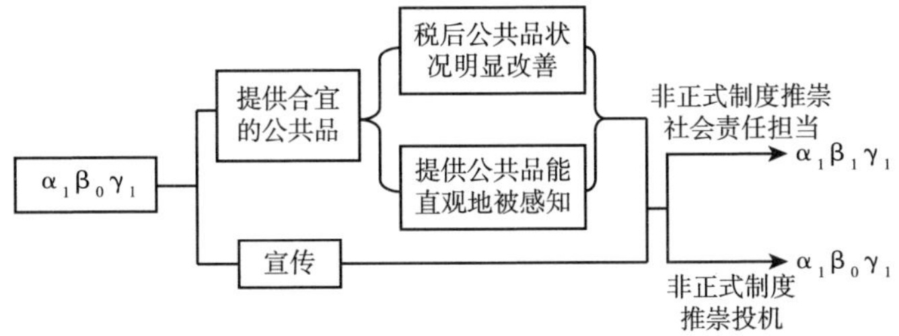

图 3－1　税收社会认同以 $\alpha_1\beta_0\gamma_1$ 为起点的演化过程和结果

3. 从认知边缘出发，中国税收社会认同理想化演进路径

从 20 世纪 80 年代改革开放初期的税收社会认同状态（$\alpha_1\beta_0\gamma_0$）出发，中国税收社会认同的理想化演进路径如图 3－2 所示。

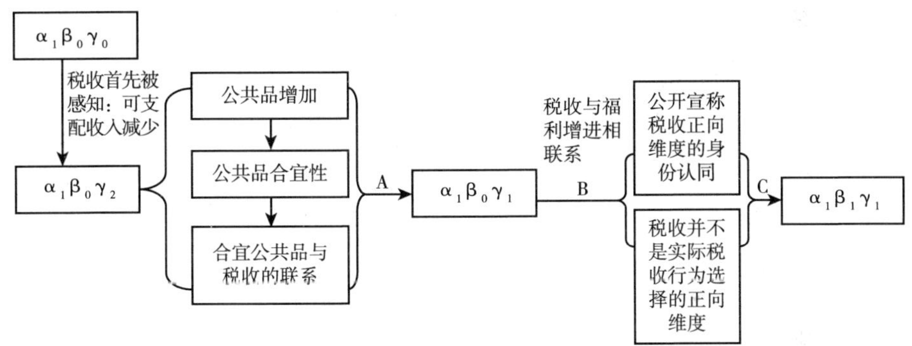

图 3－2　认知边缘出发的中国税收社会认同理想化演进路径

从图 3－2 中可以直观地看到，$\alpha_1\beta_0\gamma_0 \rightarrow \alpha_1\beta_1\gamma_1$ 的演进有三个重要的节点 A、B 和 C。而在每一个节点上，向下一个节点、直至向理想状态 $\alpha_1\beta_1\gamma_1$ 的转化都不是自然形成的结果，需要政府的良性介入和漫长的时间直到非正式制度改变，方能达至这一理想状态。

实际上，中国当前税收社会认同演进并没有走在这条理想化的衍生路径上，而在 A 这个节点上走向另外一条路径，从而衍化到 $\alpha_1\beta_2\gamma_2$ 状态（具体见下文关于“推动 $\alpha_1\beta_2$ 向理想税收社会认同演化”的分析）。

三、在社会总体认同下以税收为核心维度的社会非认同（$\alpha_1\beta_2$）前提下的税收社会认同衍化

（一）社会总体认同下以税收为核心维度的社会非认同（$\alpha_1\beta_2$）前提下税收社会认同的自然演化

1. 从 $\alpha_1\beta_2$ 的形成过程看对税收具体制度体系的认知状态

分析 $\alpha_1\beta_2$ 状态下税收社会认同的自然演化，首先需要弄清楚此时对税收具体制度体系认知状态。而这一认知状态的界定，最好是从 $\alpha_1\beta_2$ 状态的形成过程分析。

假设一开始税收不在人们的视野范围内，即税收社会认同处于 $\alpha_1\beta_0\gamma_0$ 状态。此时，首先被感知的是税收具体制度体系，并自然形成 $\alpha_1\beta_0\gamma_2$。税收具体制度结构不公平非正义判断当然不能对人们的税收遵从形成有效约束，随着税收不遵从行为的泛化，逃避税收逐渐成为人们所趋向群体的行为特征，税收演化为身份认同和群体归属判断的负向维度，即形成 β_2。因此，当税收是身份认同和群体归属的负向维度时，对税收具体制度体系的认知最自然的倾向是 γ_2。

2. $\alpha_1\beta_2$ 下税收社会认同自然演化

$\alpha_1\beta_2$ 下税收社会认同的自然状态是 $\alpha_1\beta_2\gamma_2$。前面分析中指出 $\alpha_1\beta_2\gamma_2$ 是国家合法性及政府权威认同前提下最糟糕的一种税收社会认同状态。如果对税制体系具体结构不做调整，对税收身份认同和群体归属的负向认知不做任何补救，有可能向更糟糕的境况发展，甚至动摇对社会总体的认同，即走向 $\alpha_2\beta_2\gamma_2$。此时，对政府权威的抽象认同，逐渐被对政府税收具体行为中的权威的不认同侵蚀，直至消解，形成对国家和政府权威的不认同。

（二）推动以税收为核心维度的社会非认同（$\alpha_1\beta_2$）向理想税收社会认同演化

1. 推动 $\alpha_1\beta_2\gamma_2$ 向 $\alpha_1\beta_1\gamma_1$ 转化的过程和困难

这一转化过程分为两步：$\gamma_2\rightarrow\gamma_1$ 和 $\beta_2\rightarrow\beta_1$。第一步，在优化公共品提供的基础上，优化税收制度。并使公共品提供规模和结构与税收制度体系相联系，从而推动人们在认同政府行为中的公共品提供的同时，认同税收具体制度体系，实现 $\gamma_2\rightarrow\gamma_1$ 的转化。第二步，$\beta_2\rightarrow\beta_1$ 的转化，这一步比上一步远为困难。正如在静态分析中所指出，β 和 γ 这两个维度中，β 的影响处于核心地位，身份认同和群体归属中处于非认可，对税收这一具体事项总的表现为非认同。短期看，即使实现了 $\gamma_2\rightarrow\gamma_1$ 的转化，也很难从根本上改变人们对税收的总体看法及其税收行为。推

动 $\beta_2 \rightarrow \beta_1$ 的转化是一个漫长的过程，其间必须维系以下几个方面的良性状态：公共品提供与税收具体制度体系；政府在公共品提供和税收管理中的高效率；权责相当的社会理念。

2. 推动中国税收社会认同从 $\alpha_1\beta_2\gamma_2$ 向 $\alpha_1\beta_1\gamma_1$ 转化

前文指出20世纪80年代中国税收社会认同处于 $\alpha_1\beta_0\gamma_0$ 状态。演化至今已偏离该状态，但也未能沿理想化路径，而是自然演化至 $\alpha_1\beta_2\gamma_2$。通往 $\alpha_1\beta_1\gamma_1$ 现实的衍生路径可能是怎么样的？这里从讨论中国当前税收社会认同的具体状态入手，进一步分析以此为起点的中国税收社会认同演化过程。

（1）中国目前税收社会认同的几个具体特征。

第一，国家和中央政府拥有较高的权威。

第二，地方政府相比中央政府，其权威较低。一般认为中央的政策意图是正确的，地方政府和税收机关的具体措施有时会变形。对中央政府和地方政府看法的一定程度的差异性不仅是社会共识而且由来已久。

第三，充分表达和有效集约税收意愿的机制正在完善中。

第四，人们对税收制度公平正义的认知未成为社会认同的核心维度。

第五，面临税收，人们主要站在经济人而非社会人立场。

（2）以中国当前特征为起点的税收社会认同演化。

在税收社会认同的这几个基本特征下，从静态看，由于对地方政府的不信任，由地方政府落实实施的具体的征收过程不被认同，个人福利与纳税行为之间的关系被看作是负向的——缴纳税收越多，个人可支配收入越少。因此，人们不会从社会人的立场看待税收，甚至也不一定站在理性经济人的角度对税收行为做长期分析——只有当人们恰当履行纳税义务时，从长期看，才能获得个人福利的有效增进。而是一味逃避义务，希望能不用负担税收而获得这些好处。此时，个体的税收行为倾向于不遵从。而征管主体对征管过程的认知是“监督打击”，税制运行成本高、效率低。

如果任由其演化，则会深陷这一僵局难以自拔，甚至正如前面分析的，影响对国家和政府权威的认同。此时，对具体税收制度非公平性、非正义性的判断从实践看几乎固化，这即意味着非公平非正义的认知并不一定建立在实际税制结构基础上。换句话说，从短期看，单纯改变税制结构很难达到走出这一税收社会认同境况的目标。因此，在优化具体税制结构的同时，更为关键的是经由推动政治制度变迁，使税收意愿表达渠道通畅有效，并能形成能有效集约税收意愿，并使之立竿见影地显现于税制体系中的制度。这样一来，首先，由于形成税制体系的过程是被认可的，经由过程的结果——具体税制体系也容易被认同。这比直接针对具体税制结构和征管制度，试图形成最优体系博得认同更有效。其次，征纳环节的矛盾得以舒缓——既然税收制度体系（包括征管体系）形成的具体过程和结果是经由人们认可的程序充分表达意愿集约而成的，与负责具体征收的地方政府之间的矛盾得以缓解。当然，对地方政府权威的认可是一个复杂的事情，受众多因素的影响，不可能仅仅因为人们对政府征税行为的看法改变而彻底改变，但从税收社会认同的角度看，地方政府在征纳关系中的权威有所改善，征收成本下降。此时，税收社会认同从 $\alpha_1\beta_2\gamma_2$ 走向 $\alpha_1\beta_2\gamma_1$，而且此时 α_1 不仅表现为对中央政府的认同而且表现为对地方政府涉税行为中的征管行为的看法逐渐改善，甚至逐渐达至认同的状态。这样的状态长期存续，甚至有可能改善税收维度的身份认同和群体归属。但因为这是影响人们行为的内在维度，非常难以改变，具有很强的滞后性——即使影响税收维度身份认同和群体归属的实质性指标发生了根本性改变而指向 β_1，也不会立竿见影地得以改变。需要各因素的长期演化才有可能达到目标。

第三节 税收社会认同具体过程分析①

在了解税收社会认同静态特征及演化的影响因素的基础上，下面分析税收社会认同形成的具体路径和过程。由于税收制度规则的特殊性，主动建构及被动建构过程与一般意义上的社会认同具体过程存在不同。同时，由于税收的社会认同涉及两个不同的维度，所以其过程分析也相应较为复杂。

一、税收社会认同具体过程的特殊性

个体税收社会认同包括以税收为核心维度的个体税收社会认同和以税收为认知对象的个体税收社会认同。这两个层次的税收社会认同的演化，同一般社会认同相似，从个体的税收认同主动建构开始，通过社会合宜性判断形成个体税收社会认同主动建构，再经由交流与实践形成个体税收社会认同被动建构，并进一步形成群体及社会认同。与一般的社会认同具体过程比较，税收社会认同的特殊之处当然是其引入税收这一特定的认同核心。

（一）税收社会认同分析的三个层面均涉及两个不同的视角

无论是个体税收个人认同、个体税收社会认同还是税收社会认同分析都涉及以税收为认知对象的认同和以税收为核心维度的社会认同。二者相互影响，使税

① 本节部分观点经进一步研究作为课题阶段性成果，在国内专业期刊公开发表。

收社会认同演化过程比较复杂。

（二）税收具有的特殊性决定了税收社会认同的形成与建构过程不同于其他的社会认同

税收与政治制度和经济制度联系异乎寻常的紧密。因此，税收社会认同也与之紧密联系。前面分析指出，社会认同决定了个体对自己的定位，并赋予自身行为方式的基本特征。因此，任何特殊范畴（某一特定对象）下的社会认同都毋庸置疑地与社会制度密切相关。但税收这一范畴的特殊性决定了其社会认同形成与建构过程的特异性。

1. 个体对税收产生正向社会认同存在的困难

从短期看，税收对个人福利影响在不同时间维度上是不同的。税收直接引致可支配收入减少，而可能带来的福利却只能是在较长的时间内以各种各样的非针对性和非确定性的方式呈现（见表3－1）。

表3－1　　税收对福利影响的方向与特征

税收对福利的影响	短期直接影响	长期间接影响
方向	减少	有增加的可能性
针对性	很强	较弱
确定性	很强	较弱

如表3－1所示，税收带来的直接影响是具有很强针对性的可支配收入确定数额的减少。至于税收对福利的增进，只是具有一定的可能性。即便是发生，从受益对象看，具有较弱的针对性。这即意味着来自税收的增进福利的举措往往并不被人们视为对自身税收奉献和税收遵从行为的回报。与此同时，来自税收的福利增进从范围、方向和数量看都不具有确定性。以上三点让个体对税收产生正向社会认同存在以下几个方面的困难：

第一，即期收入减少与长期福利增进之间，在时间上的认知协调与均衡。从时间上，税收当前直接的结果是可支配收入减少，容易直接形成负面认知。如果未来福利得以增进，需要将其与早已发生的税收负担相联系，才能据此形成时间上正向的认知协调与均衡。这非经长期的不断验证不能完成。

第二，社会福利增进与个人福利增进之间，在空间上的认知协调与均衡。从空间上，社会福利的增进不一定能够引致对个人福利增进的认知。人们对自身福利状况的认知不仅针对绝对状况，往往更多地来自对相对福利状况的判断。所以，社会福利改善、个人福利绝对状况改善并不一定能让人们得出个人福利增进的结论。

第三，个人税收负担与个人福利增加及社会福利增加之间的认知协调与均衡。就算是时空上的即期与长期、社会与个人的认知协调与均衡问题解决了，福利增进又如何能被归因于个体的税收负担？个人福利的增进如何才能被归因于税收引致的社会福利增进？例如，对一个市场中的经营者来说，在其他条件不变的前提下，同样的经营行为，十年前收益率为8%，十年后为10%，这2%的收益率提高很难被归因于因为缴纳税收而提供的公共品增进——市场秩序的规范、基础设施的完备等，而往往被认为是自我行为理性的增进。更何况在市场中，由于行业竞争的变迁往往并不能出现这样的收益率增进。换一个角度看，作为消费者的纳税人能够享受更便利、更多元化的消费与服务，同样很难被归因于税收。

这三个认知协调与均衡，是个体税收正向社会认同的前提条件，是社会长期演化的结果，而且其负向认知具有较强的黏性，一经形成很难脱离。

2. 政府在税收中的核心地位决定了税收社会认同形成过程中政府异乎寻常的作用

显然，在现代国家①形成后政府在社会认同中具有不容忽略的作用。但由于在税收形成和施行过程及运行的结果中政府均处于核心地位，而使政府在税收社会认同中尤为重要。政府不仅仅作为总的社会制度背景的组成部分，更是税收行为主体。所以税收社会认同过程变得尤为复杂。

第一，从社会总体认同看，其核心是国家合法性及政府权威。政府架构及行为影响税收社会认同。

第二，从对具体事项的认同看，政府不仅仅是税收征管及税收使用的主体，往往还是税法草案拟订及修订的主体。因此，无论是哪个层次哪个维度的税收社会认同，政府都是核心。在中国，政府长期被看作是税制体系构建及其变迁的主体。在人们的税收观念中，认可政府有很大权力的同时，对其也有了很高的要求。各个层次的税收认同都与政府密切相关。

二、个体税收社会认同主动建构与被动建构的历史线索

从具体过程看，税收社会认同是以个体的主动建构为起点，并经由交流与实践推进被动建构而形成。个体的主动建构形成个体的税收个人认同，经由合宜性判断完成个体税收社会认同主动建构，再经过交流与实践形成个体税收社会认同被动建构，并最终形成税收社会认同。其关键是个体税收社会认同的主动建构，

① 这并不仅仅是一个时间概念，更多地强调治理模式。

个体税收社会认同的主动建构涉及税收的起源和人们对税收最原初的认知。这在不同的社会制度演进中是不同的，其分析往往以某一特定时点上的截面特征为起点，在税收维度社会范畴化具体过程的分析中将进一步阐释税收社会认同的具体过程。

（一）税收从无到有过程中个体税收社会认同的主动建构与被动建构

人类开始群体生活即有了税收性质的扣除，以应付种群延续之物质与精神上的需要①。在此过程中，个体切身体会到税收性质的扣除在一个稍长的时间维度内给自己带来的好处，从而认同其存在的必要性，产生个体的个人认同。而由于人类早期族群的紧密与直接功用性，个体对族群有强烈的归属感。同时，税收性质的扣除对族群直接的功用，形成对税收性质的扣除遵从的行为合宜性判断，并形成个体对税收性质的扣除站在族群立场上的认同，进而形成整个族群对税收性质扣除的认同。由于税收性质的扣除对族群生存与繁衍有直接而重要的意义，加之紧致性族群中人们命运休戚相关的体悟，被动建构很容易迅速形成。简单地说，族群中擅于思考而“聪明”的人在实践中感悟到税收性质扣除的重要性(形成主动建构)，并付诸实施，其他个体也迅速形成认同（形成被动建构)。在此过程中，由于生产力水平低下，税收性质的扣除数量和用途都受到苛严的客观约束，一般不会存在税收结构和公共品提供结构问题引致的不认同。

（二）国家产生后个体税收社会认同的主动建构与被动建构

国家产生后，一方面，税收无论其具体结构如何都客观存在；另一方面，由于生产力水平的进步，税收收入的规模、结构及使用的方向都具有弹性，客观物质条件约束性边界扩展。因此个体税收社会认同产生过程中的主动建构具有更大的主观性，使其与上一个阶段的个体税收社会认同的主动建构和被动建构相比，具有不同的特征。

1. 分封制时期

这一阶段税收主要有两类。一是以土地的使用为前提，具有“租金”性质；二是以被征服和被保护为前提。二者均具有直接的功用性。缴付税收后，前者能满足基本生存需要，后者能满足基本功用。这是形成个体税收社会认同主动建构和被动建构的客观条件。在此基础上，主动构建的结果和传播并形成被动构建的过程在不同的文化背景和制度体系下是不同的。

（1）中国典型的分封制是周朝的“宗法分封制”②，是一种政治治理模式。

---

① 焦耘．制度经济学视野下的税制变迁分析［M］．南宁：广西人民出版社，2008.

② 钱宗范．周代宗法制度研究［M］．桂林：广西师范大学出版社，1989.

给予与被给予的关系非常明晰，对于被分封的主体，缴纳税收除了经济意义更重要的是表示臣服（在第七章进一步分析）。因此，虽然税收个体认同多种多样难以预测，但社会认同主动建构的核心却很明确，即是否值得臣服和是否有足够的强制力。

（2）西欧中古时期的分封制具有契约分封制的特征，互尽保护和军事支持等义务。其基本治理模式是“割让土地及其用益给官员或其他强大的贵族，以换取他们的回报。”① 古罗马时期的税收被消解。

总的来说，分封制下提供公共品意义上的税收隐含在以土地为中介的直接的臣服与契约关系下。因此，个体税收社会认同的主动建构与被动建构也是建立在臣服与契约双方的均衡关系之中。

2. 郡县制时期

从税收的纵向分类看，郡县制（在笔者的分析中将这一阶段视为税收国家阶段②）是指分封制之后到现代国家之前这一阶段。其税收与分封制时期相比最重要的不同是，国家通过官僚体系将税收直接课征于生产者之上；而与现代国家之间的区别主要表现在税收制度是否有以法律保证的确定性。西欧国家是否存在郡县制时期，或者只是未能达到稳态平衡的一个短暂的过渡时期，在史学界存在争议③，姑置不论。中国秦汉以降至明清，除一些特殊时期外（如自南朝开端，至元代全面施行的包税制）均有此特征。这一时期，税收的直接功用性减弱，税收逐渐演化为生产者应尽的义务，权利变得模糊并逐渐与税收义务彻底断了相关性。于是，个体对税收的能够被扩散的个人认同建构的基本特征是，税收负担越轻越好、没有即是最好。演化为个体社会认同乃至整个社会的认同的基本特征是，税收的底线是不影响基本生存需要，越少越好，轻徭薄赋是对税收的最高评价。

3. 现代国家时期

这一时期税收具有法定规范性。因此，理想状态下，个体税收社会认同的主动建构有两个指向：一是指向税法形成过程；二是指向税收负担。前者更多的是影响税收维度的身份认同和群体归属判断，后者更多地影响对税收制度体系的认

① C. Wickham, Framing the Early Middle Ages: Europe and the Mediterranean, 400 – 800, Oxford: Oxford University Press, 2005, p. 58.

② 对税收国家的界定，一般认为是以民主过程形成税制，以法律规范有效约束为基本特征。但也有不同的看法，例如，认为分封制之后直接课征于获得生产收入者之上的税收时期就是税收国家阶段，笔者赞成后一种看法。希望经过进一步阅读、梳理和交流求证。

③ 钱穆. 中国史学名著［M］. 北京：生活·读书·新知三联书店，2000.

知。正如税收社会认同分类中所指出，前者更重要，对税收社会认同的影响更为根本。个体税收社会认同形成的具体过程同样是在主动建构的基础上，经由交流、传播与在实践中的不断体会形成被动建构。这个问题是社会认同的税收制度体系构建研究的前提，必须厘清现代国家个体税收社会认同的具体过程，才能构建合宜的税收制度体系。在后面章节关于税制及其变迁社会认同的实证分析中以中国为例仔细梳理。需要注意的是，中国的个体税收社会认同具体衍生过程，具有其特殊性，并不是在典型的现代国家税收制度体系中演变，而是有一个从计划到市场的更为复杂的影响因素中变迁。

将税收社会认同经由个体主动建构与被动建构的具体形成过程简单归纳如图 3－3 所示。

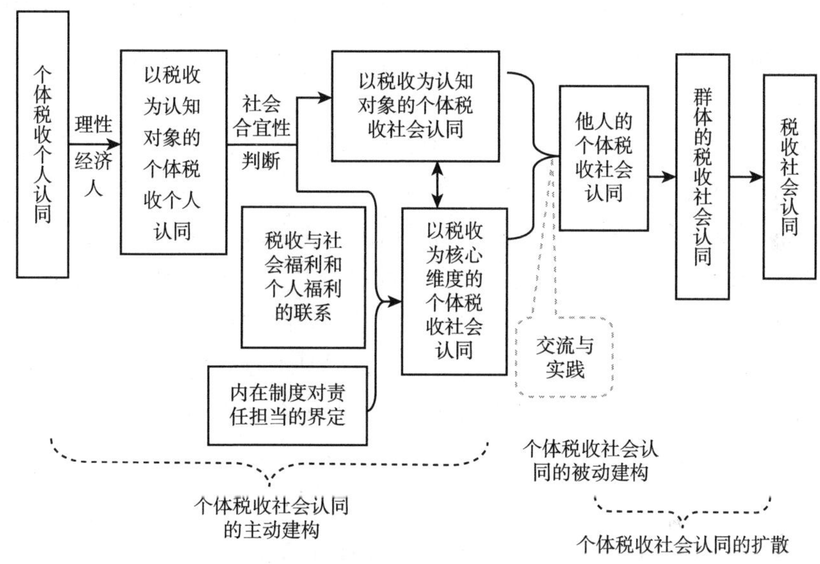

图 3－3　税收社会认同经由个体主动与被动建构的具体形成过程

与前面分析的社会认同具体建构过程相似，每一个箭头所指的方向只是可能而非必然的演进方向。

在社会认同分析中，讨论了一般意义上的社会认同与非正式制度之间的相互关系。对税收社会认同与非正式制度之间的相互关系这里不再讨论，在下一章详尽分析。

第四章　税收社会认同过程的社会范畴化解读

前文在税收社会认同内涵界定及均衡分析中指出，不同层次的税收社会认同均有两个视角：以税收为认知对象的社会认同和以税收为核心维度的社会认同。对这两个视角，从社会范畴化的角度分析，可以更为清晰地观察其演化过程和对行为的影响。

本章是对税收社会认同基本内涵和均衡分析的进一步研究。前文的分析给出以税收为认知对象和以税收为核心维度的社会认同及其均衡状态的基本特征，并研究从某一特定的税收社会认同状态出发衍生的路径及影响因素。但有一个至关重要的问题未能涉及：某一特定时点上税收社会认同的截面特征是如何形成的？这一影响截面特征的因素又如何影响税收社会认同的演化？换句话说，前面的分析中一再提及以税收为核心维度的社会认同，但对税收如何成为社会认同的核心维度却未能深入探讨。因此，本章用社会认同范畴化理论分析税收在身份认同和群体归属判断中核心地位形成的可能性及税收不同层次、不同角度的社会认同形成的范畴化过程和对税收行为形塑过程。

随着国家的建立，税收演化为一种被强制执行的法定行为规范。对这一法定规范，其社会表征呈现出不同的特征。可能的类型有以下三种：

第一，抽象意义上的积极评价与个人行为意义上的消极评价。个人行为意义上的消极评价即意味着消极的个人行为。现代社会，在抽象的意义上，一般都认为税收是好的，是必然存在的。但具体到个体的行为上，却因为各种原因（认为税收负担不公平是最常用的理由）认为，承担税收负担不应该是自己的责任。

这是税收最常见的一种社会表征，关于税收的常识性界定即属于这一种类型，这是我们所愿意承认的税收的状态。在现实世界中，我们常常这样轻率地评价和判断税收。例如，人们会毫不犹豫地承认税收是我们的义务——抽象意义上的积极评价；与此同时，人们也会毫不犹豫地判断税收让我们损失了收入——个人行为意义上的消极评价。

第二，抽象意义上的积极评价与个人行为意义上的积极评价。在这样的社会中对税收的常识性的理解是积极的，即人们下意识地认为税收就是个好东西，当然就不存在消极税收行为的问题。这是任何一个国家理想的税收社会表征。因此，任何一个时代、任何一个国家都会希望通过各种手段尽力获得积极的税收社会表征。

第三，消极评价。消极评价不可能伴随积极的个人行为，而只能是消极的个人行为。

税收从人类早期的社会性群居生活的经验开始，被认为是必须的。这一必然存在却有不同的视角和结论，形成一个基本的社会表征①。社会表征是通过自我范畴化的过程而被内化或者习得。而自我范畴化过程是一个社会认同的过程，即在对自己所属群体进行分类的过程中，本质上界定了自我所愿意共享的价值和行为选择。就税收而言，社会表征所具有的具体特征，是人们在具体的社会背景中所做出的选择，这一选择符合其基本的理念。其目的是为了方便自己选择和行为的同时，让自己的内心感到合宜与确当。这一章即从范畴化角度分析税收社会认同。

第一节　范畴化及税收范畴化：基本概念厘定

“范畴化”在社会学、社会心理学等相关学科中有非常深入和宽泛的应用。在引入税收研究前，先对相关概念做个简要梳理。涉及的相关概念除了范畴化外，还有自我范畴化、个体范畴化及社会范畴化，并进一步界定税收范畴化。

一、范畴化、自我范畴化及税收范畴化

（一）相关基本概念的厘清

1. 范畴化

范畴化是一个自动的认知过程，即将“世界划分成界限明晰的领域”② 的过程。经由范畴化，认知对象变得界限分明、特征清晰，是认知错综复杂的现实世界，使之约略并便于认知必不可缺的过程。

2. 自我范畴化、个体范畴化

即通过刻板化过程，将判断其所归属的群体特征加于自身，是社会认同背后

---

①② ［澳］迈克尔·A. 豪格，［英］多米尼克·阿布拉姆斯著. 高明华译. 社会认同过程［M]. 北京：中国人民大学出版社，2011.

的认知过程①。在这一过程中，个体夸大其判断归属群体与自身的共性及非归属群体与自身的差异性，从而做出行为选择。个体范畴化是与自我范畴化密切相关而立场不同的概念，如果侧重个体对自身立场和群体归属判断，这一过程即自我范畴化过程；而这一过程如果是作为社会范畴化过程的单位和前提，则为个体范畴化。二者有时并不加以区别。比如，对社会阶层归属界定中，个体将自己归属于低收入、缺乏安全感的社会底层，这即自我范畴化过程。如果个体是在整个社会阶层分界中，通过对整个社会收入、社会政治地位等分界，再将自己填入某一个阶层中，即可视为个体范畴化。这一过程相对前者客观。虽然两者都具有主观性，后者却是在社会宏观定位基础上的自我界定。

3. 社会范畴化

相应地，社会范畴化则是以个体的身份认同和群体归属的个体范畴化为基础，形成的社会立场、观点和态度下，对社会和行为判断所做的分界，有时意同范畴化。相对而言，范畴化的内涵更为宽泛，不仅仅是社会的还包括物理的“归类”界定。

（二）税收范畴化

1. 基本含义的界定

税收范畴化即税收社会范畴化，是建立在社会范畴化基础上，并与社会范畴化过程中的社会立场、观点和态度相一致的、核心维度为税收的范畴化过程。范畴化最直观的内涵是对客体进行概括和分类的认知活动。对税收的范畴化即通过对税收从不同维度进行分类和类别特性的界定，获得对税收的内化的认知和群体归属判断，并最终影响认知主体或人们的行为。在这一范畴化的过程中，人们从不同的分类中获得对税收的认知。这一认知或感性或理性。作为认知对象的事物的特征未必能够被界限分明地截然界定，这一范畴化过程实际上是去个人化的观点、立场反映在税收这一认知客体上的结果。换句话说，不可能存在完全客观、与个人立场无关的认知，这即是与税收维度社会范畴化过程密切相关的部分。也就是说人们对税收及税收制度的认知，作为对客体的范畴化，表象上是对税收和税收制度相关角度的分类和认知，折射的却是行为主体本身的范畴化。

为叙述方便，将税收范畴化对应范畴化过程的两个阶段及其研究的两个视角，分为以税收及税收制度为客体的范畴化和税收维度的范畴化。二者具有非常密切的联系，以税收及税制为客体的范畴化，是形成以税收为认知对象的社会认

① ［澳］迈克尔·A. 豪格，［英］多米尼克·阿布拉姆斯著．高明华译．社会认同过程［M］. 北京：中国人民大学出版社，2011.

同的过程。即通过针对具体税收制度结构、体系等特征的认知，对其状态和形成过程的理解，并进一步进行概括和分类的认知活动。虽然这相对比较容易，但仍然需要注意，这并不是一个简单的分类过程，与对客体的分类密切相关的是主体自身的范畴化；而税收维度的范畴化是形成税收为核心维度的社会认同的过程，是以税收为核心维度的行为主体自身范畴化，关涉以税收为核心维度的社会化的个体经由社会范畴化过程形塑其税收行为的过程，是税收主流研究中几乎未曾涉及的角度，需要进一步梳理。

2. 非正式制度与税收社会范畴化

社会范畴本质上，是在非正式制度下从不同角度对社会中的个体进行的分类。无论如何分类，有实质意义的都与非正式制度相契合。比如在相当多的国家，种族的分类是一种非常重要的分类，至少从两个角度看对于社会结构和个体社会行为有非常重要的影响：不同种族的个体具有不同的社会行为特征；社会（具体化为一个个的群体和个体）对不同种族的个体有不同的态度和关系模式。但在中国特定的非正式制度背景下（正式制度起固化的作用），从其概念界定看，从未有用“种族”区分群体的习惯，惯用的“民族”在绝大多数情况下，并不形成区别明显的个体社会行为，也不形成社会对不同民族的具有标识意义的不同态度。因此，虽然在分析中习惯性地（更多是沿袭西方的做法）将民族作为社会范畴的一个分类维度，但其实质意义远比西方典型社会背景下更小，在大多数情况下不会影响社会结构和个体社会行为，这即源于中国社会长期演化中形成的非正式制度。非正式制度与税收社会范畴化的形成过程与结果密切相关。

二、税收维度社会范畴化

社会范畴的具体内涵和变迁过程对社会结构从而个体的社会行为影响至关重要。那么社会范畴是如何形成的呢？范畴化将一个模糊的世界明晰化①。社会范畴形成的过程是以个体的范畴化过程为基本单位和前提的。从税收社会认同的角度看，社会范畴分为一般意义上的维度和关涉税收的维度。社会范畴一般意义上的维度往往会影响关涉税收维度的社会范畴，因此，一般意义上社会范畴所包含的国家、种族、阶层、职业、性别及宗教等会影响对税收的权利界定和归属判断、边界及其约束和对税收形成负担等判断。

以税收为核心维度的个体税收社会认同即个体税收维度的范畴化。在这一过

① ［澳］迈克尔·A. 豪格，［英］多米尼克·阿布拉姆斯著．高明华译．社会认同过程［M］．北京：中国人民大学出版社，2011.

程中，税收是个体范畴化的核心维度，在其身份认同和群体归属判断中发挥关键性作用。而经由税收维度的社会范畴化过程，形成税收社会认同。

（一）税收维度社会范畴化中的两个对立立场

在社会范畴形成中，对人们的社会行为产生重要影响的是自我范畴化。即对自我进行归类，并产生归属感。税收维度的自我范畴化即以税收为核心维度对自我身份和群体归属做出判断。此时，其使用的维度包括税收与群际分界相关的所有维度，税收态度、对税收的信念、税收情感反应及情绪和税收行为规范等都是税收为核心的社会范畴形成的重要维度。也是税制社会认同研究中的税收社会范畴化过程——税收维度范畴化过程使做出判断的主体认为自己与该范畴的其他成员在税收相关维度上的看法和设定的行为规范是相似的，并推动其税收相关行为与其范畴化过程中形成的所归属群体相符。即主体在以税收为核心维度的身份认同和群体归属判断中如果认定自己归属于正向特征的群体，则其行为与该群体相类，表现为正面、积极的税收行为。反之亦然。特别指出，税收维度社会范畴化的前提是，税收是群际分界的重要标志之一，否则，税收不是社会范畴化的标志，对人们的自我身份和群体归属不产生影响。

概要地，在税收维度的社会范畴化过程中，形成两个对立的立场：正向税收立场认为税收态度、对税收的信念、税收情感反应及情绪和税收行为规范等均为正向。负向税收立场认为税收态度、对税收的信念、税收情感反应及情绪和税收行为规范等均为负面。

自我范畴化即自我类群判断中如果持正向税收立场，个体行为则为积极的税收遵从。反之，如果为负向税收立场，则对不遵从税收规范的群体产生归属感，个体行为表现为税收不遵从或被动遵从。

（二）税收维度社会范畴化的不同表现形式

税收维度社会范畴化包括税收作为直接的分类维度和间接的影响范畴化过程的重要维度。

1. 税收为直接的分类维度

社会范畴化过程直接以税收为分类的核心维度。税收态度、对税收的信念、税收情感反应及情绪和税收行为规范等被直接作为群体界分的标准，人们的身份认同和群体归属判断直接建立在其上。

2. 税收为间接地影响社会范畴化过程的重要维度

一般的，社会范畴化过程中税收往往并不是直接的分类维度。也就是说，社会范畴的具体界定实际上是从不同的角度对社会中的人，根据其权力和地位上与其他行为人的差异，从不同的维度分类，而并不直接以税收态度和观念等为分类维度。

但人们的税收态度和观念是群体界定和分类形成社会范畴的一个隐含的维度。如果人们群体界分过程中隐含了各种附着在其身份和地位上的、某一时点上固化的（而随着时间的推移会发生变化的）税收观念和态度；如果被隐含的税收观念和态度等对群体界分是不容忽视的，那么税收就是影响社会范畴化过程的重要维度。

还有一种情况，被隐含的税收观念和税收态度等对群体界分是可以忽略不计的或者税收完全不在人们的视野内，那么税收就不会影响范畴化过程。例如，某些职业的群体被认为对税收的态度和观念与其他群体不同，这种不同在群体分类中可能是重要的，也可能是无关紧要的。详细分析见第二节的进一步研究。

以税收为客体的范畴化直观地理解，即对税收进行分类。但作为税收社会范畴化的一部分，与税收维度社会范畴化密切联系。因此，也就不仅仅是简单地归类。这部分内容在第三节进一步讨论。

第二节　税收维度社会范畴化过程、群体归属及其对行为的影响

在前面的分析中指出，以税收为核心维度的个体税收社会认同是指在个人身份界定中内含以税收为核心的价值判断，是税收社会认同变迁过程中至关重要的影响因素。但并没有涉及以税收为核心维度的个体税收社会认同具体包括哪些内容，其形成过程是怎么样的。这部分从税收维度的社会范畴化出发，具体分析税收社会认同及其形成过程和变迁，回答了上述问题。

一、税收维度社会范畴化的具体过程

通过范畴化，人们获得对事物简洁而清晰的认识。而通过社会比较，让人们确信对事物认识的正确性。也就是说范畴化的过程与自我认同过程紧密相关。而社会比较与社会认同密切相连，通过社会比较不断修正并固化社会认同。在形成对事物基本认识的范畴化并形成自我认同的过程中，对税收的基本定位是什么？范畴化的税收认知包括的基本界定影响形成自我认同的自我概念，包括社会的和个人的。自我概念是个体主观上可以获得的，这种主观上的获得是其自我描述和自我评价的组成部分。下面重点关注与税收有关的身份认同与群体归属判断。

（一）税收维度社会范畴化过程：一个简要的例子（见图4－1）

图4－1中不同的社会身份及其自我描述之间是相互影响的，同时与个人身份之间所形成的自我描述和税收维度范畴化之间也是相互影响的。

自我描述建立自我社会身份的过程是社会认同过程。从税收认同的层面看，包含了社会身份的界定和在身份界定中税收的范畴化。

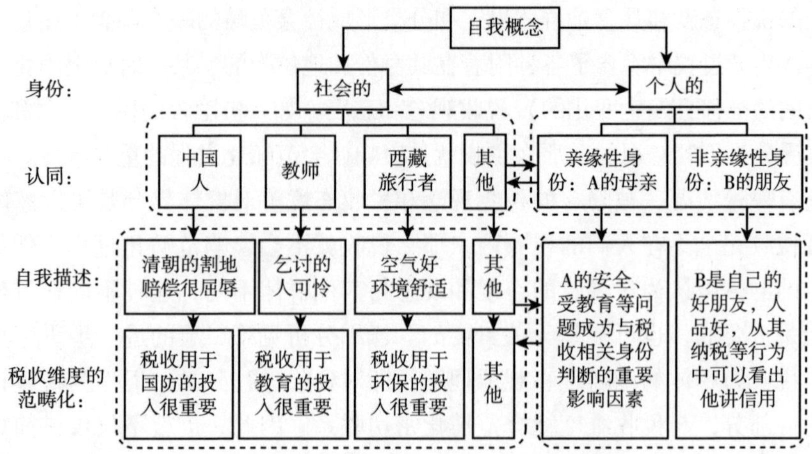

图4－1　身份认同基础上的税收维度范畴化

资料来源：图4－1的分析受迈克尔·A. 豪格和多米尼克·阿布拉姆斯的启发。［澳］迈克尔·A. 豪格，［英］多米尼克·阿布拉姆斯著．高明华译．社会认同过程［M］．北京：中国人民大学出版社，2011.

自我认同过程是形成自我描述和自我评价的自我概念的过程①。自我认同包括两个自我概念系统：个人身份与社会身份。形成自我概念的认同及身份是一个连续的流（见图4－2）。

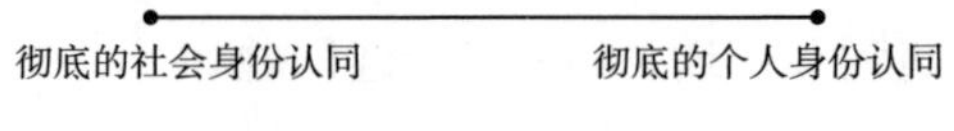

图4－2　自我认同域

身份认同具体在图4－2上的不同点，影响自我概念的形成和具体特征，并进一步影响和左右人们的行为。即行为的具体特征取决于社会身份认同和个人身份认同的具体特征和二者中哪一个是显著的。需要注意的是，个人身份认同并不能简单地等同于个人认同，仍然包含社会立场。在个人身份界定中，判断一个人是不是你的朋友表面上看来由个体自身偏好决定，但实际上是以社会立场做群体归属判断。正如税收是否影响一个人能否成为你的朋友以及如何影响，并不是一个个体偏好的问题，而是税收维度的社会认同问题。

在自我认同过程中，税收理念对个人身份和社会身份的界定都会产生影响，与此同时内含税收理念的身份界定进一步影响行为。而人们的相关行为的具体内容和特征则取决于社会身份认同和个人身份认同的状态和相对权重。

① ［澳］迈克尔·A. 豪格，［英］多米尼克·阿布拉姆斯著．高明华译．社会认同过程［M］．北京：中国人民大学出版社，2011.

在个人认同前提下的个人身份界定中，存在两个基本类别：一是受客观制约，个人难以选择的个人身份，如亲缘性身份；二是个人可以自主选择的个人身份，如朋友身份以及配偶。在第二类身份的选择中，隐含社会立场，税收理念有可能会产生作用。通俗地说，税收会成为界定他人从而判断自己与其关系的身份认定的影响因素之一（具体是否会发挥作用和作用方向及强度则取决于具体的社会背景）。社会对税收认同度高，对税收的遵从会成为他人品德如诚信判断的一个依据，从而影响个人身份界定。并最终影响税收行为。

如图 4 - 1 所举之例，从社会身份认定看，某个体认为，自己作为教师应该承担包括税收在内的社会责任；而从个人身份认定看，与他人的私人交往和关系中，税收遵从行为代表的是诚信，是个体内心无法逾越的行为规则。在这样的社会背景下，税收遵从无论从个人认同还是社会认同的角度看都是教师具体行为的组成部分。而对税收的上述感知来源于共识。对税收共识的差异使感知呈现出差异。通过社会比较形成“更合适”“更正确”的共识即社会主流看法，这最终影响税收行为。在第五章将进一步讨论税收共识及其行为影响①。

（二）税收维度社会范畴化具体过程：相关边缘维度

1. 税收维度社会范畴化过程中相关边缘维度的含义

税收维度社会范畴化过程即以税收为核心维度进行个体自我身份认同和群体归属判断，并在此基础上，进一步形塑其行为的过程。这一过程中遇到的问题与后面将要分析的以税收为认知对象的范畴化过程中遇到的问题相似，个体无法直接针对税收这一核心维度对自我身份和群体归属做出判断。例如，在个体应该把自己归入税收遵从群体还是税收不遵从群体的判断中，从税收为认知对象的范畴化过程得到的税收和税收制度所具有的特征是做出判断的依据之一，并不能直接形成税收维度个体范畴。税收客体范畴化过程将税收和税收制度看作是公平的，个体也不一定会将自己归入税收遵从群体。因此，需要进一步分析税收维度范畴化过程中相关边缘维度的影响。

一个社会共有的知识及共享的社会价值会在非税收维度对人的身份和群体归属做出判断，这些做出判断的维度如果对税收维度的社会范畴化过程产生了影响，便是相关边缘维度。

2. 税收维度社会范畴化过程中相关边缘维度的具体分析

下面对税收维度个体范畴化分析以税收行为正确与否的内涵界定，从而判断个体群体归属为例。如果判断某种税收行为正确，个体自动将其自身归属于具有

---

① 部分观点经进一步研究作为阶段性成果，在国内专业期刊公开发表。

该行为特征的群体。

第一，诚实守信。一个社会共有的知识及共享的社会价值如果将诚实守信视为社会中个体的珍贵品质，那么个体愿意将自己归属于行为具有该特征的群体。因此，税收维度的个体范畴化包含诚实守信的行为规则。反之，在一个投机的社会中，则经由税收维度个体范畴化将自己归入尽可能逃避税收的群体。

第二，责任担当。责任担当是否是社会共享的行为准则，如果是，则税收维度个体范畴化过程将责任担当视为个体税收行为内含的价值。反正亦然。

经过这一税收维度范畴化过程，个体形成的身份认同与群体归属可能具有以下几种组合：

一是从责任担当角度应该缴纳税收（此时，税收被认为是公平正义的），而诚实守信维度也要求这样做，个体自我归属税收遵从群体；

二是从责任担当角度应该缴纳税收，而诚实守信维度却倾向于投机，个体自我归属税收不遵从。而对他人的群体归属判断中则更多运用责任担当维度——他人的行为规范应该是税收遵从。在这一判断中，往往根据与自己的亲疏形成差序行为规范判断。即在群体归属判断中，往往采用两重标准；

三是如果责任担当和诚实守信两个边缘维度都是负面的，那么个体自我群体归属于税收不遵从群体。对他人的群体归属判断也类似。

二、以税收维度初始个体自我范畴化为起点的群体归属产生过程及其变迁

假设税收刚刚进入人们视野的时候是社会范畴化中无关紧要的维度。此时，税收维度初始个体自我范畴化是建立在税收客体范畴化基础上的。

对税收客体整体上模糊的直觉认知是税收维度初始个体自我范畴化的起点。个体面对税收一般并不能一开始就形成清晰、理性的认知，而往往呈现出概略、含混的看法。这样的直觉认知即基本税收社会共识，是税收认知的起点，也是税收维度初始个体自我范畴化的起点。从此出发，个体经由实践，进一步体会税收引致的个人福利、社会福利及公共福利的纵向和不同群体之间的横向变化，并最终形成对税收较为清晰的认知。与这一过程相伴的是个人群体归属判断。也就是说，个体对税收这一客体的分类与认知从模糊到清晰，对其与税收相关的身份界定和群体归属判断也逐渐从模糊到清晰（如果是相关维度）。二者不可分离，几乎可以说是在同一个过程中同步演化而成。这一问题在上述税收维度社会范畴化的基本界定中厘清，并在下面对税收行为影响中进一步讨论。

（一）税收维度的初始个体自我范畴化过程

我们设想一种原初的状态：人们一开始对税收的认知是模糊、概略的，税收是自我范畴化过程中无足轻重的维度，没有明显的税收立场。以下是直观描述（见图4-3）。

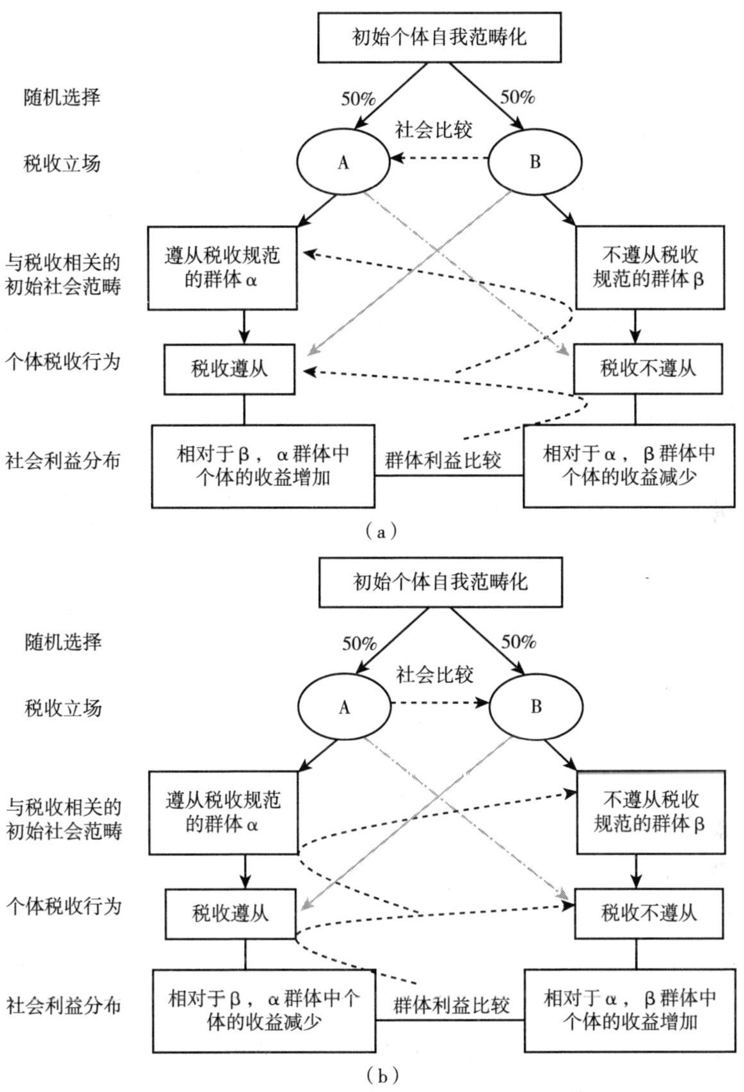

图4-3　以随机选择为起点的税收维度初始个体自我范畴化过程

图4-3中，虚线既表示受箭头出发点的影响向箭头处衍生，也表示时间向前推一个时期。灰色实线箭头表示不符合个体基本立场的行为选择，二者的影响因素不同。灰色虚线箭头表示受理性有限性影响不符合其基本立场的行为

选择，灰色实线箭头表示受征管、惰性等影响不符合其基本立场的行为选择。另外，群体利益比较的收入不仅仅是可以货币衡量的收入，同时也不一定是即期利益。

图4-3中，人们的行为选择从随机选择的初始税收立场出发，A与B无差异。即此时，税收观点和行为规范并非自我范畴化即族群归属的影响因素，人们在自我范畴化过程中，涉及税收维度时，没有明显的偏向，随机选择。图4-3（a）与图4-3（b）唯一的区别在于群体利益比较得到的社会利益分布的状态不同。因为这一差异，从第二期开始，个体自我范畴化过程对税收的认知具有了明显的倾向性，而不再是随机选择。图4-3（a）中，由于群体利益比较的结果是遵从税收规范群体收入增加，人们的行为被逐渐诱向税收遵从→自我归属为遵从税收规范的群体α→税收立场向A转变。而图4-3（b）的情形则相反，由于群体利益比较的结果是不遵从税收规范群体收入增加，人们的行为被逐渐诱向税收不遵从→自我归属为不遵从税收规范的群体β→税收立场向B转变。具体转化的程度和时间受既存制度体系的影响。

（二）初始税收维度社会范畴化影响因素的进一步分析

从图4-3（a）和图4-3（b）可知，即使初始个体自我范畴化是随机的，一段时期后，如果社会利益比较的结果是不遵从税收规范的群体收入相对增加，那也会将个体自我范畴化诱向负面税收立场B。下面进一步分析这一过程中的相关影响因素。

1. 不符合个体基本立场的行为选择对税收维度社会范畴化过程的影响

即图4-3中个体灰色的行为选择如何影响税收维度的社会范畴化？

（1）在A税收立场下，有限理性决定个体在做出行为选择时不一定能够选择完全符合自己立场的行为，从而其行为表现为与其立场相悖的税收不遵从。如果税收不遵从群体的利益低于遵从群体的利益，个体行为修正为遵从，回归理性（可能不止经历一个周期）。但如果其不遵从行为获得的利益超过税收遵从的个体的利益，则继续这一违背其基本税收立场的行为。如果这一过程长期持续则会最终影响其税收立场。

（2）反之，在B税收立场下，受严厉的征管制度或有限理性影响，个体税收行为有可能表现为与税收立场相悖的税收遵从，行为引致的利益变化不同，会进一步影响其后的行为选择甚至税收立场和税收维度的群体归属。如果利益增进，则维系现有行为，并最终改变税收立场；如果利益减损，则改变现有行为使其与基本税收立场一致。

换句话说，不符合个体基本立场的行为选择是有限理性下的试错过程，并最终经由利益比较固化或改变其税收基本立场。

2. 社会利益比较对税收范畴化过程的影响

从图 4－3 可知，无论如何，群体归属和行为选择，关键节点是社会利益分布下的群体利益比较。如果仅从静态和直接结果看，群体利益比较的结果一定会是 $I_{\alpha} < I_{\beta}$（其他条件相同，群体之间的唯一的区别是一个缴税一个不缴税，那当然是缴税群体的收入减少）。是不是能够据此判断：任何制度背景下，个体的自我范畴化过程最终都会导致人们身份认同和群体归属于税收负面维度，并做出税收不遵从的行为选择？这一判断既不符合直觉，也难以被实证研究所证实。在美国的一项调查显示，从未有隐瞒收入、夸大医疗费用及夸大慈善捐款等逃税行为的分别为 73%、82.4% 和 75.7%，如果加上几乎不的 14.7%、7.9% 和 11.1%，税收遵从倾向超过 86%①。图 4－3（b）中的衍生路径并不是现实中的必然。因为虽然在其他条件相同的前提下，群体利益静态比较的结果是 $I_{\alpha} < I_{\beta}$，但从长期和动态看，如果不遵从的成本较高，或者从群体意义上看，缴税的群体能够获得的公共品更多更好。那么社会利益比较的结果就可能是 $I_{\alpha} > I_{\beta}$。只要社会利益比较的结果是 $I_{\alpha} > I_{\beta}$，无论税收维度的初始个体自我范畴化的选择是什么，在其他条件不变的前提下，最终都有可能会演化为税收正向立场的群体归属。即如果社会利益比较得出的结论是 $I_{\alpha} > I_{\beta}$，在其他条件不变的前提下，图 4－3（b）中的传递链就有可能发生逆转。

当然，可能的逆转能否形成，还取决于社会制度背景。在一个投机型的社会中，人们获取利益的方式是投机。这样的情况下，一切社会规范都可以不遵循，只要从成本效益的角度看是划算的，而不存在来自立场和身份认同及群体归属的约束。此时，税收不遵从只是一般社会行为中不遵守社会规范行为的一部分。因此，若要改变这一类税收行为，不能仅仅针对税收遵从与否群体利益比较。因为人们不会仅仅因为纳税导致利益相对增长而将其行为固化为税收遵从，具体来说：

（1）如果征管严厉，逃税过程的成本和受惩罚的成本高于税收遵从的成本，人们暂时选择遵从，但并不因此改变自己的税收立场和税收维度的群体归属。

（2）如果税收引致的福利增进远远大于税收负担，从宏观上看，税收遵从的社会利益大于税收不遵从的社会利益，但仍然不会引致人们以税收遵从行为代替税收不遵从行为。此时，改变税收行为提高税收遵从度的方式是改变基本的社会规则、抑制投机行为。

---

① ［美］B. 盖伊・彼得斯著．郭为桂，黄宁莺译．税收政治学［M］．江苏：江苏人民出版社，2008.

需要进一步分析的是，如果已经形成负面税收立场的自我范畴化，其演化过程如何？如何消解？

三、以税收维度负面税收立场个体自我范畴化为起点的群体归属产生过程及其变迁

个体自我范畴化过程中，以负面税收立场形成身份认同和群体归属判断，如果逐渐演化为社会性范畴化和行为倾向，即为税收合法性认同危机。当税收维度在自我范畴化过程中可有可无时，当然不会形成对税收合法性广泛、深刻从而影响其基本存在依据的负面认知。因此，税收合法性认同危机隐含税收维度是自我范畴化的核心（负面）维度。负面税收维度个体自我范畴化过程扩散、固化而最终衍生为税收合法性认同危机。此时，税收行为表现为不合作、税收制度运行成本高，是税收制度不可欲的制度环境。希望经由对其演化特征和变迁过程的分析寻求走出这一泥淖的路径。

（一）负面税收立场个体自我范畴化为起点的税收社会认同自然演化

因为社会背景的差异，税收合法性社会认同危机状态下，社会做出的反应也不同。此时，个体税收范畴化中，处于负面税收立场（见图4－4）。

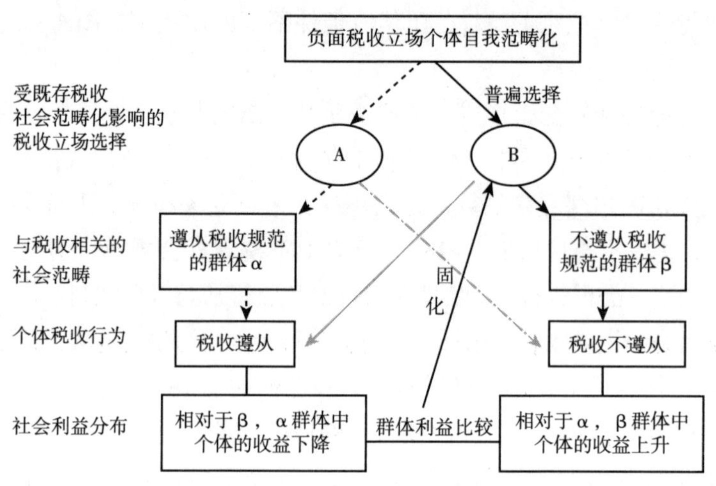

图4－4　负面税收立场个体自我范畴化为起点的税收社会认同自然演化过程

图4－4中虚线箭头表示分流至该路径的少到可以忽略不计。图中仍如图4－3有灰色实线箭头方向的行为选择，但其动因却有很大的差异。此时不再处于税收维度自我范畴化税收立场无差异的初始状态，税收观点和行为规范是自我范畴化即群体归属判断的负面核心因素。即以税收合法性认同危机时税收立场为起点，

自我范畴化中税收不再是无关紧要的维度，因此，不会出现（或者少到可以忽略不计）非理性的遵从行为。人们选择与其立场相悖的税收遵从行为是受征管带来的惩治成本的影响，而图4－3中，一开始税收立场并不是自我范畴化影响因素，由于其边缘性，可能并未进入人们的视野，或者即使在人们的视野范围内也属无关紧要的维度，因此可能会因为未能充分权衡而选择与初始税收立场（这一立场本身具有随机性）相悖的行为。

在这样的情形下，不存在积极的α群体归属判断，即使有个体表现出α群体归属的行为特征，也往往不是主动选择的结果，而是消极被动的惯性使然。此时，群体利益比较往往不会引致如图4－3（a）虚线箭头方向的变化，而是固化于既存状态。这一不利于遵从行为产生的税收共识的形成有其根深蒂固的历史因素，并内化于内在制度中。因此要想提高税收的遵从度，其根本的着力点在于对次级共识的影响和改变。

（二）影响税收维度自我范畴化消解税收合法性认同危机

税收合法性认同危机，税收立场固化于B，自我范畴化固化于β。这是一种相对稳定的状态。下面分析其变迁和影响因素。

1. 税收合法性认同危机固化稳定均衡状态的消解过程

从图4－4可知，打破税收合法性认同危机固化稳定均衡状态的关键是群体利益比较。从社会利益分布看，如果在足够长的时间范围内，被一再证实遵从税收规范的群体利益增进而不遵从税收规范的群体利益减少，或者增进的程度比不上前者，人们首先从成本效益角度反省自己的行为，从而改变自己这类从自身经济利益最大化看不合宜的行为。再进一步改变自己税收维度的群体归属，将自己视为遵从税收规范群体的行为主体，并最终改变自己的税收立场。当税收立场改变后，即使在某些时间截面上群体利益比较逆转也不会改变人们的税收维度的群体归属和行为选择，税收合法性认同危机固化稳定均衡状态被逐渐消解——先是个体转变立场，改变（心理）群体归属。这一过程累积到一定的程度后，逐渐形成正向税收立场群体，进而逆转税收合法性认同危机。

2. 税收合法性认同危机固化稳定均衡状态消解的影响因素

哪些因素影响群体利益比较，从而改变税收立场和税收维度的群体归属？并最终消解税收合法性认同危机？税收行为是个体社会经济行为的一部分，它或许从一般社会经济行为中凸显出来，作为被人们权衡再三谨慎选择的重要行为；或者隐匿于一般社会经济行为中，未能凸显。虽然这两种情况下的行为结果都是不遵从，但表现形式不同，消解的影响因素也不同。后者，即使表现为负面税收立场和税收不遵从的群体归属，由于并非直接针对税收，因此，其消解也并不以税收为核心。前者，则与前面税收社会认同具体过程分析相联系，如果税收是个体自我范畴化显性的重要维度，人们的税收行为受其税收立场下的以税收遵从为核心的群体归属判断影响。具体来说包括以下两个因素：

（1）影响人们行为的基本制度规范①。这是一个非常复杂的问题。概略地看，正式制度与非正式制度对人们行为的约束方向和产生的约束力在某一特定的截面上形成合力的方向和大小是税收合法性认同危机固化稳定均衡状态变迁的基本力量。

（2）利益的具体比较。正如前面的分析中所指出，在投机型的社会背景下，不同税收行为群体的利益比较并不会改变人们税收范畴的自我范畴化。因此，只有在人们的行为基于长期性、稳定性利益时，不同税收行为群体的利益比较才有可能改变人们的行为，并最终改变其税收立场，形成较为稳定的税收行为模式。

四、税收维度的范畴化对行为的影响

在这里只是简单讨论税收维度范畴化的行为影响，进一步的分析将综合税收客体范畴化与税收维度范畴化对税收行为的影响，在下面第五章第一节具体讨论。

（一）征管与税收群体归属判断影响税收遵从与否的行为选择

实践中，既存在税收遵从率高的国家与地区也存在遵从率低的国家与地区。一个地区税收遵从率高，从静态看，可能有两个主要原因：一是高效的征管使纳税人逃税成本高。二是群体税收归属判断，即税收维度社会范畴化过程中，个体自我归属于正向税收群体，从而将税收遵从看作是与自己的身份和群体归属一致的行为。

同样地，一个地区如果遵从率低，也可以归结于两个因素：一是征管水平和效率低，纳税人逃税成本低。二是税收维度社会范畴化过程中，自我归属于负面税收群体，从而将税收不遵从视为与自己身份和群体归属一致的行为。

那么，从对税收行为的影响看，决定性的因素是什么？从动态看，税收行为决定性影响因素是税收维度社会范畴化中形成的个体自我归属判断。当人们的身份认同和群体归属判断为β及税收立场为B时，无论什么样的征管制度和高压强制手段都难以抑制税收不遵从的内在冲动。在极端情形下，人们宁肯与既存税收制度公开对抗也不愿意选择遵从。

---

① 焦耘．税收制度社会认同研究——税制变迁衍生社会利益冲突及其治理视角［M］．北京：经济科学出版社，2018.

（二）税收行为影响最核心的因素是税收维度的社会范畴化

研究显示 1/3 的瑞典人口有逃税的倾向，但瑞典又是税收方面最道德的国家，1981 年的一项调查数据显示 81.2% 的调查对象同意“逃税是不顾及其他公民的行为”（虽然比 1968 年的 88.3% 有所下降）①。

几乎所有的税收行为，尤其是税制（狭义，意义接近税法）既定前提下的税收行为，往往直接表现为个人行为。无论是自行申报中的与税法界定之间的契合度的自我裁定、逃税额度和类别的有意无意的选择，还是纳税人对纳税期限的遵从以及征收主体对纳税人行为的合法性、合宜性判断和可以容忍的上下限的界定，从表象上看，显然是一种个体行为——个人权衡税收行为与税法的相宜度。包括税收的制度外行为边界，似乎都是个人对风险与收益判断的结果。

实际上，容易观察到，人们税收行为被共享的社会认同形塑和约束。在一定的税收法律规范下的税收行为具有明显的趋近或迎合共享的社会认同的特征，无论是征收主体还是纳税人。当以税收为核心维度的自我范畴化为正向税收立场时，个体税收行为与这一立场相背离时，往往并不仅仅受到正式制度的惩治，更为重要的是来自非正式制度的惩罚，即与道德判断的冲突带来的心理负担和对名誉的毁损等相关影响。此时，税收维度社会认同的范畴化过程将税收遵从视为诚信的一部分，个人税收行为的选择不再仅仅是直接的经济利益权衡，还包括被视为不诚信可能带来的负面影响。即使内心不愿遵从，还是宣称自己选择税收遵从行为，这样的情形有利于逐渐滤出税收不遵从行为，形成良性循环。同时，当以税收为核心维度的自我范畴化为负面税收立场时，人们想要遵从也可能会遇到各种阻力，无论是征收主体还是纳税人。

总之，税制一定，个体遵从或者违背税收制度的行为选择表象上看是个人经济利益权衡的结果。实际上，税收维度范畴化过程形成共享的社会认同左右着个人经济利益权衡的过程和结果。

第三节　以税收为客体的社会范畴化

这一节首先讨论以税收为客体的范畴化，再结合上述对税收维度社会范畴化的分析，进一步讨论二者的关系。在此基础上，简析中国以税收为客体的范畴化过程的基本要点，这一问题将在后面章节的相关分析中展开。

---

①　罗光．基于 A　S 模型的增值税逃税研究［D］．武汉：华中科技大学，2007.

一、税收客体范畴化过程的相关维度选择：以个人所得税公平性判断为例

（一）连续分布的税收负担，难以断然界定其公平与否

认知对象的特征往往是连续分布的，如何经由范畴化形成界限清晰的边界和类别？范畴化过程中，被认定为不同类别的事物的差异被强化，而被视为相同类别事物的差异则被弱化（泰弗尔提出的“增强效应”：Tajfel，1957，1959）。这一就认知对象以核心维度做出分类判断的过程并不是凭空产生的，往往是借助其他相关因素即边缘维度获得。边缘维度的选择及其与核心维度的相关度界定影响范畴化过程和结果。

在对税收客体分类的过程中，人们既有的税收相关知识会成为具有相关性的边缘维度，影响做出的判断。如果要对税收的好坏做出评价，我们试图通过列举法分析各边缘维度的相关性及其对税收范畴化的影响。例如，我们为什么判定某一税种是有助于公平的税种？对该税种公平性这一核心维度的判断涉及哪些边缘维度？

严格意义上，从纳税形成的税收负担看，任何税种都有其财政意义和公平意义。财政意义和公平意义上的税收负担是连续分布的，很难截然分开。因此，直接针对某个税种的征收及其税收负担的分布，不可能对其公平性做出判断。具体来说在个人所得税的认知中：首先，对生活成本的税前扣除，含混难以截然断定哪些内容是应该税前扣除的生活成本，具体的每项或总的生活成本的数量是多少才算是促进了公平。其次，扣除生活成本后的收入，在不同的数量范围内应该缴纳税收的数量或比例为多少是有助于公平的。这些问题都很难做出准确判断。

（二）个人所得税公平性判断的相关维度

1. 其他税种的征收状况

其他税种如流转税，所形成的社会共识认为，由于对负担能力不相同的人按相同的比例征收，是不公平的。因此，无论是负担主体还是征收方式与流转税类相比较，个人所得税往往容易被看作具有公平性。

2. 谁缴纳了更多的个人所得税

当个体无法直接针对个人所得税负担状况及分布做出公平性判断时，除了借助上述直接与税收负担相关的边缘维度外，还会借用纳税人本身所具有的特征判断。

一般地，最影响公平性判断的问题是“穷人还是富人负担了税收”。那些（通过其他的知识）被认为是社会中不富裕的人，如果是缴纳个人所得税的主要

群体，甚至社会中的某些无法从容解决基本生存问题的人也缴纳了该税收，即会认为个人所得税的生活成本扣除、税级和边际税率的界定有违公平。而如果富人负担更多的税收，那么税收制度容易被界定为公平。同样地，如果一个社会中正直守信的人纳税，在身份认同判断的相关维度分析中，其他条件不变的前提下，个体相对而言更容易将自己归入该群体，也倾向于将税收视为公平。

3. 征收过程的公平性

如果个人所得税征收过程中人们能感觉到明显的不公平，就会对该税种的公平性产生负面判断。如果征收机关可以根据纳税人的社会地位或者跟自己关系的远近来界定其个人所得税实际纳税水平，人们就会感到明显的不公平，并做出税制非公平的判断。另外，税务机关在税收征收过程中提供的服务具有公共品的性质，纳税多少不能作为这一公共品提供质量差别的标准。因此如果税务机关对纳税更多的人提供更好的服务，这从公共品提供的角度看，具有非公平性。这让纳税人直观地体会到直接征收过程和政府公共品提供的非公平性，人们将对征收过程的公平性判断作为个人所得税税收负担公平性判断的边缘维度，得出税收非公平的结论。这也是为什么在税收征收中不宜根据纳税多少设VIP的原因。

税收公平性判断中边缘维度的选择，可能未必理性，却仍然会影响其判断。

二、税收客体范畴化与税收维度社会范畴化关系简析

以税收为客体的范畴化过程对税收的分类和认知是建立在个体税收维度自我范畴化基础上的。与此同时，对税收客体的分类和认知从长期看也会影响个体税收维度自我范畴化，二者联系紧密（见表4-1）。

表4-1 税收客体范畴化与税收维度社会范畴化的关系

税收客体范畴化： 通过对税收和税收制度分类而使认知清晰化	税收维度社会范畴化： 对客体的分类过程伴随分类中对主体自身的定位及其与各客体相互关系的定位
对税收客体的整体判断： 税收及税制整体上是良性的 税收及税制整体上是糟糕的	群体归属判断甲： 个体在群体归属判断中取正向维度 个体在群体归属判断中取负向维度
对税收客体具体税种的判断： 个体能感知福利增进的税种 个体能感知福利减损的税种	群体归属判断乙： （使人们对遵从行为作更细致的分界——遵从与否不一定针对所有税种） 个体将自己归入遵从该税种的群体 个体将自己归入不遵从该税种的群体

续表

对税收客体具体征收过程的判断： 具体征收过程公平正义 具体征收过程非公平正义	群体归属判断丙： 个体将自己归入征纳过程合作的群体 个体将自己归入征纳过程不合作的群体
对税收制度形成过程这一客体的判断： 税收制度形成过程是公平正义的 税收制度形成过程是非公平正义的	**群体归属判断丁：** 个体以积极合作税制形成过程的群体定义自身 个体否认税制形成过程从而自我归属不合作群体

上述群体归属判断之间的相互关系决定了占主导地位并最终影响人们税收行为的群体归属判断，依据对个体行为影响大小的排序为甲 > 丁 > 丙 > 乙。需要特别指出的是，以税收为客体的范畴化中，具体税种的状态对群体归属判断的影响受以下几个因素的影响：

一是对受益性税种容易被感知促进了福利的增进，所以更容易将对其税收遵从视为公平正义的行为，从而自我范畴化为税收遵从群体。正因为此，当前许多发达国家在纳税人的纳税单上会明确列出所纳税款的具体用途，以推动个体对福利增进的感知。

二是对透明度较低的税种，个体往往不以其作为群体归属判断维度。透明度低的税种如流转税，形成间接税收负担，其遵从一般通过市场过程实现。人们对税收的遵从与否不能通过行为人的行为合作与否直观体现，所以这类税种的公平正义性一般不会直接成为群体归属判断的基础。

在税收社会范畴化过程中，对税收行为凸显的、具有关键性的影响的是税收社会范畴化基础上形成的主流税收共识。下面第五章具体分析主流税收共识的形成过程及对税收行为的影响，进一步解读税收社会范畴化的税收行为影响。

三、中国以税收为客体的范畴化过程简析

下面从税收客体范畴化过程分析中国税收社会认同及税制变迁的基本特征。

20 世纪 70 年代末，中国的基本税收立场非常类似初始个体自我范畴化阶段。此时，对社会的绝大多数个体而言，税收从无到有，人们对之没有太确当的认知，其税收立场和对税收的看法具有较大的随机性。但经过一段时间，纳税负担彰显，税收并未能直接彰显为公平正义及福利的增进。税收遵从和税收不遵从群体利益比较结果凸显，税收维度社会范畴化结果倾向 β，税收立场被诱致 B。

中国具体的初始税收维度社会范畴化过程中，还有一些问题需要进一步分析。从中国目前的税收实践看，对税收行为影响最重要的共识是非认同但可以忍受与非认同且不能忍受（下面在主流税收共识中有比较详尽的讨论），积极的税

收社会认同在纳税人中的比重非常低。笔者在2012年暑假就广西若干地区对税收的认知进行了调研。调查结果显示，调查对象中对税收的公平度及其征收过程不满意的程度非常高，主动遵从的比例非常低。例如，对谁会缴较多的税，人们往往认为越是弱势的人缴的税越多。即在中国当前的社会背景下，范畴化认知得出的结论是，达到一定收入水平（但不会是社会中收入最高）的群体中“没有关系”的人会缴较多的税。当然，这一认知是不正确的。现在的问题是，人们的这一结论是如何形成的？它对行为人的税收行为会产生什么影响？

这一范畴化的过程显然是对现实世界不充分观察得出的结论，即通过对现行税收的概括和分类，对产生较大影响的税收过程的分析得出的结论。尤其是对人们接触较多、较为频繁的税种。在中国，具有这一特征的税种当然是个人所得税，也正是个人所得税所具有的特征使认知主体产生“没有关系的人才会多交税”的范畴化界定。当然所形成的税收范畴化结果不止这一个，其中对人们税收行为有较大影响的还包括：逃税行为的诚信界分、税收遵从与否与社会道义的关系等。在中国当前的境况下，逃税行为无论是否被发现而被处罚，一般来说，在人们的范畴化分析中一般与逃税主体的诚信无关（公众人物除外，这是一个积极的信号）。税收遵从与社会道义的社会范畴化认知也类似——人们的税收不遵从行为被检举往往并不是因为对非遵从行为的社会道义谴责，而大多是从追求个人利益和个人情绪宣泄的角度。在调研中发现，对税收不遵从行为的检举常见的原因，是个人利益而非社会道义。比如对企业对待自己的方式不满。与此同时，受教育程度、品德等不会影响税收范畴化——因为这些维度被认为与人们的税收行为无关。

对作为认知客体的税收，形成这样的范畴化结果，使人们的税收行为具有非常明显的投机性特征。

这一问题的另一个分析角度是：在针对人的范畴化中，税收或者人们的税收行为是否会影响税收维度的社会范畴化过程，并形成不同的（心理的）社会群体归属？在人的范畴化过程中，人们倾向于根据他人与自我的相同和相异对其他人进行分类①。这样的分类中，税收行为有影响吗？换句话说，人们会对他人的税收行为做出相应的判断和分类，这样的判断和分类会成为自我与他人的一个重要分界点吗？比如，不依法纳税的人是不诚实的人，我与之不是一类。或者他人的税收行为在这样的分类和判断中完全无关紧要？这即是税收维度社会范畴化。这个问题在上述税收客体范畴化与税收维度社会范畴化关系的讨论中已经做了简要梳理。

---

① ［澳］迈克尔·A. 豪格，［英］多米尼克·阿布拉姆斯著．高明华译．社会认同过程［M］．北京：中国人民大学出版社，2011.

第五章　主流税收共识、群体税收特征与税收社会认同

社会认同的社会范畴化理论认为，共享的社会认同对个体的自我感知和行为具有去个人化的作用。虽然社会是由个体组成的，但看似个体的行为，其动机和行为基本特征却不是仅仅源于个体。共享的社会认同将人们的行为形塑为不同的范畴，人们的视角、观点和行为实践代表的不仅仅是个体的立场，而是来自于这些范畴和进一步形成的社会群体。税收行为当然也不例外。税收范畴化过程形成不同群体的税收特征。这些特征既可能被群体成员内化并与其行为一致，也有可能成为与其群体归属"异化"的关键性因素，并表现为模仿其他群体的异于内群体的行为特征。不同的群体税收特征对主流税收共识有不同的影响，进而进一步影响税收社会认同。

经由税收范畴化过程形成对税收的认知，形成税收共识及主流税收共识，并进一步影响税收行为。因此，分析税收范畴化进而税收社会认同对税收行为的影响，最具体的层面即是讨论税收共识及主流税收共识对税收行为的影响。

一开始经由税收范畴化过程形成的税收认知往往表现为模糊直观的社会共识。从对税收模糊直观的基本社会共识出发，如何形成更为清晰的税收共识？某类共识如何成为一种社会主流的、影响力最大的共识？范畴化的过程是认知和分类的过程，而这一认知和分类中的关键是社会比较①。通过社会比较获得异于他人的共识，对税收而言社会中不同的群体会形成不同的共识。具体地看，最基本的社会普遍的共识是，税收让人们可支配收入减少。在这一共识的基础上，形成不同的进一步的认识，这些不同的认识将人们分成不同的"群体"，对群体内的成员而言这也是共识——次一层级的共识，同时，这也是对税收更为清晰和具体的认知。

---

① ［澳］迈克尔·A. 豪格，［英］多米尼克·阿布拉姆斯著．高明华译．社会认同过程［M］．北京：中国人民大学出版社，2011.

第一节　主流税收共识的形成及其对税收行为的影响[①]

一、税收共识及主流税收共识[②]

税收感知来源于税收共识，不同的群体往往有不同的税收共识。税收共识的差异使税收感知也呈现出差异，并通过社会比较形成“更合适”“更正确”的共识即主流税收共识，最终影响行为人的税收行为（见图5-1）。

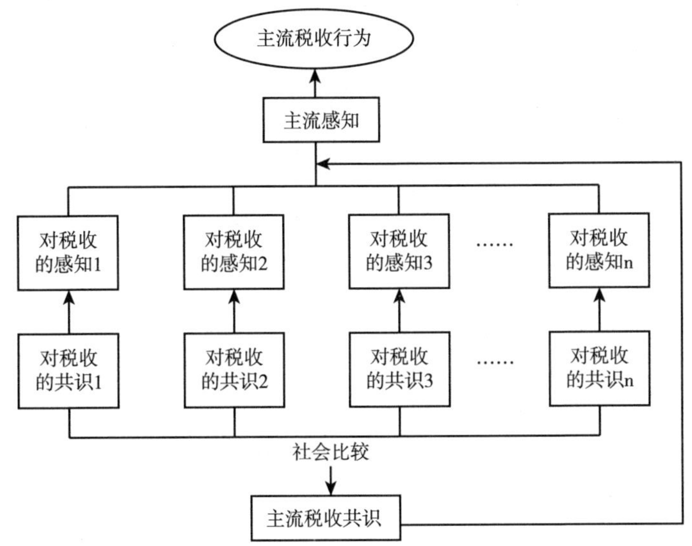

图5-1　主流税收共识的形成及其对主流税收行为的影响

从图5-1可知，对税收的不同共识会产生对税收的不同感知，但一般来说总会有一种（或某种集合形式）对税收的共识比其他的共识更有说服力。虽然拥有不同税收共识的行为人从属于不同的“群体”，但可能会有某一些共识将成为超越群体共识的更为“优越”的共识，即主流共识。虽然每一种税收共识都会形成相对应的税收感知，并形成对个体和群体税收行为的影响，但相比于主流共识对感知从而对行为的影响而言则相对较小。但是，从长期和动态来看并不意味着可以忽略，在一定条件下，可能会影响主流税收共识及其向主流感知和税收

① 本节部分观点经进一步研究作为阶段性成果，在国内期刊公开发表。

② 社会心理学对这类社会共识，往往称为“优越性”社会共识。权衡再三还是选择了“主流”共识的提法。主要原因是，担心在这里本不具有褒贬性的“优越性”被误读为正面含义。

主流行为的传递。下面进一步分析主流税收共识的形成过程及其变迁影响因素。

二、以税收为核心维度的社会共识的形成及变迁

主流税收共识是通过社会比较形成的。对于社会比较，至少有以下几个问题需要作进一步分析：（1）社会比较的主体是谁？（2）社会比较过程是怎样的？（3）社会比较所形成共识的均衡分析。（4）以税收为核心维度的共识是怎样形成的？（5）哪一类共识会成为对社会主流影响力最大的共识？

（一）一般分析

以税收为核心维度的社会共识是各类群体建立在对税收共同认知基础上的自我范畴化。常见的情形是，对税收的共同认知作为其他共识的一个附带性的认知，与其他的群体特征紧密联系。这样的共识虽然也受主流意识形态等的影响，但其往往更受可以直观感受的税收具象化特征的影响。例如某一社会群体的税收负担沉重，而所能享受到的基本公共品也非常有限，此时，这一类群体会形成对税收的负面共识。

税收共识在影响税收感知并进一步影响群体行为的同时，不断被验证和修正。在这一过程中，可能以税收为核心维度的社会共识的内核不会改变，但会表现为更容易被接受的表达形式或诉求方向；也可能以税收为核心维度的社会共识的内涵发生漂移，并演化成或者小有不同或者截然不同的形式与内容。在这一过程中，往往会有某一种得到广泛认同、更为“优越”的以税收为核心维度的社会共识凸显。

在图 5－1 中，主流税收共识可能是 1 到 n 的某一税收共识，也可能是其某种集约，即：

$$RC = f(c_1, c_2, c_3, \cdots, c_n)$$

其中，RC 为主流税收共识，c_1，c_2，c_3，…，c_n为税收共识 1 到 n。f 即税收共识 1 到 n 集约为主流税收共识的“法则”。

社会比较通过对各类税收共识在既存社会经济制度背景下的行为带来的影响和格局分析（并不一定是一个理性权衡的过程）形成主流税收共识。在这一过程中，社会比较的主体并不仅仅是我们通常所认为的征收主体、税务机关或政府，而是社会中所有的税收关系人。只要税收在其视野范围内，即为社会比较的主体。具体说来，即为图 5－1 中不同的税收共识所对应的群体。

（二）主流税收共识的分类与特征

如前所述，以税收为核心维度的社会共识对应税收感知和相应的群体，通过与客观认知的不断比较获得按纳税人、征收主体等方面形成次级层面的主流税收

共识，并进一步形成主流税收共识。也就是说，社会主流税收共识 RC 可以被分解为三类主流税收共识：对纳税人行为的主流共识、对征收主体的主流共识及对税收社会角色的主流共识。

1. 对纳税人行为的主流共识

需要注意的是，对纳税人行为的共识并不等同于纳税人群体形成的共识。

分析两类极端的共识：（1）税收遵从行为不仅体现了人们是否是遵纪守法的公民，也显现出了行为人的品行，即逃税如偷窃，称为 A 端对纳税人行为的税收共识 N_A。（2）税收遵从行为是对产权收益的无权利诉求的让渡。逃税行为无关品行，纳税人对税收行为的选择仅仅作技术层面分析，即只关乎技术，称为 B 端对纳税人行为的税收共识 N_B。

这两类完全不同指向的税收共识对纳税人行为具有效果迥异的影响。在大多数情况下，一部分税收共识具有更多的第一类特征，另一些税收共识具有更多的第二类特征。此时，获得主流地位的税收共识的“取值”范围（见图 5－2），大多数税收共识处于 A 端和 B 端税收共识之间。那么，在众多的税收共识中，哪一类会成为主流税收共识？

N_B ●————————● N_A

图 5－2　对纳税人行为的税收共识域

图 5－2 中 N_B 为 B 端对纳税人行为的税收共识，N_A 为 A 端对纳税人行为的税收共识。

正如前面分析中提到的，主流税收共识可能是某些群体所持的税收共识，也可能是建立在众多共识基础上的“综合”。其具体特征既可能与持这类税收共识的数量相关，也可能不相关。一般地，社会中被人仰慕的群体所持有的税收共识，对主流税收共识的形成影响最大。但是，无论主流共识具有什么特征，都不可能超过 A 端与 B 端税收共识形成的域。将前面的税收共识具体化，即：

$$N_M = f_N(N_1, N_2, N_3, \cdots, N_n) \qquad N \in [N_B, N_A]$$

N_M 即对纳税人行为的主流共识。最常见的关系是线性关系，即：

$$N_M = \beta_0 + \beta_1 N_1 + \beta_2 N_2 + \cdots + \beta_n N_n \qquad N \in [N_B, N_A]$$

其中，有一种特殊形式与大多数现实状况非常接近，即上式中 $\beta_0 = 0$，β_1 至 β_n 中，有且只有一个非零。即社会中的某一群体对纳税人行为的共识即为社会共识。

如前所述，f_N 是纳税人行为群体共识的集约法则。最简单的线性关系中，f_N 的特征即各群体共识的权重。理论上，f_N 当然还有各种各样的形式，但最常见的还是线性关系，而且一般说来，表现为某一群体共识N_s具有压倒性地位，其他群体共识的权重趋近0，即N_M约等于N_s。那么，哪一类群体的共识能在形成对纳税人行为主流社会共识的过程中具有压倒性权重呢？总的说来，是与非正式制度相契合，并能将正式制度的压力控制在群体可以承受的范围内的税收共识。支配群体在对纳税人行为主流社会共识的形成中不一定能起到决定性作用，尽管他们在灌输其看法的工具掌握上具有优势。

2. 对征收主体行为的主流共识

对征收主体行为仍然有两类极端共识：（1）征收主体是完全职位理性的。社会公众包括纳税人对其完全信任，即使有让社会公众感到不满意的行为，其诉求往往指向规范（即税收及相关法规）的修改而不是质疑征收主体行为的合宜性。称为A端对征收主体行为的税收共识Z_A。（2）征收主体是完全个人理性的。对征收主体行为几乎一致性的社会共识是其核心目标为追求私利。这并不包括内外在制度约束使追求私利的个人理性完全或几乎等同于职位理性的情形。称为B端对征收主体行为的税收共识Z_B。

与上述对纳税人行为的主流共识形成过程的分析相似，众多对征收主体行为的税收共识处于Z_A和Z_B之间。对征收主体行为的主流共识Z_M虽然影响因素不同，但抽象的集约过程却近似。

3. 对税收的社会角色或任务的主流共识

两种极端共识分别是：（1）税收是社会必不可少的基本制度之一，没有税收则社会成本将高到无法承担。没有任何制度可以代替税收对社会运行的至关重要的作用。称为A端税收社会角色共识S_A。（2）税收是一种不必要的制度，没有税收并不影响社会的运行。更为普遍的、且指向一致的共识是有替代性制度可以完美地替代税收在社会中所发挥的作用。称为B端税收社会角色共识S_B。

与前两类主流税收共识的分析类似，税收的社会角色主流共识S_M取值在S_A和S_B端之间不同群体共识的函数或其中之一。

综上所述，$RC = f(c_1, c_2, c_3, \cdots, c_n)$

其中$C_x = N_x Z_x S_x$。$x = 1 \sim n$，$N \in [N_A, N_B]$，$Z \in [Z_A, Z_B]$，$S \in [S_A, S_B]$

这样的情形看起来非常复杂，有无数种可能性。令人欣慰的是，实践中绝大多数情况并不会出现或出现的概率极小。

三、主流税收共识的几种可能情形

为方便说明，下面用图5－3表示对征纳行为及税收社会角色的主流税收共识。图中需要特别指出的是O点，表示征纳行为在社会共识中处于边缘、非核心维度，以至于可以忽略不计的位置。所以，除了图中的八种情形外，如果再考虑税收不相干的维度，则还有若干情形；还未能涵盖集约而成的主流税收共识不包括或不完全包括某单个群体税收共识的情形。一一分析不仅烦琐，而且也大可不必。下面通过对现实世界的观察，讨论几种有代表性的主流税收共识。

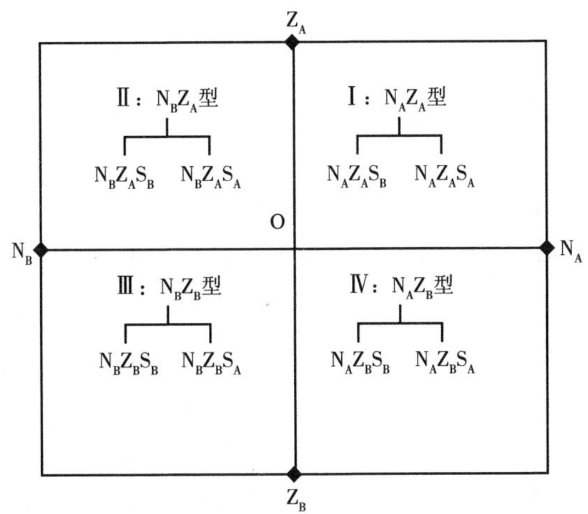

图5－3　主流税收共识的几种情形

（一）$N_AZ_AS_A$型主流税收共识

即税收共识是A端对纳税人行为共识、A端对征收主体行为共识和A端对税收社会角色共识的组合，简称为完全积极的主流税收共识。此时，税收制度作为人们的行为边界得到普遍的内化与认同，征收主体和纳税人行为规范的主要动力不是强制性约束力。所以，表现为征管成本和税收的心理成本低，此为任何政治经济制度下的理想主流税收共识。

（二）$N_BZ_BS_B$型主流税收共识

即税收共识是B端对纳税人行为共识、B端对征收主体行为共识和B端对税收社会角色共识的组合，简称为完全消极的主流税收共识。此时，税收的社会认同度极低，征纳双方的行为都不规范。这是一种极端糟糕的主流税收共识，也是任何政治经济制度下都试图摆脱的税收共识。

一旦主流税收共识进入到完全消极的状态，其逆化衍生是非常困难的，几乎可以说关乎整个内在和外在制度的变迁。

（三）几乎不可能出现的主流税收共识类型

$N_AZ_AS_B$和$N_AZ_BS_B$是两种出现的可能较小的主流税收共识类型（二者比较，

前者比后者出现的可能性更小)。即当认为税收并不是社会必须的制度时，几乎不可能出现将税收遵从行为看作是基本道德素养的对纳税人行为的税收共识。但对征收主体行为的职位理性共识是有可能出现的——此时，征收主体的行为不关乎税收，更多的是对政府行为的界定和看法。

四、主流税收共识形成及其对税收行为的影响

前面分析了主流税收共识的三个基本维度。那么在具体的税收环境中，主流税收共识是如何形成并影响人们行为的呢？从社会实践看，人们对税收的第一直观感受是着眼于直接征收环节，即税收减少可支配收入。以此为起点，下面简要分析各维度主流税收共识的形成及其对税收行为的影响。

（一）从税收模糊直观的基本共识到主流共识，其间要经过比较复杂的过程

（1）从直观共识出发，需要合宜的社会环境以及税制运行过程与结果足够的透明度，才有可能进一步针对真实的税收状况形成客观一致的共识，否则就只能停留在次级共识这样的反感与否、认可与否的层面。如当前中国的税收共识表现为反感（不认可）税收引致的可支配收入减少，并未能进一步界定所反感的税收具体制度的问题是什么。因此，纳税人的行为遵从与否其实并不建立在对税收制度充分认识的基础上。

（2）每一个层级多个税收共识中哪一个能成为主流的税收共识，取决于社会比较。社会比较过程和结果受诸多因素的影响，在前面第四章税收维度社会范畴化分析有详尽的讨论。

（3）主流税收共识对税收行为的影响力，取决于所形成的主流感知。主流的自我感知基于共享的社会认同，使个体的行为作为一个典型或主流范畴的代表。

（二）主流税收共识在实践中形成和衍生过程的简要剖析

着眼于直接征收环节，社会一致性看法是税收使纳税人的可支配收入减少。从这种一致性看法出发，形成对税收的不同着眼点的共识。在这些不同税收共识的基础上，相应有不同的税收行为，经由社会比较集约对纳税人行为的主流税收共识，并进一步形成不同的税收行为整体格局。图5-4是主流税收共识在实践中形成和衍生过程。

在图5-4中，Ⅰ：社会比较：次级税收共识；Ⅱ：社会比较：再次级税收共识；Ⅲ：建立在税收认知基础上的群体行为。

需要特别注意的是，对纳税人行为的主流税收共识虽然是建立在纳税人税收行为的基础上，但做出社会比较形成共识的主体并不仅仅是纳税人，还包括社会中的所有税收关系人。对征收主体的主流税收共识的形成过程与之类似。

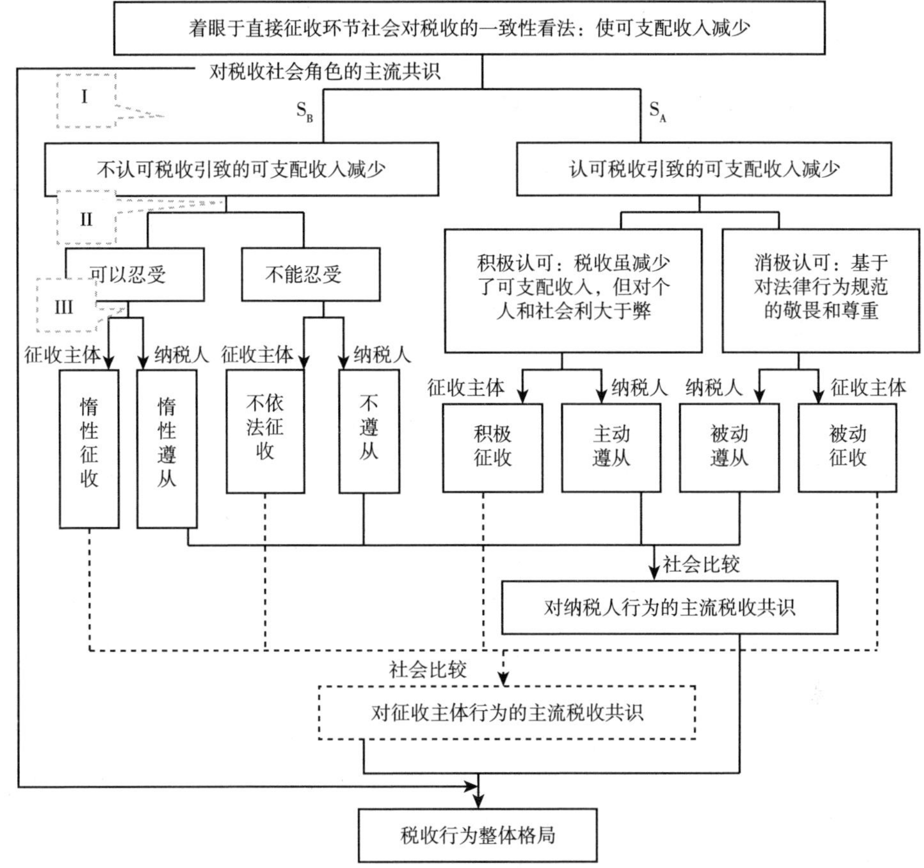

图5－4　主流税收共识在实践中形成和衍生过程

图5－4中的税收行为整体格局，即整体上税收行为所具有的特征。例如纳税行为整体规范，虽然仍然存在小部分不遵从行为。需要关注的是被动遵从和惰性遵从的区别与联系：从静态看，二者均处于遵从状态；而从动态分析，惰性遵从是基于对税收引致收入减少的不认可，但可能是畏于逃税的风险抑或因为不遵从的收益并不明显高于不遵从的成本而选择税收遵从行为，即主观上不认同但行动上表现为遵从。而随着对比关系的变化税收遵从行为随时可能瓦解，是一种非稳定性和带有较大的反对性诉求（这样的诉求往往是隐性的）的遵从。被动遵从对税收引致可支配收入减少的认同是建立在对国家和国家制度性规范认同的基础上，相对比较稳定。也就是说，其所认同的不是税收制度本身，而是国家的权威。

从图5－4可以看出，从税制运行对社会产生良性结果和运行成本的角度看，能引致主动遵从的税收共识是最佳状态，而最糟糕的状态是引致不遵从的“税收不能忍受”的共识。哪一类共识能成为社会主流的、影响力最大的共识？受什么因素的影响？具体过程如何？前面已作简要分析，后面关于中国主流税收共识的分析中也有所涉及。

（三）税收共识对税收行为的影响

1. 一般分析

面对税收使可支配收入减少的结果，征纳行为分别可能表现为图5-4中所列的四类。根据上述分析，通过社会比较逐渐形成一个对征纳行为和税收社会角色的主流税收共识。从纳税人行为的角度看，无论什么样的社会形态中，纳税人行为都不可能表现为整齐划一的税收遵从或不遵从。既然对纳税人行为的看法是社会共同的看法，对税收行为为什么不能产生一致性的影响呢？对征收主体行为的分析也存在同样的问题。如何看待这一表象上的悖论？

行为人站在不同的立场上，其出发点和约束条件不同，会导致其行为有不同的表现。概要分析，有两个不同的立场对行为人的征纳行为有较大的影响，即旁观者立场和理性经济人立场：站在旁观者立场上①，即纳税人将自己抽象为公正的旁观者，对其税收行为往往会产生符合基本社会准则的约束；而站在理性经济人立场上，当然是追求自身利益最大化。而追求自身利益最大化的行为将有两类基本倾向：投机行为（搭便车行为）和长期行为。主流税收共识不同，人们会倾向于选择不同的追求自身利益最大化的行为。行为人这两种不同的立场使纳税人行为选择呈现出遵从或不遵从两种形式。即 N_M 表现形式不同，税收行为也呈现出不同的格局（见图5-5）。同时，在不同的社会制度背景，尤其是非正式制度背景下，税收行为权衡过程和结果存在较大的差异②。

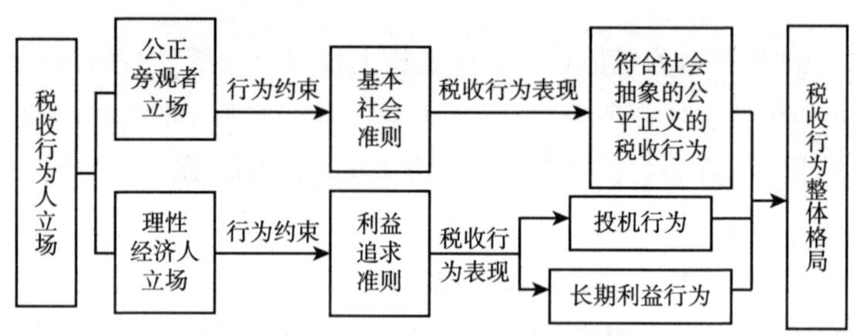

图5-5 税收行为人立场对税收行为整体格局的影响过程

2. 主流税收共识对税收行为影响的具体分析

这里主要讨论两种极端情形：

① 这一分析视角，深受亚当·斯密《道德情操论》的影响。

② 焦耘．制度经济学视野下的税制变迁分析［M］．南宁：广西人民出版社，2008.

（1）$N_M = N_A$（或 $N_M \to N_A$）、$Z_M = Z_A$（或 $Z_M \to Z_A$）及 $S_M = S_A$（或 $S_M \to S_A$）

第一，纳税人行为。站在旁观者立场上，即纳税人将自己抽象为旁观者，对其行为产生遵从性约束；在理性经济人立场上，长期行为往往成为压倒性的行为模式。纳税人的行为主要表现为税收遵从，但仍然有可能存在投机性行为。

第二，征收主体行为。站在旁观者立场上，即征收主体将自己抽象为旁观者，行为主要表现为职位理性。

（2）$N_M = N_B$（或 $N_M \to N_B$）、$Z_M = Z_B$（或 $Z_M \to Z_B$）及 $S_M = S_B$（或 $S_M \to S_B$）

第一，纳税人行为。站在旁观者立场上，无论是社会舆论、道德判断还是征收主体的行为界定和共识，往往表现为对逃避纳税义务行为的相当程度的宽容；而在理性经济人立场上，投机行为则往往成为压倒性的行为模式。因此，纳税人的行为主要表现为税收不遵从。但仍然有存在税收遵从行为的可能。此时的税收遵从大多具有惰性遵从的特征，即税法约束下的惯性遵从。

第二，征收主体行为。从旁观者的立场看，对纳税人逃避纳税持包容态度；从理性经济人的立场看，取决于征收行为给其带来的个人利益。如果多征税能带给征收主体更多的个人利益（比如对升迁有利），便会从私利的角度对纳税人逃税行为进行约束。

同时需要说明的是，由于对纳税人行为的主流税收共识并不是孤立的存在，它还会与其他因素一起使纳税人的行为选择不断发生变化。

五、中国主流税收共识的基本判断

（一）当前中国主流税收共识非常接近 $N_BZ_BS_A$

社会公众普遍认同税收及税收制度对社会经济的重要作用，但认为税收遵从行为不仅不关乎道德，而且规避税收的约束也仅仅是技术层面的成本效益。与此同时，也有部分人认为征收主体在税收征收过程中主要着眼于自身利益目标，与税收的实质性规范相悖。此时，基本的税收行为判断往往具有这样的特征：税收对社会经济发展具有非常重要的作用，别人都应该好好交税，而自己除外。这样的判断当然需要强有力的心理支持，才能使行为主体不会受到制度尤其是非正式制度（如“良心”）的责罚。使其内心自洽的是这一判断：在税收制度不公平及征收主体行为不规范的前提下，纳税就是将自己的钱给特殊利益集团成员使用。当然，这种判断是不正确的。

中国主流税收共识的判断可以从遵从率和社会调查中人们对税收看法存在的悖论获得印证。据笔者 2016 年对广西和四川 6 个地区的调查结果显示，在涉及税收作用的相关调查中，相当部分调查对象给了肯定评价。收回的 200 份有效问卷中，有73%的调查对象称税收在缩小贫富差距上能有效地发挥作用；有51%对政府提供公共品效率感到满意。与此同时，调查对象中有13%年收入超过12万元，但几乎都没有自行申报纳税。虽然目前中国对税收遵从率的实证分析并没有得到令人信服的数据，但相对而言，对个人所得税遵从度的研究较为充分，其结论具有一定的信度。张文春和孔令征（2012）分析指出，2004年个人所得税遵从度最低收入户平均1.9%，最高收入户61.9%[①]，整体处于一个较低的水平。也就是说，民众在基本认可税收的社会意义的同时，税收遵从度却较低。纳税人对于税收的不遵从至少不会获得社会的负面评价（对特定群体的税收不遵从行为的抨击，更多的可以从差序格局的角度分析[②]）。同时，对征收主体行为的主流共识在调查中可以得到非常直观的印象：有47.5%的调查对象认为税收机关当前最重要的任务是解决贪污腐败（近年来相关情形大为改善）。

（二）征纳行为主流税收共识的成因及对策

1. 中国对纳税人行为的主流共识处于N_B的成因及对策

（1）成因。个人对私利的追求是任何社会经济制度背景下对纳税人行为最为重要的影响因素，单维地对税收义务的强调，忽略税收权利而仅强调纳税义务，税收只能演化成为一种单方面的付出，自然就形成逃避和非遵从的习惯。

（2）消解对纳税人行为的N_B型主流共识。从其成因看，只有从两个方面入手才有可能逐渐“修正”惯性，推动对纳税人行为的主流共识的改变：第一，在意识形态中，逐渐淡化政府税收利益，更多地强调政府获得税收收入，会履行相应的义务。这不仅仅是对政府行为的约束，更重要的是影响了纳税人的行为——有了权利，那么责任和义务便也理所当然。这有助于修正征收就是掠夺从而逃避税收就是逃避非正义性掠夺的不正确认知，进一步推动主流税收共识良性演化。第二，提高并彰显满足纳税人需求的公共品提供过程和结果的透明度。这里实际上涉及两个问题——“做了”；还要“彰显”出来。同时，“做了”和“彰显”不仅关乎结果，过程也至关重要。

2. 中国对征收主体行为的主流共识处于Z_B的成因及对策

（1）成因。长期以来，中国的税收法律体系中的制度性规范及其留下的过多的自由裁量权使征收机关的行为在缺乏正式制度约束的同时，缺乏非正式制度约束，因而具有比较典型的追求自身利益最大化的个人理性的特征。在新中国成

---

① 张文春，孔令征．中国个人所得税纳税遵从实证分析［J］．晋阳学刊，2012（3）：54－61.

② 税收行为差序格局的相关分析详见：焦耘．中国差序格局社会背景下的逃税行为分析［J］．税务与经济，2013（1）：73－77.

立以来的税制演进中，几乎所有相关制度设计和实施，其着眼点都是对纳税人行为的约束。征收机关和征收主体无论是在法规的制定、诠释或实施中，都不是被约束的对象。从中国现行税收征管相关法规看，存在至少两方面的问题：第一，征管法规粗线条，在具体施行中对征收主体的行为约束力不够。比如在离境清税的担保抵押条款中，仅仅涉及该义务的发生，却未提及解除和消解，征收主体在这一业务中有较大的不当自由裁量权。第二，征管法规中纳税人权利保护条款被不当界定。如对纳税人银行账户的冻结只需要县级（含）以上税务局局长签字即可，而不需要法院介入。所以，在征纳双方的关系中，法律的制定和实施明显偏袒征收主体而并未将征纳双方看作是平等的权责主体，这实际上纵容了征收主体的个人理性而非职务理性的行为取向。

（2）消解对征收主体行为的 Z_B 型主流共识。第一，在征纳关系中，推进对征收主体的行为约束比对纳税人行为约束更重要的观念的形成。在这一观念下，重新定位税收征管法规和征收主体行为规范及纳税人在直接征纳关系中的地位。第二，征收行为法律约束下的充分规范和透明。

无论是针对纳税人还是征收主体行为约束的应然分析，都具有知易行难的特征。更何况，主流税收共识的变迁涉及的不仅仅是我们容易把握的正式制度约束，更多的是难以被左右的各种主客观因素，其基本特征是长期的默化演进。

第二节　群体税收特征对税收社会认同的影响

人们对相对地位安全性的界定影响其行为决策。从社会利益角度看，社会利益分层如果被认为是安全的，人们以个人行为和社会创造性行为寻求自身状况的改变；而社会利益分层如果被认为是不安全的，社会竞争会成为人们改变现状的主要方式。以社会利益格局为维度分析群际地位及其行为，具有代表性。无论在什么样的社会制度背景下，经济利益分析往往能帮助我们对行为有一个比较深层次的认识。

社会流动是在既定的群体界分基础上，既存制度背景下的个体行为。如果人们认为社会流动渠道通畅合理，是充分的、容易的，个体便试图通过自己的行为，使其脱离原有的社会范畴（群体），成为支配群体的成员。那么什么样的群体或社会范畴是令人仰慕的支配性群体？在当前的背景下其附属的税收特质是什么？对税制社会认同又会产生什么影响？这对主流的税收行为的形成和变迁产生非常重要的影响。

一、在税收社会认同分析中的社会群体分类[①]

在讨论社会流动及其对税收社会认同的影响之前，需要首先界定社会群体的分类。

社会群体分类具有多样性，研究对象、目的等不同则分类不同。简单地说，社会分为不同的阶层，不同的阶层在社会变迁中扮演不同的角色。一般地，在某一特定时点上，总能观察到社会中存在收入水平低，在经济利益格局中处于低地位的群体；也存在收入水平高（直接的或间接的）在经济利益格局中处于高地位的群体。同时，从政治地位和权力的角度看，也分为相对地位较低和地位高的群体。从经济利益格局和政治地位与权力两个角度界分的社会地位高低，可能重合也可能不相关。主流群体代表的是一个社会得到广泛认同的价值，其他群体中的个体往往希望向其转化实现阶层的跨越。在现代社会，经济地位较高的群体往往成为主流社会群体，对其他群体具有政治和经济上的双重影响力。具体说来在税收社会认同分析的视角下，社会群体可以分为以下几类：

（一）支配群体

对其他社会群体（阶层）具有的约束性权力是支配群体的主要特征。这样的约束性权力可以是政治性的，也可以是经济性的。当然二者往往交互影响。

（二）被动群体

在社会中处于被动状态，其群体权力和利益都是被动接受的结果。

（三）主流群体

主流群体与支配群体有交叉，但也存在较大的差异。再进一步分为两类：

1. 被政治彰显的主流群体

被政治彰显的主流群体可以是被动群体也可以是支配群体。

（1）被政治彰显的主流被动群体。这类群体在社会上所具有的主流地位，并不能被自己左右，被动地具有了主流群体的特征。如在中国的传统经济体制下，工人和农民被认为是政治上最先进的群体，即为被政治彰显的被动主流群体。

（2）被政治彰显的主流支配群体。这部分群体因掌握政治上的主流且支配性的权力而具有对社会利益格局的影响力。

2. 被经济彰显的主流群体

同样地，被经济彰显的主流群体可以是被动群体也可以是支配群体。在现代

---

① 税收社会认同研究中的社会群体分类借鉴自：焦耘．税收制度社会认同研究——税制变迁衍生社会利益冲突及其治理视角［M］. 北京：经济科学出版社，2018.

市场经济制度体系的国家，往往是支配群体。

（四）边缘群体

这类群体往往是社会中的被动群体。这样的被动地位既可以是被经济彰显的，也可以是被政治彰显的，但往往在政治和经济上同时具有被动的特征。边缘群体往往是被动的，但被动群体不等于边缘群体。其基本特征有时用低地位群体、有时用附属性群体或非主流群体描述和称谓。由于该群体社会特征的多样性，这些称谓都有其确当和不合宜之处。下面的分析中并不严格约定。

在现代市场制度下，最核心的社会阶层标识维度是经济地位。群体或阶层间经济利益上明显的差异，必然有被社会广泛认识到的形成机制。这一被认识到的形成机制未必是真实的（这一点在西方社会早期政治经济学对财富的认识中可见一斑），但这一机制如果被认为是合法、稳定的，那么在经济利益格局中处于低地位的被动群体或通过个人行为或通过社会创造性行为谋求地位的改变。如果被认为是不合法不稳定的，社会竞争便有可能成为改变低地位群体不利状况的行为。在这一过程中，与税收及其认同有密切关系，尤其是在现代社会①。

二、群体税收维度基本特征变迁对税收社会认同影响的一般分析

（一）支配群体对税收必要性的解释及税收刻板印象

任何社会中的支配群体都试图解释税收的必要性和必然性。而税收的必要性往往被支配群体有意无意地置换为当下税收边界和征收方式的必要性。在不同的制度背景下，其具体的界定是不同的，但基本目的相同——希望以最小的社会牺牲（成本）获得最大程度的税收收入。

税收的最小社会牺牲，按传统的税收理论分析，无非是资源从个体转移到政府使用效率的降低、征收过程中发生的成本及行为扭曲引致的效率损失。也就是说，经典税收理论对税收的社会牺牲或税收成本的界定主要是从税收所引致的直接或间接的物质损失分析。虽然也涉及税收的心理成本，但并没有从根本上动摇税收牺牲物质性核心，即税收社会牺牲的物质内涵是左右税收社会共识的根本原因。但最小的税收社会牺牲（后面简称“税收牺牲”）其实还隐含了在真实世界中最重要的原则：人们对税收感觉到的牺牲最小。

这就涉及这样的一个问题：人们如何感知税收牺牲？这与当前社会背景下的税收刻板印象密切相关。当前社会背景下税收刻板印象（民众中广泛共享并且达

---

①　现代国家或现代社会是语焉不详的说法，在行文中，将其界定为经济发展到民众不再受绝对贫困的影响，具有民主政治的基本特征（却未必典型和彻底）。下同。

成共识的感知①）是什么？在中国，对税收的刻板印象正如前面的分析，即税收一经缴纳属于政府，其支配与纳税人无关；在此基础上，税收缴纳行为是一种不符合经济原则的行为，当然应该尽可能逃避。也包括形成社会共识的税收刻板印象和与社会群体或“阶层”有关的税收刻板印象。例如，有钱人一般有什么样的税收行为等。

刻板印象往往具有满足行动解释并将行动合理化的社会功能②，在税收刻板印象中如何理解？这样的刻板印象是如果形成的？从个体的角度看，刻板印象是幼年时期习得的（Tajfel，1978c），当人们对税收还没有任何接触和基本的了解时，往往就已习得税收刻板印象。

社会成员如何接受对税收的刻板印象，这一过程对如何影响和改变某些税收刻板印象是有益的？刻板印象一经形成便具有惰性，所以其良性衍生是漫长地与正式制度和非正式制度共同变迁的过程。

（二）税收刻板印象的影响因素

对税收的偏见和刻板印象（当然，一般是负面的）如何改变？常用的方法有两种：第一，宣传，形成舆论。第二，强力禁止人们对于税收的极端行为，如对抗税、逃税等行为的抑制。这两类方法能在一定的程度上起到一定的作用，但很难对税收刻板印象产生根本性的影响。纠正税收偏见和刻板印象，最重要的是推进税收合宜性物质基础和建立在其上的意识形态的改善。这里的物质基础是指税收所能带给人们的利益。

（三）群体及其社会范畴变迁影响主流税收共识，并进一步影响税收社会认同

在群体及其社会范畴的变迁中，人们对税收的看法会有什么变化呢？这样的变化会如何影响税收社会认同？

随着制度背景的变化，对支配群体和主流群体的辨识维度发生变化。相应的，不同群体所具有的税收特征会影响个体税收社会认同并进一步影响税收社会认同和税收行为。如果支配群体及主流群体的社会范畴中包含了对税收的正面意涵和遵从行为，那么社会中被动群体和边缘群体在力图成为支配群体成员的行为中就会越来越多地倾向于模仿税收遵从行为，使税收的正面意涵渐渐成为主流共识，并使税收遵从行为成为社会主流行为，形成正向的税收社会认同。反之亦然。

值得注意的是，从约束性权力界定的支配性社会范畴或群体，其消解往往是

---

①② ［澳］迈克尔·A. 豪格，［英］多米尼克·阿布拉姆斯著．高明华译．社会认同过程［M］．北京：中国人民大学出版社，2011.

从地位（主观感知到的群际比较的结果①）与声望的动摇开始的。其改变，或者是支配性群体被更替，或者是支配性群体所具有的部分特征（引致其“声名狼藉”的部分）改变。税收特征也可能是其中之一。如果随着社会制度背景的变迁，逃税成为支配群体声望受损的重要原因，支配群体以税收遵从代替逃税从而修补其受到威胁的声望，挽救支配地位，影响被动群体和边缘群体的税收行为，并进一步影响税收社会认同。

三、群体税收特征及其在社会流动过程中对税收社会认同的影响

被动群体尤其是边缘群体面向支配群体和主流群体有两种可能的态度（为方便叙述下面分析中仅仅讨论被动群体与支配群体，边缘群体与主流群体的分析类似），心生向往而积极靠拢或产生强烈的排拒心理。这两者产生的动力是不同的。前者有信心而且自认为也找到了路径成为支配群体的一员；后者则看不到穿越到支配群体的路径并认为现存的阶层差异是非公平正义的，从而在绝望中排拒。

社会流动对税收社会认同产生影响的前提条件有两个：税收是群体差异的有效维度，如果不是有效维度，社会流动不会对税收社会认同产生直接影响；群体税收属性相对稳定，稳定的税收属性才具有可模仿性和社会范畴分界的可能性。

（一）支配群体的税收特征及其在社会流动中对税收社会认同的影响

1. 社会格局和社会流动公平正义下，社会流动过程及其对税收社会认同的影响

社会流动最先表现为被动群体对支配群体行为的简单模仿，希望经由这样的模仿改变自己的群体归属。支配群体（往往被表述为国家）基于社会结构的稳定性，也倾向于有意无意地强调群体之间那些既能吸引被动群体又能推进社会“发展”的那些差距。随着社会流动过程的演化和不断被认知，被动群体的简单模仿被更为核心的支配群体的特征左右。支配群体的税收特征在社会流动中扩散，并逐渐形成比较稳定的税收社会认同格局。如果支配群体有共同的税收行为特征和对税收的相同看法，往往衍生为社会的主流共识。社会流动中，向支配群体靠拢的被动群体会学习包括其税收行为在内的行为，无论此时这样的税收行为是支配群体有意形成的行为特征还是无意识的（也可能被渲染、强调而凸显，国家可以通过这种方式达到提高税收遵从的目的），支配群体的税收行为对被动群体的影响见图5－6。

---

①［澳］迈克尔·A. 豪格，［英］多米尼克·阿布拉姆斯著．高明华译．社会认同过程［M］．北京：中国人民大学出版社，2011.

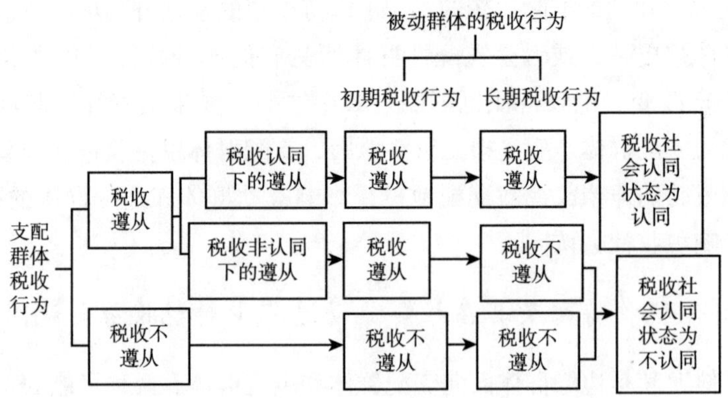

图 5－6 支配群体的税收行为对被动群体的影响

图 5－6 中有以下几点需要进一步分析：

第一，初期税收行为是指被动群体在推动自身群体归属变迁的过程中简单的模仿行为；而长期税收行为是指在通往支配群体的过程中模仿行为的有效性检验结果使其模仿行为发生变化而逐渐形成的比较稳定的行为。

第二，支配群体在税收非认同前提下的税收遵从，一般而言有两种情况：一是被强制即严格的征管体系有效约束；二是社会对支配群体的一致性看法。正如在前面的分析中所指出，中国当前税收社会认同的基本状态是他人税收遵从，自己选择不愿承担任何税收。被动群体持这一看法，形成的基本的社会氛围是支配群体应该税收遵从。因此，被动群体的初期税收行为往往表现为遵从。而由于形成这样的税收看法并不是基于公平正义，而是追求阶层跨越中的私利。因此在个体从被动群体向支配群体转化的过程中，在不同群体立场的认知下逐渐被消解。这即便是在法律制度能被严格施行的国家也会逐渐被消解。

2. 社会格局和社会流动非公平正义下，社会流动过程及其对税收社会认同的影响

社会格局和社会流动非公平正义的前提下，社会分配非公平非正义，社会流动渠道不通畅。被动群体往往寻求制度外的方式改变自己的境况，包括违背但不打破现有制度体系的行为和社会变迁。支配群体的行为受到质疑和批评，支配群体的税收特征并不能产生示范效应。可以分为两个阶段：

一是激进的反叛阶段，这是非理性的阶段。支配群体或者社会上层的主流群体的税收行为被简单地反叛——如果其税收行为表现为遵从，则被动群体选择税收不遵从，反之亦然。但后者发生的概率较小。由于税收往往具有被支配群体左右而更有利于其利益的特征，税收不遵从行为本身往往被看作是对政府和支配群

体反叛的表现。

二是理性的反叛阶段。被动群体的税收行为和对税收的认知不再简单取决于支配群体的状态，而更多地服从于其社会利益判断。

无论是哪一个阶段，对税收的社会认同状态都处于非认同。

在这一过程中被动群体模仿或排拒，会对支配群体的行为产生什么影响？这一社会流动过程又对税收行为和税收社会认同产生什么影响呢？

（二）被动群体的税收特征及其在社会流动中对税收社会认同的影响

1. 被动群体的税收特征及其社会流动诉求对其税收行为及税收社会认同的影响

如果被动群体有共同的税收行为特征和对税收的相同看法，有可能被急欲摆脱其所属群体的行为人摒弃。此时，如果逃税是社会达成共识的被动群体行为特征，对其群体身份的厌恶或急欲实现阶层跳跃的内在动力，会推动被动群体在努力实现社会流动的过程中摒弃之。类比这样的情形就容易理解：比如社会主流意识认为，某些类型的脏话是社会底层的特征，那么人们在急欲摆脱低地位群体时，会尽可能避免说这样的话。当然，克制说脏话的内在冲动，没有可支配收入的损失，而税收行为选择则伴随可支配收入直接的变化，所以其改变需要更强的激励。还有一种可能，即税收行为和对税收的看法不形成群体行为和看法的显著特征而被忽略。此时，支配群体行为对附属群体行为影响中不包括税收行为。

2. 被动群体的税收特征对支配群体的税收行为及税收社会认同的影响

被动群体的税收特征也会在一定程度上影响支配群体的税收行为和税收社会认同。如果税收是有效维度，为了标榜与被动群体的差异，支配群体有可能选择与其不同的税收行为与税收认知。

（1）被动群体的税收行为和税收认知是支配群体的负面参照。一般情况下，在现代国家中更为常见的是被动群体税收不遵从和非认同性认知，支配群体相应有意识地强化自己的税收遵从行为和认同性认知；但在前现代国家却更多地表现为相反的情形。正如在中国税收认同沿革分析中所指出，不交税曾经是贵族阶层的特权，昭示特权阶层的税收行为是不交税，这是当时的制度所支持的。到“两税法”推行以后，没有正式制度的支持，支配阶层仍然将不纳税视为其阶层特权的标识之一。但即便是缴纳税收是被动群体的税收行为特征的情形下，被动群体也并不会产生对税收的认同。此时，主动群体和被动群体对税收都是非认同。故税收社会认同处于非认同状态。

（2）被动群体的税收行为和税收认知侵蚀支配群体的税收行为和税收认知。同样地，这一税收行为和税收认知往往也具有非遵从和非认同的特征。从经济人立场看，税收遵从行为产生的直接效用是可支配收入减少。在阶层流动过程中，被动群体的税收行为和税收认知影响支配群体的税收行为和税收认知；而从社会人立场看，被动群体负面税收行为和税收认知是否侵蚀支配群体的行为和认知并最终形成社会一般性行为和认知，正如前面在税收社会认同形成的研究中所指出的，当然并不简单地取决于经济人立场上的成本收益权衡。

四、群体税收行为和认知对税收社会认同格局的影响

综上所述，群体税收行为和对税收的看法会影响税收社会认同格局，并最终影响税收制度的变迁——有可能是显性的，但更常见的情形往往一开始表现为隐性。以下为群体税收行为和认知在社会流动中对税收社会认同的影响（见图5－7）。

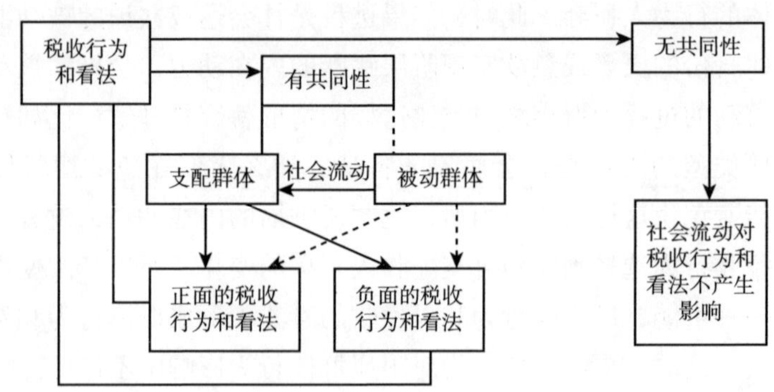

图5－7　群体税收行为和认知在社会流动中对税收社会认同的影响

图5－7中实线表示逐渐形成的税收看法和行为。可以看出，如果支配群体具有正面的税收行为和看法，经由社会流动，正面的税收行为和看法进一步凸显；反之，如果具有负面的税收行为和看法，经由社会流动，负面的税收行为和看法被强化而不断增长（所谓失范的示范效应）。而虚线表示所属群体既存的看法和行为，逐渐弱化。

需要特别说明的是，被动群体的行为特征如果并不表现为社会流动倾向，而是坚守，那么被动群体此时的税收行为和看法便不会逐渐弱化。另外，税收及其社会认同又会影响社会利益格局、社会流动和社会变迁模式。

第六章　制度化利益与国家稳态利益[①]互动演化与税收社会认同

前面几章从不同角度分析税收社会认同的内涵、演化及其对税收行为的影响和税制社会认同的建构与范畴化过程及形成的基本格局。这一章将视角转向中国，分析在中国制度背景下税收社会认同与国家合法性认同的历史变迁及其基本特征。首先讨论中国制度化利益与国家合法化利益的冲突与协调，其目的是将后面的税制及其变迁的社会认同建立在中国社会及政治经济制度均衡与变迁的基础上。

第一节　制度化利益与国家稳态利益的冲突与协调[②]

国家认同危机是制度化利益及社会制度稳态均衡的最大威胁，其中非常重要的线索是税收制度及其社会认同状态。税收制度变迁无论主动还是被动既是国家认同危机的诱因，又是化解国家认同危机的手段。税收制度与税收社会认同变迁过程及历史沿革必须在国家认同变迁及国家稳定性利益与制度化利益的冲突与制衡中才能被更有效地解读。因此，分析中国税制及其变迁的社会认同问题，需要首先讨论国家认同变迁以及在演化过程中税收制度体系的变迁。

国家认同，简单说来，即对国家产生归属感。国家认同是税收制度认同的前提条件，代表国家的（不同级次的）政府，对其认同度影响税收认同及税收纵向和横向的权利界定。当然，税制认同也从不同的角度影响国家认同。

国家的统治即贯彻其被制度化了的利益和价值，而国家的稳定却又往往由普通民众利益所处状态的具体特征决定。普通群体利益诉求在一定程度上的满足，使国家（某一特定时点上的特定结构）具有存在的稳定性。因此，普通群体的

---

① 使国家处于稳定状态的利益。

② 本节部分观点经进一步研究作为阶段性成果，在专业期刊公开发表。

利益即可以被看作推动国家稳定性状态的利益。在一定程度上满足普通群体利益诉求和价值取向的前提下，国家才具有稳定性，即才有可能维系社会制度的稳定，满足制度化利益①。随着社会背景的变迁，不同群体的利益诉求和价值取向均会发生变化，其冲突与协调影响社会制度变迁与演化。在这一过程中税收社会认同变迁，并进一步影响税收制度体系的形成与变迁。

需要注意的是制度化利益并不简单等同于主流群体的利益和价值取向，而是具有主流地位的制度所诉求的利益和价值取向。二者之间的关系取决于特定的制度背景。

一、制度化利益与价值取向的演化

（一）中国历史上不同阶段的制度化利益诉求与价值取向

从利益结构和获取利益的资源结构，粗略地将中国历史上的利益诉求和价值取向分为四个阶段。这样的分类与中国主流的历史分段存在较大的差异，尤其是对近现代，忽略了鸦片战争后至新中国建立这一段历史的特殊性。除了分析的出发点不同外，主要还因为在这一段时期影响利益格局的因素太过复杂，而且大部分因素的影响不能向前推衍，不利于对演化路径的轮廓性归纳；而其向后的影响在后两个阶段的分析中有所触及。另外需要特别说明的是，由于国内学术界对中国历史断代中，“封建社会”的界定存在矛盾甚至是尖锐的冲突，所以在分析中不提奴隶制、封建制，而以分封制和郡县制代之。并忽略相关时代出现的一些突变性阶段，如五代十国。因此，这样的分析也是粗线条的，存在很多遗憾和不足，希望以后能有机会专章弥补。

1. 分封制时期的制度化利益与价值取向

本书所分析的分封制是专指具有西周典型特征的分封制。

（1）土地是这一时期具有主流地位的制度所诉求利益的核心表现形式。国王的地位通过土地彰显，即国王以土地分封划分权力范围。在这一过程中，通过分封土地的位置、大小等表达亲疏。而权力的重新配置过程同时也就是土地不断重新组合的过程，领主通过获取更多土地显示自己权力的扩展。中国的整个分封制统治过程莫不如此。

（2）这一阶段的社会制度化价值即土地和与土地相关的价值。厮杀征战、结盟毁约都是为了土地。土地是维持和扩张力量的核心，因此，也是这一时期制度化的价值取向。

---

① ［美］曼纽尔·卡斯特著．曹荣湘译．认同的力量［M］．北京：社会科学文献出版社，2006.

2. 郡县制时期的制度化利益与价值取向

（1）在中国秦汉以降至明清的绝大多数时期，制度化即具有统治地位的、历史因承的利益是在国家大一统的治理模式下的地主阶层（本质上，进入主流阶层的知识分子——士大夫也属此列）的利益。其具体的表现是土地对于个人财富和国家税赋的重要性。

需要首先界定地主阶层（或阶级，为了避免阶级这一具有固化色彩的词语在表达上容易引起的问题，后面的分析中多用阶层。只为表达中立的立场）。当提及地主阶层时，第一印象往往反应为：有土地的阶层。实际上地主阶层并不仅仅以是否有土地作为分界，还包括两个认定标准：是否有土地及进一步土地数量，即不是所有的土地所有者都是地主阶层。在这一以土地为主要生产资源的阶段，存在拥有极少土地，勉强维持基本生存的群体（这一群体数量有较大的波动——国家治理能力强，则数量较大；当国家治理能力变弱，土地兼并严重，则数量变小），并不属于地主阶层。地主阶层是指拥有一定数量以上土地的人组成的阶层。那么，这一具有临界意义的土地数量怎么界定？当对土地所有者而言土地不仅仅是解决基本生存需要的手段，而是以其谋求进一步的利益时，土地所有者便进入地主阶层。其核心是皇帝和进入（中上层）官僚体系的地主——进入，并不一定是土地所有者成为官僚，也可以指能够借助官僚体系的力量维系土地利益不受侵犯的土地所有者，包括赋税在内的土地利益出让也是有悖其利益与价值取向的。

（2）这一阶段，虽然制度化的利益仍然围绕土地，但由于国家治理模式的变迁，获取土地的力量更多表现为官僚体系中的相对地位。也就是说，这一阶段与分封制时期不同的是，土地的赋税意义成为国家治理中矛盾的焦点。因此，制度化利益的获得虽然直接附着在土地上，但却更多的依赖在官僚体系中获得的控制力，决定其收益能否有效逃避各种赋税（指国家的规范性征收）和非规范性征收。因此，加官进爵成为制度化的价值取向。即制度化利益以两个相互联系的途径获得：入仕以拥有土地的同时，土地的收益不受国家规范性或非规范性税费的影响或者影响不足以左右其收益。因此“升官→发财”，所具有的因果关系，使入仕和升官成为社会主流的价值取向。

3. 中华人民共和国成立至20世纪80年代的制度化利益与价值取向

（1）这一阶段，制度化的利益即围绕计划经济建立起来的利益关系。国家以计划分配资源，个体利益的获取是通过进入体制内，获得相应位置的方式。换言之，不同的位置计划配给不同数量和质量的资源。制度化利益表现为相应的位置所能获得的利益。如计划经济时期以行政级别为标准分配不同的生活用品和福利待遇，包括住房、医疗、（离）退休金差异等。更不用说与行政级别直接挂钩的工资。1956 年国务院全体会议第 32 次会议通过《关于工资改革的决定》，规定了行政级别与工作待遇的相应关系，也是对此后的分配制度具有决定性影响的规定。在此规定中，最高级别的工资与最低级别工资比是 21：1。自此，“级别”① 成为制度化利益的主要诉求对象②。

（2）制度化的价值取向也相应具有此特征。比如对“行政级别”的重视，这意味着在制度化的利益结构中获得了被认可的地位。其基本利益取向即是维护计划内的收益分配。而在这一阶段，这是唯一的主流价值取向。

需要注意的是，这一阶段表象上天翻地覆的变化背后仍然有一个一脉相承的价值取向——进入行政体系，这样便能获得被制度保障利益的身份。这是计划经济下，以单一主体——政府，确切地说，政府中的具有决断权的行政分配资源、决定利益格局的结果。

4. 现阶段：20 世纪 80 年代末至当前的制度化利益与价值取向

制度化利益与价值取向在中国现阶段具有过渡性或转折性的特征，结构和诉求指向较为复杂。也就是说，在这一阶段尚未形成一个比较成熟稳定的价值取向，因此，制度化利益也就表现为非稳定性和复杂性。这种复杂性又不同于一般的现代经济制度下的多元化价值取向。其制度化利益和价值取向既包括以市场关系为中心和基础的利益，如对产权及其收益的尊重，也包括计划配置的利益诉求和价值取向。这一阶段产权收益作为制度化利益的引入，一开始仅仅表现为利益取向，并逐渐演化为影响甚至左右价值取向的利益诉求。与此同时，仍难以摆脱上一阶段的一些利益和价值取向的特征。

（1）这一时期的制度化利益包括两类：

一是以产权为核心的利益。这里的产权为广义，不仅包括一般意义上有收益等权利的财产，也包括能够获得收益的有一定的垄断力的人力资源。其垄断力是指难以被替代，从而能在一定的时间、空间范围内及一定程度上获得较高的收益。

二是延续体制内利益。即进入体制内（后文简称行政体系）能获得的稳定利益。既得利益者被制度保障的利益仍然是这一阶段有吸引力的利益。具体表现在行政体系内所拥有的利益以及诸如事业编制内的利益和国有企业所拥有的垄断利益。从近年来公务员考试的热度中，可以看出这一利益取向的重要性并未被以

---

① 行政级别是指体制内赖以获得计划分配资源的位置。既包括官僚体系中的位置，也包括普通能获得计划内分配的位置，其中暗含了社会中行政序列上升的价值取向。

② 黄新原．1956 年的定级［EB/OL］．http：//www. gmw. cn/content/2004 - 12/21/content_150767. htm，2004. 12. 21.

产权为核心的利益所取代。此时体制内利益比前一个阶段更为复杂。在前一个阶段，体制内利益主要是以计划配置资源的方式获得。而在这一阶段更重要的利益是通过与行政级别和职位密切关联的方式在与市场经济的互动中获得利益。由于制度演进的渐进性，这类利益并不等同于设租寻租中的非法利益，有时甚至是被鼓励的行为。如在20世纪80年代到90年代全民经商热潮中，对政府行为边界界定较为含混，允许或者默许政府部门办实业所形成的非公平性竞争中获得的利益，也属于此列。

需要指出的是，这一时期虽然“行政级别”仍然是获取制度化利益的指向，但与上一个阶段比，除了上述区别外，还存在以下差异：第一，仅仅是一部分仍然在体制内的群体制度化利益中的一个组成部分。第二，同时，也仅仅是这部分群体收入的一部分。随着对其行为约束的刚性逐渐提高，体制内规范化收入与其总收入的重合度会增加。第三，更重要的即使是对这部分群体而言，他们也可以经由选择退出行政体系追求其他的制度化利益。因此，这类利益的重要性相对于前一个时期大大缩小，而且随着社会经济制度的变迁，这一类制度化利益将进一步缩小。

（2）这一时期制度化的价值取向。

第一，既得利益者的体制内收益和再分配中隐性和显性收益的价值认同，隐含地认为这类利益是社会稳定衍生的前提。行政体系中的行为人，其利益在现阶段仍然是被制度保障的利益。这类利益是前一阶段制度化利益的延续，但却有了非常明显的不同，从而价值取向变迁。一是显性的外延变迁。其基本特征是，范围缩小。在前一个阶段，这一类制度化利益涵盖几乎所有的资源，体制外基本不存在能维护基本尊严的利益和价值取向。而在这一阶段，在体制内的范围缩小的同时，人们在体制外，也能获得被主流社会认同、尊重甚至倾慕的利益；二是隐性的内涵变迁。这一变迁也许比其外延的变迁更为重要，即体制内曾经被认为是理所当然的利益，受到质疑和拷问。如其享受的特权和对公有资源包括对税收的占有和绝对性支配权具有了越来越可疑的特征。这一内涵变迁，使利益和价值的平衡与调和指向新的方向——产权收益和价值认同。

第二，对于产权收益价值的认同。认为这类收益是当前主流经济制度良性运行的必要基础。与上一类价值取向不同，产权收益价值认同具有前瞻及“理当如此”的意义。

（二）中国制度化利益及其价值取向变迁的路径和成因

1. 中国从分封制时期到郡县制时期，制度化利益变迁的动力是化解分封制时期面临的争夺土地的战乱和分裂

这两个时期，土地都是获取制度化利益的核心形式。但由于国家治理模式的差

异，分封制时期土地的获得主要依靠（制度内的）分封和（制度外的）争夺（战争）。而郡县制时期土地的获得兼具政治和经济特征——一方面可以凭借所拥有的、在官僚体系中所具有的势力，强占土地；同时，在一定的程度上也可以利用经济力量赎买土地。在分封制时期，诸侯争夺土地，获取土地利益的行为，使国家陷于战乱和分裂之中。应对此而衍生成的郡县制，国家治理重点解决的问题是抑制争夺土地的战争和分裂，以实现国家或者中央对地方的有效控制。因此，经由政治治理制度的变迁，郡县制时期虽然制度化利益仍然附着在土地上，但获取土地的力量变为规范化具有持续性的治理中对政治地位和经济赎买力的追求。

2. 从郡县制时期过渡到社会主义计划经济时期，变迁的最核心的动力是解决国家存亡问题

具体说来，即中华人民共和国成立到计划经济体制建立和运行的时期。在这一时期，面临的核心问题是“百废待兴”。其基本的政治和经济格局在这一过程中发生了翻天覆地的变化，从分裂到统一，并希望利用制度构建增强国家对资源的控制力。这一变迁过程是断裂式的巨变，虽然国家以计划治理的过程中对旧有的秩序仍有所延续——如获得制度化利益的水平与行政级别的高低直接相关，但其核心利益体系却已发生根本性改变。

3. 从计划经济时期向市场经济过渡的阶段及至当前具有市场经济基本特征的时期，变迁的动力是化解在计划经济时期资源配置中的低效率

计划经济时期，所有的资源经由计划配置，因此将个体行为诱向对行政级别和行政性配置能力的追求，使经济发展处于停滞状态。希望引进一种制度性力量消解指向行政过程权力的价值取向，推动经济发展。这一过程具有逐渐演化的特征。

上述四个阶段制度化利益和价值取向及其变迁路径与成因的基本情况如表6-1所示。

表6-1 制度化利益及其静态成因与变迁动力

阶段	获取利益的核心资源	静态成因	变迁动力：前一阶段面临的问题和矛盾需要化解
第Ⅰ阶段	土地	财富几乎唯一地附着在土地上	
第Ⅱ阶段	土地及官僚体系中的地位	财富和国家税赋几乎唯一的（被制度约束）附着在土地上	国家治理格局的变迁：分封制分裂的内在动力引致的非稳定性，推动治理模式变化

续表

阶段	获取利益的核心资源	静态成因	变迁动力：前一阶段面临的问题和矛盾需要化解
第Ⅲ阶段	行政级别	计划经济以行政级别为政治经济身份的核心	社会的核心矛盾和解决核心矛盾的方法变化
第Ⅳ阶段	产权与行政级别	政府对资源的配置减少，从越来越多的领域退出	经济制度的逐渐改变

为了叙述方便，将上述四个阶段称为第Ⅰ阶段、第Ⅱ阶段、第Ⅲ阶段和第Ⅳ阶段。

二、国家稳态利益与价值取向的演化

与制度化利益和价值取向相对的是国家稳态利益和价值取向。即使国家能够获得最基本层面上认同的利益格局中，获取制度化利益之外群体的利益和价值取向。因为如果其利益诉求未能得到最低限度的满足，国家认同就会出现危机。所以，国家稳态利益和价值取向一般是指非制度化利益群体的利益诉求和价值取向。下面的研究中，国家稳态利益即指群体的利益。

（一）非制度化利益群体的利益诉求和价值取向

1. 在分封制时期，未获分封的民众的利益诉求与价值取向

这类群体或沦为受封领地内的没有人身自由的劳动者，或成为没有资源仰仗的自由民，基本利益诉求或者是维持现有状态下的基本生存物质的满足，或者谋求对土地的占有。后一种利益诉求，几乎没有制度内的路径（除了当特定事件发生，如战争，通过建功获得土地）。这一阶段，通过层层分封的治理模式，支配群体中的每一个体实际治理的疆域非常狭小，并对之具有较强的控制力。但另一方面，每个治理单位之间——无论是横向还是纵向——激烈的竞争是这个时期失衡与动荡的主要成因。

2. 郡县制时期，未能拥有土地和进入官僚体系的民众的利益诉求与价值取向

不能进入官僚体系、不能拥有土地或土地拥有量少到仅仅能、甚至难以维持基本生存的群体，面临的最大的生存威胁来自国家的赋税和徭役。其基本利益诉求是在既存的利益格局中维系其基本生存，和进一步希望获得土地或进入官僚体系。被动群体不仅期望更多的来自土地的收益，更希望具有能够规避国家具有很大不确定性从而也缺乏公平性的税负。获得土地，从制度表象看，有两种方法：用经济手段或非经济的手段即依托官僚体系。在国家统治力量正常发挥作用的时

期，土地往往是不能自由买卖的，获得土地主要的手段是入仕；而当国家统治力衰微时，工商业发展，土地交易频繁，但土地产权却很难被保障。这一阶段，进入官僚体系是非制度化利益群体获得制度化利益，并被主流价值认同的、几乎唯一的路径（见图6－1）。

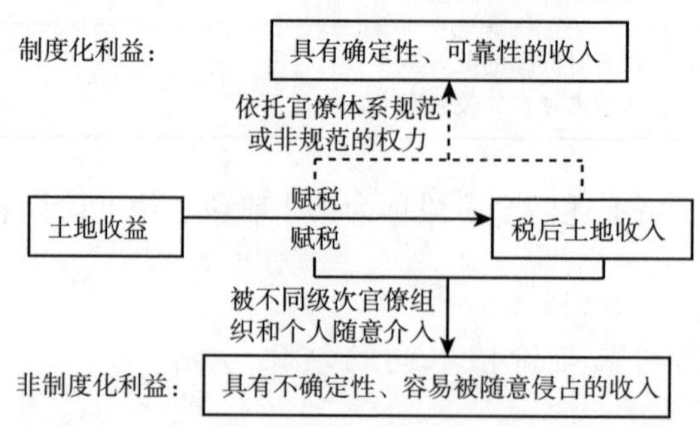

图6－1　土地收益：赋税影响制度化利益与非制度化利益形成过程

图6－1中的虚线表示赋税对土地收入影响较小的同时，税后土地收入几乎不受非规范性侵扰。因此，看起来都是土地收益，但其收入的确定性保障程度却存在很大的差异。引起差异的根本性因素是土地所有者是否进入官僚体系或者获得了官僚体系的特殊保护。否则，即使机缘凑巧拥有大量土地，其收益和产权保有也具有很大的不确定性。即未能进入官僚体系，个体对大量土地的拥有是非稳态的。

换句话说，如果非制度化利益落入合宜的值域内（最低限度是维持基本生存），进入官僚体系以谋求制度化利益的桥梁是通达的——即使机会渺茫，但只要未曾断裂——社会便是稳定的。纵观这一时期，进入官僚体系的科举制度一直稳定运行，主要的动荡是由最低限度的非制度化利益被剥夺引致的。

3. 中华人民共和国成立初期到20世纪80年代中期，非体制内或者体制内民众的利益诉求与价值取向

这一群体主要的利益诉求和价值取向仍然是能获得生存的物质和社会身份与尊严。

（1）这一群体最具典型代表性的是农村居民。在这一时期，无法享有大多数体制内的按计划分配的物资，例如按比“市场”（相当部分时期表现为不被承认的“黑市”）价格更低的价格购买生活资料、居住租金低到几乎仅具有象征意义的房子、享受国家提供的医疗保障（农村的合作医疗所能享受到的福利远低于此）等。对于农民而言，其基本的利益即农业收入。基本的价值取向则为对城市和体制内职位的向往。

(2) 除农民外，这一群体还包括城镇中不在体制内的人。即没有“正式工作”的人。其基本利益诉求仍然是获得生存所需要的物资。但具体的指向却具有很大的不同——主要是获得临时性工作，包括不被主流社会接受的做小生意、贩卖等自谋性职业。其价值取向与农民相似。

4. 现阶段，非制度化利益群体的利益诉求与价值取向

由于社会制度背景的演化，非制度化利益群体的构成变得前所未有的复杂。包括随着体制内群体范围的缩小，大量从过去体制内出来的民众及原有非制度化利益群体——农民和城镇体制外居民。具有代表性意义的是从农村土地上溢出的剩余劳动力及在国企改制中分离出来的群体。其主要的利益是制度背景变迁中获得的一开始微不足道的、未被公开正式承认的资源和收益。如小商小贩、在工地上寻找机会的农村劳动者的收益。这些利益往往是微小而不确定的。但由于这一阶段所具有的过渡性特征，这一利益和价值取向本身就会被诱向正在形成的制度化利益——产权收益。小本经营因循制度留下的空当具有成为规模更大、形式规范（被制度化规范认同）的获利形式，从而实现向制度化利益转化。

（二）非制度化利益群体利益诉求与价值取向的基本特征和变迁

非制度化利益群体不能拥有（或者数量少到未能达到临界点）获取制度化利益的资源，不同阶段分别表现为不能拥有土地、不能进入官僚体系、不能进入体制内及不能拥有一定规模的产权。其基本利益诉求与价值取向包括两个维度，一是获取非制度化利益的同时，努力追求制度化利益指向的资源，二是寻求未被制度认可的利益。如果其所获得的被动利益数量和质量被认为是合宜的或在制度内追求制度化利益的行为具有可行性（尽管也许概率很小），那么制度化利益与国家稳态利益的调和与平衡便是可能的，社会处于较为稳定的状态。如果非制度化利益与制度化利益之间所形成的社会利益格局是极度失衡的，同时追求制度化利益的通道是窒塞的，那么非制度化利益群体的利益诉求更多地被诱向寻求未被制度认可的利益。此时，当维护制度利益的力量比较强大时，便能暂时抑制对未被制度认可利益的追求。但当维护制度利益的力量失控或国家治理能力下降，则会引致社会的动荡或社会制度变迁。具体利益诉求及其演化过程见下图 6－2。

三、制度化利益与国家稳态利益的平衡与协调

制度化利益与国家稳态利益的平衡与协调是社会稳定运行的前提条件。国家获得认同，既存的社会制度才能稳定运行。而在任何社会制度体系中，能够长期稳定地、最大限度地获得制度化利益都是其制度诉求。其前提是，非制度化利益群体的利益能够维持在一个合宜的范围内。过小，国家认同危机，被动群体利益

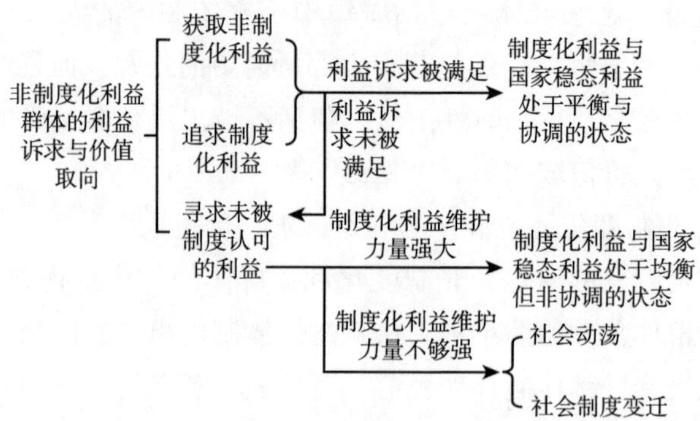

图 6-2 非制度化利益群体利益诉求及其演化过程和影响

满足程度过低成为其突破制度约束行为的诱因；过大，则会侵占制度化利益，引致利益失衡。二者如何平衡与协调？制度化利益的获得，以非制度化利益群体利益一定程度上的满足为前提；而非制度化利益群体利益的满足则以制度化利益不受超过一定限度的损害为前提。

概要地，制度化利益与国家稳态利益的平衡可以归结为两点：第一，被满足的非制度化利益值落在合宜的值域内。第二，非制度化利益群体有获得制度化利益的通道。在现代制度下，形成均衡的治理体制中，制度化利益与国家稳态利益在社会利益格局中的状态未必令人满意但至少是可以忍受的。下面概要分析在中国不同时期制度化利益与国家稳态利益的冲突与协调。

（一）分封制下，制度化利益与国家稳态利益冲突与协调

分封制下，从整体上看有两种力量影响国家的状态——君主对诸侯的控制力及诸侯之间的力量对比。当前一种力量非常强大的时候（如周朝的前三百年），以土地王有制为基础，利用严格的等级制度和朝贡制度界分诸侯的权利义务，维系国家的统治。而当君主威仪式微无法约束诸侯的行为，社会平衡与协调仰赖于诸侯之间力量制衡，这是经常被述及的分封制下国家治理力量与变迁视角①。然而，从更为微观的视角看——统治和被统治者之间的均衡如何实现，即制度化利益与国家稳态利益的制衡与变迁，是讨论社会变迁时更为重要的问题。

也就是说，朝贡与征战都是制度化利益的表达手段，（宽泛意义上的）国家稳态利益即社会非制度化利益群体最根本的利益表现为什么？隐藏在那些朝贡与征战背后的是非制度化利益群体谋求基本生存需要的利益诉求如何同朝贡与征战

① 张元城．西周分封制与君主专制关系初探［J］．河北师范大学学报（社会科学版），1995（4）：115-118.

这样的制度化利益表达手段协调？被等级和宗法制度控制的社会底层，其与社会统治阶层之间相互关系的稳态是人身依附。因此，具有工具属性的社会底层的利益被限制在几乎不具有弹性的基本生存需要。当这一利益诉求被满足，其工具性职能便能发挥作用，使制度化利益的获取成为可能；为了获取制度化利益，也必须满足社会底层的工具性职能的基本生存需求。这即为分封制下的均衡。

（二）郡县制下，制度化利益和价值与国家稳态利益与价值的冲突与协调

地主阶层与非制度化利益阶层的利益冲突直接表现为赋税及徭役制度。这既包括统一制定赋税制度中的赋税与徭役，也包括形式和名目各异的附征。表象上看，自唐代的“两税法”后，官僚（大）地主不再享受免征赋税和徭役的特权。但实际上，如前面所分析，通过各种手段这项特权或显性或隐性地被延续。这一阶层的利益既包括规范或非规范地免除或部分免除赋税与徭役获得的收益，也包括从赋税和徭役中获得的额外的好处。而作为非制度化利益群体，在这样的制度框架下，基本利益诉求是在各类赋税和徭役之下，能维持基本生存所需要的土地产出和劳动收益不被剥夺。缓解二者利益取向的矛盾和价值冲突，以达到国家治理稳态衍生及社会利益被不同阶层认同的，是赋税徭役制度的调整和阶层之间被认同的固化与流动。

1. 赋税徭役制度引致的利益失衡与调整

赋税徭役制度的调整主要发生在国家制度化利益与价值和国家稳态利益与价值冲突严重的时点上，这样的调整往往既是因又是果。其过程与变迁如图 6 – 3 所示：

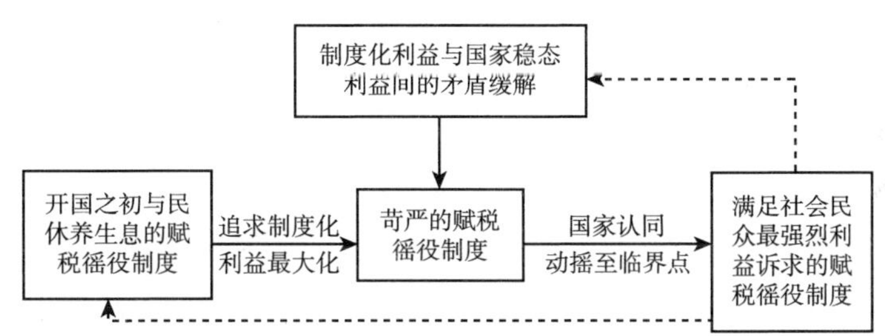

图 6 – 3 赋税徭役制度引致的利益失衡与调整：过程与结果

图 6 – 3 中有两点需要特别说明，首先，满足社会民众最强烈利益诉求的赋税徭役制度的具体形式构建取决于当时具体的利益冲突形式。如果利益冲突凸显为杂税过多和征收过程负担过重，则缓和矛盾的制度变迁往往表现为以税制简并为特征的变迁。历史上有名的税收制度变迁大都如此，如“两税法”“一条鞭法”“摊丁入亩”等。另外，此时的赋税徭役制度及其变迁与开国之初具有相似

的目的——缓解矛盾，确立国家治理的社会认同。但制度已经发生了难以逆转的变化。此时，受既存制度化利益所有者的钳制，只能是局部、“头痛医头，脚痛医脚式”地调整。

其次，图中的虚线表示该过程具有不确定性。赋税徭役制度的变迁可能是制度化利益与价值取向和社会民众的利益与价值取向达成一定程度的“和解”，认同问题不足以引致重大的社会冲突，直至再演变为苛严的赋税徭役制度（具有必然性），并再一次调整，最终出现社会不可调和的重大冲突，王朝崩塌，并再一次建立下一个王朝，施行开国之初与民休养生息的赋税徭役制度。

2. 阶层之间的固化与流动对制度化利益与国家稳态利益间冲突的缓解与激化

阶层之间被认同的固化与流动的形成，当然是一个漫长的过程，与社会的基本伦理道德和伦理道德赖以存在的基本经济制度密切相关。在分析中并不打算也不可能详尽解读这一过程。

概要地看，在这一阶段固化的阶层利益与当时社会的主导利益密切相关。这一阶段土地是最为重要的经济资源，阶层固化的、以土地为载体的利益是国家治理的基础。社会阶层利益固化的同时，阶层间收益差距巨大的格局能够被维持，除了因承历史和习惯，还有一个更为重要的原因——阶层的流动。通过阶层间一定程度的流动，使制度化利益和国家稳态利益实现一定程度的共享。郡县制时期阶层间的流动，有两种主要的方式：一是经由科举入仕，二是通过买卖获得土地。通过前面的分析可知，阶层之间实际上只有一个非常含混的界限——土地的数量和获得土地收益的稳定性与确定性。而土地买卖是实现阶层流动的隐含的方式。一个未能入仕的中等之家，有几亩薄田，能累积世之力成为在地方利益格局中有一定影响的地主，其面临的问题是，在往往表现为无序的苛征之下能维持基本生存的同时，有余力增加土地购买，还能稳定地维系其对土地的所有和收益。这样的可能性较小。另一种方法科举入仕成为实现阶层流动的非常重要的但仍然是小概率的途径。虽然概率较小但这种可能性本身和为社会民众留下维持基本生存的包括赋税在内的分配制度，是平衡和协调制度化与国家稳态利益的核心。

（三）中华人民共和国成立初期到 20 世纪 80 年代中期，制度化利益和价值取向与非制度化利益群体利益与价值取向的冲突与协调

（1）这一阶段制度化利益和价值取向与非制度化利益群体利益与价值取向的冲突表现为在来自计划内的利益与体制外群体利益冲突。在计划经济体制下，城镇体制外人员往往被认为是临时和零星的存在，将随着社会主义建设的不断推进而消解。对农村居民则是完全不同的问题——如何解决社会经济发展所需农产品与农业生产的矛盾中，兼顾农村群体的利益。因而，最主要的做法是调整税负到其可以承担的程度。

（2）为了缓解制度化利益与非制度化利益群体利益之间的矛盾与冲突，面向城镇体制外居民与农村居民有两个相通却各有侧重的方法。

一是将农民、农业、农村对工人、工业和城市的奉献提升到关系国家存亡层面的同时，给予农村居民向城镇流动的渠道，包括招工、参军、考学。也包括非正式的阶层流动渠道——婚姻；

二是对体制外的城镇居民，其获取资源的工作往往处在“灰色领域”，如家政、缝补浆洗等。同时，让其有同样的招工、参军、考学的机会。

（四）20世纪80年代末至当前的制度化利益和价值取向与国家稳态利益和价值取向的冲突与协调

将产权收益引入制度化利益，缓解了计划经济制度面临的矛盾与冲突，具有平衡与协调制度化利益与关系国家认同的民众利益的作用。这也在一定的程度上向我们展示了基于矛盾激化（在第三阶段二者矛盾的激化并不主要表现为直接的冲突，而是表现为经济发展失衡和凋敝）的平衡与协调的利益调整选择，可能正好是下一个“阶段”制度化利益的内涵——对产权收益的被动承认，一开始只是为了协调计划体制带来的经济发展停滞和失衡，却最终演化为现阶段最重要的制度化利益之一。传统体制下制度化利益与被动群体利益冲突难以协调时的演化（见图6-4）。

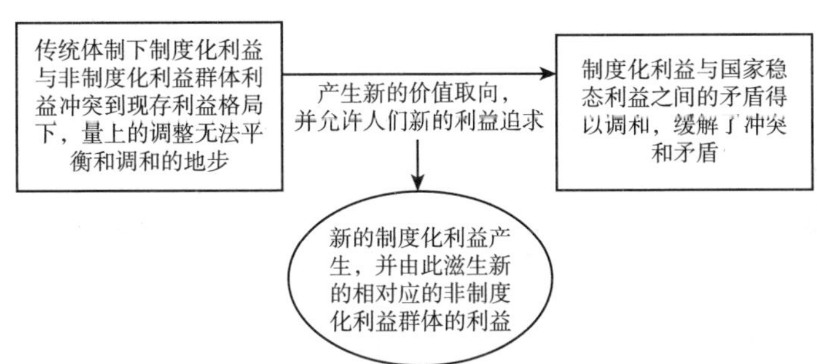

图6-4　传统体制下制度化利益与被动群体利益冲突难以协调时的演化

到这一阶段，制度化利益的调和具有多元化及难以逆转的特征。

（1）多元化即意味着，社会流动的通道不再仅仅由制度化利益获得者单方面界定和左右。当然这一利益团体通过包括税收在内的制度界定仍然具有非常重要的影响力，但利益对立双方具有了一定的博弈制衡的力量。过去自上而下的规则强加并因此影响阶层流动的格局发生着变化。

（2）难以逆转是指前面两个阶段利益的平衡与协调指向国家治理模式的回归。而第三阶段的制度化利益与国家稳态利益协调却被诱向一个新的制度结构。而不是重回第三阶段开始时的利益格局。

讨论中国制度化利益与国家稳态利益的冲突和协调，是为了进一步讨论稳态利益与税收社会认同之间的相互关系。需要注意的是，下面对国家认同的基本界定与税收社会认同分析的背景是，制度化利益与国家稳态利益所处的状态。

第二节　国家认同对税收社会认同的影响

制度化利益与国家稳态利益的协调是国家认同产生的前提条件。在这一前提下，进一步分析国家认同的特征、与税收社会认同的关系及其对税收行为的影响。

一、国家认同的层次及研究的基本维度

（一）国家认同三个层次的基本界定

国家的认同有三个层次，三者之间互相关联且不完全相同，各有侧重点。

（1）国家的合法性可以界定为国家所呈现出的或社会所认为的国家的基本理念与社会重叠共识一致。即国家的行为和行为的出发点符合社会的重叠共识，如符合“公平”“正义”等社会重叠共识。

（2）从实践层面看，国家的认同是公民对国家公共权威的认同。包括公共权力的产生和行使的合法性（从更为开阔的历史眼光看，不仅仅是符合法律规定）[①]。民族文化正当性、法律正当性及社会经济正当性是国家认同和权力有效性的基石。社会背景的差异，使某一特定制度体系下，社会的主要矛盾不同。因此，这三者在不同的强度上被彰显。在某些极端的情形下，某单一维度的正当性具有压倒性的迫切性而被彰显。

（3）从建构层面上看，国家的认同是由组成它的诸制度各自的合宜性及制度体系的效能彰显的。需要强调的是，诸制度的认同对国家认同的影响方向和权重是不同的，也会随着制度背景的变化而变化。

（二）国家认同变迁影响因素分析的两个维度

国家的认同在不同的社会制度背景下，其内核存在差异。即虽然国家认同具

① 张健一．现代国家认同与国家权力合法性分析——兼与徐勇教授商榷［J］．东南学术，2008（2）：156－163．

有其基本的稳定内核，但在不同的制度背景下，判断国家合法性的因素存在差异。

在中华人民共和国成立之初，我们以民族和国家的兴亡为号召，形成特定的（主流）文化气氛和行为判断标准，借此形成共同的社会经济利益，此之谓这一时期国家和诸制度合宜性认同的主要基础。而在今天向内指向的行为判断凸显为影响行为的核心力量，宏大的国家民族话语退隐为若隐若现的背景，国家认同在制度变迁中，需要从两个不同的维度观察国家认同的均衡与变迁。

一是横向维度，即静态分析。除了上述主流共同社会利益形成的认同外，还存在许多不同指向的被忽略的利益及其认同。在主流社会认同借助强有力的制度性工具对国家和诸制度形成唯一合宜性界定时，其他利益无法形成能被凸显、更不用说能被承认的影响。这类边缘化的利益和认同指向，从静态看表现为静默、喑哑。

二是纵向维度，即动态衍生。各种社会利益、文化和地域性在国家的演化中，其微妙的均衡越来越难以维持，那些被压制的认同有可能成为新一轮制度变迁的推动力①。

这两个维度都会影响国家和社会制度的合宜性认同。

（三）国家合宜性认同的影响因素

国家静态结构由各种类型、各个层次的组织机构构成，同时也是一系列正式制度的有机结合，其合宜性在不同的社会背景下有不同的特征。

1. 前现代国家合宜性认同具有与其社会制度相对应的特征

此时，社会制度通过自上而下的方式构建和运行。国家合宜性认同，既受自上而下的国家可控的因素的影响，也受自生自发的难以控制因素的影响。

（1）经由自上而下的理念的灌输，形成国家合宜性的基本观念，如天赋统治权。

（2）制度化利益与国家稳态利益的均衡与协调而形成的社会共同利益。无论什么样的关于国家合宜性的观念，国家合宜性认同都必须建立在制度化利益与国家稳态利益的基本均衡的基础上。在这一均衡状态下，必然衍生出满足重叠共识的社会共同利益，对社会共同利益的满足是形成国家认同的前提条件。这一社会共同利益有时表现为倾向于制度化利益，有时更倾向于国家稳态利益。本质上是被重叠共识和特定社会背景下最为迫切的利益左右，如外敌入侵，国家安危便

① 受《认同的力量》的启迪：［美］曼纽尔·卡斯特著．曹荣湘译．认同的力量［M］．北京：社会科学文献出版社，2006.

成为最迫切需要面对的、社会共同的利益。

(3) 自上而下灌输的国家合宜性理念与非制度化利益群体的自发性认知之间相互渗透演化，逐渐衍生出阶层之间相互融合与谅解的利益。这也是制度化利益与国家稳态利益的稳态均衡利益进一步演化的结果。

2. 现代社会国家合宜性，其基本的影响因素与前现代国家相同。但实现的路径和形式特征存在不同。形式上，现代国家认同是经过多数人的同意获得，实质上是对形成重叠共识的基本权利的认同且能通过有效的路径获得保障。

从当前状况看，大多数现代国家的合宜性认同逐渐从抽象走向具体；从精英阶层走向普通民众；从更多地依赖于上层政府转化为更多地依赖于基层的地方政府。权力不再仅仅集中于机构（如国家）、组织（企业）和符号的控制者（公司制媒体、教会）之手。它越来越多的受各种微观主体和力量的影响，即所谓微权力。自上而下灌输的理念对国家认同的影响大为下降，曾经被忽略的边缘化的利益有了表达和被认知的机会，国家认同的影响因素多元化。

二、国家认同与税收社会认同的关系

具有合宜性的国家必须满足在制度化利益与国家稳态利益均衡演化中，衍生出符合重叠共识的社会共同利益。作为组成国家的诸制度之一的税收制度也必须符合这一社会共同利益的要求，这是税收社会认同形成的现实性的前提。而上述两个维度对国家和诸制度影响的分析，从笔者研究的主旨看，是希望能准确界定对税制认同及其变迁的影响。同时，在现代社会国家合宜性演化中，在各种力量变化、边缘化利益有了被表达和被认知的机会时，税收及税收制度的合法性认同将如何变化？

（一）国家认同三个层次与税收社会认同的关系

1. 税收制度及国家合宜性所包含基本理念与重叠共识的一致性对二者关系的影响

如果税收制度体系及规范和国家合宜性包含的基本理念都与社会形成的重叠共识具有一致性，则税收认同能够强化国家认同。反之，情况则比较复杂。

如果税收制度体系及规范不符合重叠共识，而国家的行为和构架符合重叠共识。从静态看，税制认同危机不会直接危及国家认同。如果表达渠道通畅有效、集约有效，纵向维度上会推动税制体系和规范的变迁，提高其认同度。而如果不能有效表达和集约，从长期看使社会利益均衡及文化和地域性利益均衡被打破，并最终影响国家认同。在不同的制度体系下，传递税收认同危机的方式是不同的。但无论如何，不符合社会重叠共识的税收制度构建无法获得社会认同的同时，纵向维度上以不同的路径和方式影响国家认同。

20 世纪 80 年代的中国，国家与民众推动经济发展的强烈愿望，使某些与今天规范的税收制度有明显差异的制度得以推行和施行，包括中外纳税人、沿海特区与其他地区及东部与中西部的非均衡性税收负担等税收制度体系。这既与国家认同的强烈惯性相关也基于中国当时制度体系的特征。更为关键的是，与当时社会背景下对经济发展强烈诉求的重叠共识达成一致。国家认同度高，民众对（代表国家的）政府有较为充分的信任，民众依照惯性遵从税收制度。而随着经济快速发展，税收制度的问题逐渐凸显。此时，税制变迁的意愿转化为对国家合宜性的看法。从时间维度即动态看，税制的不认同指向如果无法在制度内解决，往往以制度外行为如逃税代替制度内行为①（当然由于税收行为影响因素的多样性，不可能完全以制度外行为代替制度内行为）。

在税制被判断为“公平性存在缺陷”的前提下，如果既存制度没有通畅的表达和集约渠道，在失范行为的示范效应下，可能影响国家的认同。具体衍生过程如图 6 – 5 所示。

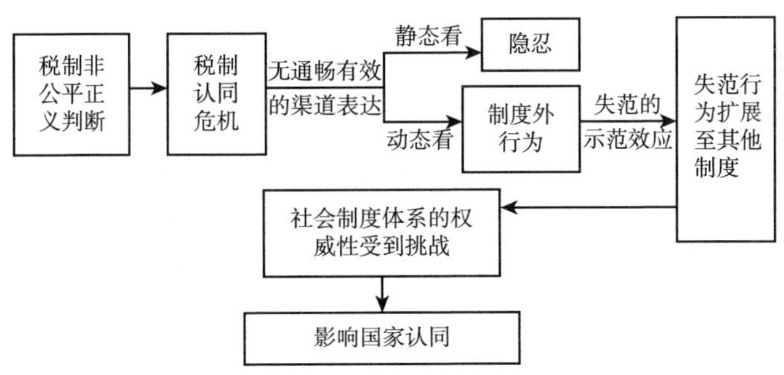

图 6 – 5　税收制度社会认同对国家认同的影响

图 6 – 5 中，需要进一步说明的是，如果税收意愿表达渠道是通畅的，往往不会出现税制认同危机。同时，扭转税制认同危机的关键也是税收意愿表达渠道通畅、集约有效。而在税制非公平正义判断与税制认同危机之间并没有直接的因果关系，受正式制度与非正式制度中诸多的制度因素影响。前面有详尽分析，这里不赘述。

中国改革开放四十年的税制演进过程也充分说明了“税制公平性判断与税制认同危机和国家合宜性认同危机之间并没有直接的因果关系”。在中国 20 世纪 70 年代末开始的税制渐进式变迁过程中，很多阶段的税收制度都存在一定的非

① 焦耘．逃税制度化衍生：路径、成本及对策［J］．当代经济管理，2008（6）：10 – 13.

公平问题，但并未因此而形成国家认同的危机。从中国的具体情况看，初期探索性税制构建，虽然有失规范，但并不影响个人福利，所以并不触动公平性判断；而后税收虽成为个人福利的影响因素但因经济快速发展的同时，社会总福利水平急剧提升，相关社会福利制度不断完善，加上民众税收意识不强，税收的非公平性并未凸显为激烈矛盾；随着税收从社会认同的边缘维度向核心维度过渡，税收制度体系及其变迁过程走向规范化。所以，在中国税制体系演进中，因为与社会背景诸因素的契合，进一步推进了国家认同。

2. 不同层次的税收制度认同对国家认同的影响

（1）税收产生和行使的合法性对国家认同的影响。

①税收制度产生的合法性，通俗地说，即税收存在的必要性。从本源上讲，当然是为了获得群体（广义，可以是人类早期的部族，也可以是今天的国家）延续与发展的必要但个人或自发机制无法有效率提供的物品——公共品。也就是说，国家所拥有的税收制度权力是私权利无法维系社会良性运行而让渡的。而国家的产生和存续，从本质上看也是为了提供这一类基本意义上的公共品，这是国家合宜性的根源。因此，税收产生的合法性其实也就强化了国家存在的必要性，强化了国家合法性认同。在这个意义上，现代社会制度背景在纵向维度上几乎可以说是一以贯之地认同这样的合宜性。

②税收制度运行中的合法性，正如国家的合宜性当然不仅仅是指符合法律规范，其实质是为了某一具有合法性目的而构建的税收制度，是否能恰当地行使其职责以达成其合法性目标。国家的公权力包括税收的公权力，其产生的合法性如何使税收制度在行使中获得认同。这样的结果是，因为国家制度构建整体处于均衡甚至耦合状态，同时也能进一步强化国家公共权力行使意义上的公共权威进而提高国家认同。

税制运行的合法性认同问题往往反过来影响其产生的合法性认同，并最终引致对公共权威的承认或质疑，进而影响国家认同。在中国前现代社会中，出现国家认同危机甚至朝代更迭往往直接源于税收制度权利行使引致的税制合法性认同危机：税收制度从其构建看，即使是在前现代社会肯定也是以推动国家的存续为前提，但在运行中，或者其他制度缺陷引致其变形而背离初衷，或者为了满足某一特定时点上无法变通的需要而不得不放弃长期利益诉求，从而使社会对这样的让人们失去基本生存可能性的税收制度存在的必要性产生质疑，并因此影响国家认同。

例如在明朝初期，基于前朝的教训，希望能以最低水平的赋税满足国家运行的需要，但由于两个原因而出现问题：第一，经济发展水平低下，负担程度太低的税收无法满足政府基本行政的需要；第二，其他制度的缺失，如对官僚行为缺乏硬性约束的制度支持、税收不具有对征收者而言的刚性等，使基于良好愿望的低税负税收制度演化为制度化的几乎可谓没有边界和底线的苛捐杂税，从而背离低税负税制构建的初衷。而在朝代末期，为了应对内忧外患，横征暴敛成为一种不得已的税收运行方式。这二者的共同作用，让税收制度在行使中的合法性逐步消失殆尽，并最终出现国家认同危机，最终间接（但却具有决定性意义）引致朝代更替。

（2）税制认同在国家获得民族文化正当性、法律正当性及社会经济正当性中的意义及其对国家认同的影响。

在国家合宜性实践层面的分析中指出，民族文化正当性、法律正当性及社会经济正当性是国家权力合宜性和有效性的基石，税收制度认同经由影响这三个层面而影响国家认同。

①民族文化正当性，即国家权力在民族文化中获得认同和存在的正义性。在世界上不同的包括文化差距巨大的东西方国家，民族文化正当性的产生伴随税制的发展。而这一发展过程因循不同的路径。民族文化正当性是国家权力产生的前置条件。也就是说，国家权力是建立在民族文化对权力的基本内核与指向认同的基础上。仔细梳理发现，虽然现代国家在表象上大多有相似的构建，但在这一表象的后面，由于民族文化及民族文化认同指向的差异，国家权力呈现非常大的差异。例如，同样的民意表达和集约，在中国和主流西方国家表现出巨大的差异。税收制度结构的具体特征也与民族文化密切相关。中国西周时盛行的井田制中所传递的守望相助的文化期待当然不同于西方长期以宗教为号召的“奉献”[①]。换句话说，不同的民族文化认同和包容不同的国家权力内涵和结构及不同的税收制度[②]。因此，税收制度民族文化认同状态影响国家权力认同，进而影响国家权威并最终影响国家认同。

②法律正当性，即国家权力在法律上获得认同和存在的正义性。现代国家权力必须在法律框架下运行（当然由于制度背景差异，具体的过程和约束机制及其衍生路径存在巨大差异）。其正当性受法律约束，即如果国家权力超越法律的界定设置和行使，就丧失了正当性。税收制度作为国家公权力的组成部分，其设置和行使是否在法律框架内，影响国家权力法律正当性判断，从而影响国家权威并

① 这两种税制从存续的时间看不具有可比性。但从制度背景的实质看，均为分封制时期，其税制比较具有重大意义。

② 关于税收制度与文化等非正式制度的相互关系见：焦耘．制度经济学视野下的税制变迁分析［M］．南宁：广西人民出版社，2008.

最终影响国家认同。在这一问题的分析中，需要注意以下几点：

第一，作为公权力约束的法律是得到非正式制度认同的，而不是任何外在强加的法律。税收制度法律规范也是如此。即税收制度规范的法律正当性是国家权力的法律正当性的一个部分。

第二，公权力的设置和行使与法律之间的关系，往往需要经过长时间的“调试”。例如，今天我们逐渐认识到，界定税收征收这一公权力如何行使的税收征管法中，存在较多与更高层次的法律冲突的问题。这与法律的变迁有关，也与社会背景变化引致人们对公权力的界定发生变化有关。在这一不断变迁的过程中，国家权力之一端的税收法定规范的施行过程的正义性会影响国家认同。

③社会经济正当性，即国家权力从社会经济角度获得认同和存在的正义性。国家权力作为一种公权力从社会经济正当性看，即个人牺牲部分私权利并将其赋予国家，能获得更大的经济利益。而从税收制度的角度看，国家这一公权力存在的正当性即表现为人们以税收奉献的私权利，经由税收制度及其他公权力行使（经由税收制度获得资源是其前提）过程，能获得更多的社会经济利益，使人们的社会福利有所增进。因此，社会经济正当性意义上的国家合宜性，前提是税收制度的社会认同——征收规则和征收过程及结果的正义性、税收使用过程和结果的正义性等。

3. 税收认同对建构层次上的国家认同的影响

即税收社会认同状态影响国家作为一种制度体系，其具体建构过程和静态特征意义上的合宜性。下面对国家认同与税收社会认同关系的具体分析中有所涉及，而在第七章、第八章关于中国社会认同税收制度体系变迁的分析中进一步讨论。

实际上，正如前面所分析，税收认同对第一和第二层次国家认同的影响根本上都是基于税收制度是国家权力运行制度规范的组成部分，而且是非常重要的部分。虽然在不同的制度背景下，税收彰显其在国家履行职责、行使权力中的重要性的方式是不同的，但对国家认同具有重要的影响，因此税收认同成为国家认同或彰显的、或隐含的重要影响因素。

（二）国家认同与税收社会认同关系的具体分析

国家认同的产生往往集中在（政府代表）国家解决当时最主要矛盾、冲突的能力上。显而易见，在现代制度体系下，（政府代表）国家解决社会面临主要矛盾与冲突的能力，相当一部分经由税收制度得以实现。实际上，即使在前现代国家中，表象上与税收无关的国家解决社会面临主要矛盾和危机的能力，税收制度仍然在其中发挥着关键性作用。例如当面临外敌入侵的危机时，国家是否有能力左右局面，表象上看取决于国家的兵力和军事战略能力。但实质上显然与国家能否在这样关键的时刻有足够的财力（本源意义上的税收）支撑解决主要矛盾与冲突的资金需要密切相关。与此同时，国家面临诸如外敌入侵的危机时，国家认同状态决定社会对国家解决危机能力的判断，如果国家（政府）解决危机的能力和权威被认同，税收对人们收益剥夺的边界可以被大大拓宽。所以，国家认同对税收社会认同有非常重要的影响，国家认同与税收制度社会认同密切相关（见图6-6）。

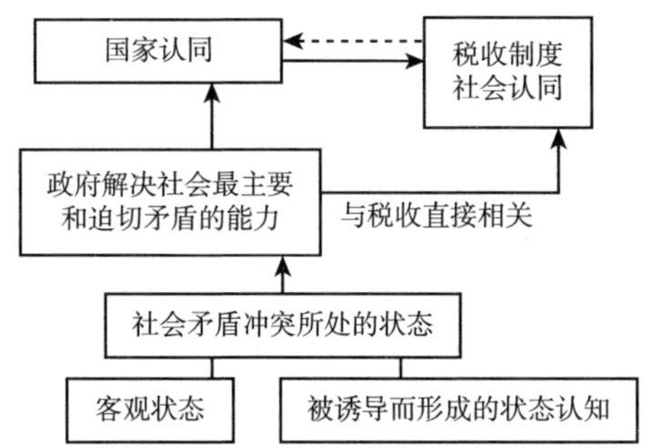

图6-6　解决社会矛盾与冲突中国家认同与税收社会认同的关系

总体上看，国家认同与税收制度社会认同之间的联系在不同的社会背景下表现各异，但具有以下几个方面的共同特征：

（1）税收制度是组成国家的制度体系至关重要的部分，税收制度认同往往以国家认同为前提条件。

税收制度不仅仅是一个由税种、税率、税收优惠等组成的系统，也是人们行为边界界定的规则之一①。因此也是国家及社会诸制度的组成部分。同时，税收制度界定行为人的利益边界，直接影响行为人可支配收入的同时，从长期看，影响行为人的社会地位、自我认同、群体归属及其行为规范和行为的自我约束即社会认同。例如在中华人民共和国成立初期，对非国有非集体性质的经营主体通过（个人和法人）加成征收税收的方式推动社会主义改造的实现。这一过程中，税收制度不可能单独发挥作用。但作为国家制度的组成部分在这一特定的制度背景下发挥了巨大的作用。在今天看来，这样的税收制度为什么能够得到社会广泛的认同？显然是因为当时的制度背景下国家认同的内核。从战乱和被压迫中走来的社会主流群体（包括当时中国绝大多数民众）对理想的中国及中国未来的发展和富强与特定社会结构紧密联系。这一特定社会结构是指，均质的同构性的社会

① 焦耘．制度经济学视野下的税制变迁分析［M］．南宁：广西人民出版社，2008.

格局。再加上当时面临纷繁杂乱的社会现实（民族危机、战争及社会秩序混乱等，也包括资本主义所表现出来的达成共识的非正义和非公平性），国家（或者后来被社会公众界定为代表了国家行为的群体）表现了非凡的决断力和解决危机的能力。因此，国家的权威得到广泛认同，国家认同具有深厚的社会基础。在这样的背景下，国家所推动的税收制度，其目的是解决当时广泛认可的主要矛盾，当然能得到广泛认同。

（2）国家与税收制度既是解决危机的工具和手段，而其本身又具有使危机和矛盾深化的潜在可能性。

如上所述，当社会处于均衡状态，国家认同状态具有惯性，缓慢地、以默化的方式演进；而当社会面临危机时，国家处理危机的能力能迅速改变国家认同。而国家解决危机的能力与税收密切相关。在这一过程中，如果处理得当危机得以解决，否则，反而进一步加深危机，使社会矛盾和冲突深化。

在中国历史上最漫长、对现代社会和制度影响最深的郡县制时期，由于经济的增殖能力弱，维系庞大的治理机制的运行已逼近社会经济的极限。据史料记载，普通人家丰年尚能维持基本的生计，天时稍有不顺则生计难以维续。所以，如果出现外敌入侵、内乱纷扰、救灾赈灾或者需要提供大型公共品，所需资金巨大，而经济负载能力弱，则只能依靠加征或变相加征。而加征失度将加深社会危机及国家认同危机。当时，架构式治理模式下的粗陋管理几乎不可能把握税收负担能力的准确信息。同时，对赋税征收过程中的官僚行为缺乏有效监督，因此加征失度几乎可以说是必然的。另外，在郡县制时期之后也曾经出现过以非直接加征的方式筹措应对这类需要的资金，如明代的“坐办”。当修建大型的设施如防洪堤、大型建筑时，如果产生某类物资的大量需要就会要求该物资产地的人们以提供这类物资代替正税，同时，遇到资金困难（这几乎是必然的）往往奏请皇帝以地方税收弥补资金缺口①。这两种情形下都会引起对地方收入的挤占，最后还是不得不以加征平衡地方和“坐办”的资金需要。朝代之初的“轻徭薄赋”随着国家治理过程中应付各类相当部分具有临时性特征的事项过程中赋税的加征，逐渐逼近并超过赋税负担的边界。至此，以处理社会危机为目的的税收成为社会危机的一部分，税收及税收制度的不认同凸显为对国家治理能力的质疑，并最终演化为国家认同危机。

在现代社会，由于经济增殖能力大幅度提高，税收社会认同与国家认同往往不再以触及底线与否为表现形式。也因为此，税收社会认同与国家认同的互动衍

① 黄仁宇. 十六世纪明代中国之财政与税收［M］. 北京：生活·读书·新知三联书店，2007.

生往往具有渐进、默化的特点。但二者之间的基本逻辑不变：国家依靠税收获得解决危机和推动社会平滑运行的资源，运用得当，国家认同固化，同时税收社会认同提高。反之，税收社会认同危机、国家认同动摇。与前现代社会不同的是，税收在国家面对社会危机时的作用不仅仅限于提供资金，还包括（有时候甚至更重要的是）税收过程对社会的影响（即税收的工具性意义）。

（3）国家认同和税收社会认同从短期看可以被诱导，甚至被建立在歪曲的认知上。但从长期看，与国家解决社会主要矛盾和危机的实际能力及税收制度在其中的作用密切相关。通过宣传、教育等手段，短期内可以在一定程度上影响国家认同和税收社会认同，并形成惯性。但当社会矛盾和冲突累积到凸显为危机时，这一认知惯性会被打破。如果国家及税收此时表现为束手无策，认知逆转直下，国家与税收认同出现危机；而如果是积极有效地化解，固有的认同性认知进一步强化。

（4）国家认同是税收社会认同的前提条件。税收存在的目的是解决那些个人无法独自解决而对社会运行又十分必要的问题①（比前面的消除危机的界定更为宽泛）。而国家认同正是建立在这一过程中。如果国家将这些问题解决好了，有助于国家认同的形成，同时也才能说明个人缴纳的税收的存在具有合法性，推动税收社会认同的形成。

（5）对国家认同却未必一定会带来对税收制度的认同。正如后文所指出的，在中国相当长的历史时期，对税收及税收制度不认同的同时，具有对国家的一致性认同。

（6）税收社会认同只是国家认同的一个判断维度，虽然至关重要但并非唯一。正如前面分析中所指出，国家认同在某一特定时点上取决于其化解所面临危机的能力。这种能力往往本质上与税收相关，但并不是税收合宜就一定能化解危机。

（7）税收社会认同状态影响国家认同。制度背景的差异会使税收社会认同状态对国家认同的影响表现为不同的特征。如前所述，税收制度作为国家制度体系的组成部分，是以国家认同为前提的。在这样的前提下，税收和税收制度认同对国家认同的影响可以分解为如图 6 - 7 中的几种。

税收认同能强化国家认同，而在国家认同的前提下，税收的不被认同状态会弱化国家认同。换句话说，除了在极端情形下外，税制是国家制度体系的子系统，其认同和运行的可靠性在强化或弱化国家认同和运行可靠性中强度不同，但往往是占有较大权重的影响因素。

---

① 朱明熙．对西方主流学派的公共品定义的质疑［J］．光华财税年刊，2005（00）：17 - 22.

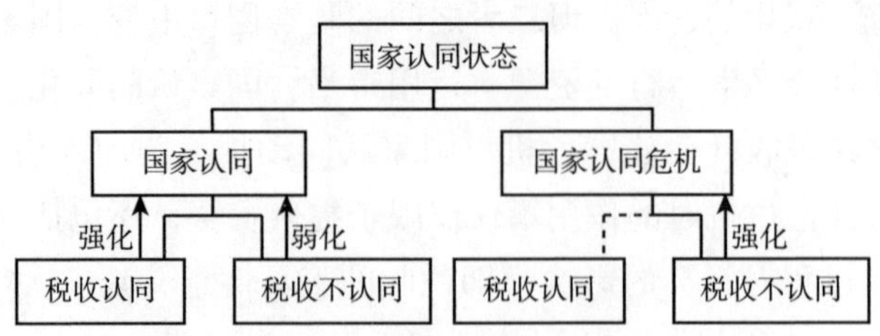

图6-7 税收认同对国家认同的影响

注：虚线表示几乎不可能的路径。

（8）税收制度被彰显的社会认同和不被彰显的社会认同对国家认同有不同的影响。

虽然实质上，税收制度在国家制度体系中至关重要，但正如上文所述，其作用未必处于显性状态。其在认知中的显在与否会从不同的路径和方向对国家认同产生不同的影响。

在前现代国家中，税制更多是一种静默的存在——只要税收负担总体上不超过“正义”的界定（局部的负担超出“正义”的共识，仍然只能是静默的，不为社会及支配阶层知晓更无从改变），税制作为一种制度不在社会的关注范围内。当突破这一界限时，税收制度也不过如点燃炸药引线的火星，瞬间的闪耀之后便被湮灭——“苛捐杂税多如牛毛”导致“揭竿而起”，而在“揭竿而起”之后的一切便与税收制度再没了联系。此时，税制认同状况以默化的方式影响国家认同。即税制及其变迁的认同与否都会被其他显在的因素替代，从而对国家认同的影响也无法凸显。如王安石变法其核心内容是税制的变迁。当修改的税制在运行中暴露出越来越多的问题而处于社会不认同的状态时，人们将矛头指向王安石变法行为的动机。而为了平息凸显的矛盾，维系国家认同，往往从人事调整入手而非税制与制度背景的合宜性入手构建新的税收制度体系。此时，对“变法”的不满表现为简单地谴责政府在社会事务介入中的无能进而降低国家认同度，而并不直接指向税收制度。因此，未被彰显的税制认同状况对国家认同同样会产生影响，但其影响的指向和路径具有较大的不确定性。换句话说，人们对政府给予无限的期望，无论这种期望被满足还是未能被满足，税制被忽略而从属于国家认同。税制相当于被国家株连的附庸，对其认同与否的评价与税收制度结构和税收收入获取及其使用没有直接的关系。

另一种相对的情形是，税制处于被彰显的状态，其社会认同状况对国家认同的过程和结果至关重要。在这样的情况下，税制的认同与否会被社会自然而然的与国家的行为能力和权威联系起来。此时，税制社会认同与国家认同的联系直接而紧密，国家在公共事务中的介入不足也许会降低国家合法性认同，但更多的时候是被看作可能与税收负担较低有关。换句话说，当国家在公共事务中介入不足或面临危机处理并不令人满意时，有两种可能的情形：一种是归结为政府代表国家治理能力不足，影响国家认同；另一种是税制在危机时不能令人满意，使政府无法有效作为，直接影响税收制度认同，而并不直接指向国家认同。第二种情形下往往有明确的税收制度变革指向。对税收和税制的评价变得更加客观而不单纯受对国家评价的影响。此时，税收问题与其说是经济学问题不如说是政治学问题。

税制在中国直到最近几年才真正成为社会关注的问题，其社会认同问题开始被彰显，从而对国家认同产生直接或间接的、相对容易预期的影响。

第七章　中国税收社会认同及税制变迁的历史线索和演化路径

不同的社会制度变迁路径，不同的制度化利益与国家稳态利益冲突与平衡，也就有不同的税收社会认同状态及税收制度变迁路径。中国的社会演化过程、税制变迁及税收社会认同衍化与具有主流地位的西方国家或地区的演化虽有相似之处，但笔者更关心的是二者之间的诸多差异。因此，这里只分析中国税收社会认同及税制变迁在社会制度演化中的变迁线索，涉及西方相关问题也只作简略分析，等做足西方社会制度演化及税制深植其中的内外在制度变迁的相关文献再深入讨论。

第一节　中国税收社会认同衍生路径

历史上，社会制度衍生过程中税收社会认同都是贯穿国家治理的核心。只是在国家产生之后的前税收国家时期（分封制）更多的是具有象征意义，税收国家时期才开始具有了实质意义，而在预算国家时期则具有决定性的意义。

依据中国税收及其社会认同的特征，可以概要地分为四个阶段。

一、前国家时期

前国家时期，当私有产权意识出现，族群共同需要与税收性质扣除之间密切的联系，产生强烈的税收社会认同。税收性质扣除的数量和结构由于其来源和用途都有明确的约束和针对性，也容易在不同层次和维度形成认同。

二、前税收国家时期

税收更多的不是经济意义而是对分封土地的主体①威权的尊重。

① 分封制具有层层分封的特征，将每一个层级的分封主体统称为分封主体。但从税收的意义上看，更多的是指君主。

（一）税收制度特征

对这一时期税收制度的分析，往往以贡、助、彻界定之。并把这三者分别看作夏、商、周三个不同时期的税收制度。由于年代久远很难了解其实际运作的状况，但据有限资料所描述情形，可推断一二。简言之，贡、助、彻界定的税收制度不仅不是一个时期而且可能也不是一个层面。

首先，贡被视为夏代的税收制度，但根据对周朝基本制度的了解，类似于贡的制度也是这一时期主要的税收模式：受分封，以贡的方式表达对分封主体威权的臣服。

其次，助和彻或许还有湮没而不能被了解的其他各种类型的税收，是王畿及领地内向直接生产者征收税收的方式，但与国家之间的税收方式还是贡。

因此，税收制度可以分为两个不同的层次：国家层面的贡与王畿和领地内的“租”[①]。后者为战国时期在各诸侯国开始尝试的郡县制提供了一种可能的思路。

这一时期，分封主体经济上更多依仗自己土地上的出产而不是税收。西欧在资本主义制度开启时期的近代经济学者在论及国王收入来源时，认为主要来源应该是地产收入，税收只是补充性收入来源[②]。这一观点除了契合当时的政治经济背景外，也是对其刚刚过去的分封制时期税收制度借鉴的结果。中国历经两千年的郡县制，对于分封制时期分封主体的收入来源缺乏直观感悟，但在后代的一些做法里还能窥见国家治理中这类思想之一斑。例如到明朝，史家称各方来朝，朝廷不堪重负，是因为因循旧例，国家回馈来朝各方的礼物价值应该高于朝礼。这里的朝礼在一定的程度上类同分封制时期国家层面的税收，从中可以略窥其不具有作为国家收入来源的典型特征。这一意义上的税收交与不交很多时候并不是着眼于经济意义上的付出与回报。因此，税收的认同是威权关系认同的附属。

（二）税收社会认同

西欧中古时期的分封制更多是以军事需要为目的，而中国以西周为典型代表的分封制则是一种政治治理模式：利用层层分封，在有限的治理资源及落后的治理水平下能控制一个庞大的疆域。因此，中国的分封制治理模式下，获得疆域内的平衡是分封的目的，国家层面的税收缴纳更多的是表达被分封主体对现有格局的认同，即税收认同是对威权关系所处状态认同的表现形式。此时，税收社会认同与税收制度一样分为两个层次：一是国家与领主之间，二是领主与直接生产者

---

① 这一部分分析与主流理论相去甚远，且其理论大多源自推演，有颇多值得商榷之处，希望得到专家指点。

② 德国18世纪重商主义学者尤斯蒂在其《财政学》一书中明确提出该观点，这是当时西欧学者具有代表性的思想。

之间。

（1）国家与领主之间的税收社会认同。无论是对遵从行为的权衡还是对数量结构的斟酌，其背后都受力量对比与均衡关系的左右。该不该交、是否按事先约定缴纳等，都由力量制衡状态决定。当然，在数量和范围超过某一临界值时，税收认同当然也会受到影响，如让一个内陆诸侯以盐纳贡，自然会影响其对税收的认同。但只要在边界内，税收社会认同更多受威权结构的影响。

（2）领主与直接生产者之间的税收社会认同。一般认为在这一阶段生产者与领主之间有人身依附关系，具体情况如何并没有翔实证据支撑的界定。无论是人身依附关系还是租赁关系都不同于一般意义上"税"的含义，但为课征于直接生产者之上的税收提供了可能的模式。

三、税收国家时期

（一）中国税收国家时期的界定

主流观点认为，税收国家①是指以现代市场经济和民主政治为前提的、与家财国家相对立的财政收入筹集方式的国家。因此，是指现代民主制度和市场经济制度建立后的阶段。笔者认为这样的界分是针对西欧历史变迁，却未必适用于中国的情况。西欧国家未经历中国历时两千多年的具有现代政治治理特征的郡县制时期。郡县制时期于西欧类同跷跷板中轴的支点，难以形成稳态。也因此，这一阶段所具有的特征并不重要，对其后的制度体系的影响也无关紧要。所以无论是对历史分段的界定还是对这一阶段各种特征的解读都无足轻重。而中国这一阶段持续的时间长，对其后的制度体系有非常重要的影响。严格说来，中国进入西方意义上的现代国家不过几十年，而郡县制的这两千余年既不可能将其视为与分封制相同的时期，也不能凭空抹去。笔者将这一阶段界定为中国的税收国家时期，而将西方主流话语中的税收国家界定为预算国家②。

中国这一阶段的政治制度从西方的研究视角看是独特的，"有君主，无宪法，而又非专制"③。既不是西方主流观念所界定的"家财国家"，也不是其所界定的"税收国家"，这一阶段的税收制度及其认同具有特殊性。

（二）中国税收国家时期税收制度的特征

中国的郡县制是应对分封制对国家权力消解力量而形成的新的政治治理制

---

① 陈少英．税法基本理论专题研究［M］．北京：北京大学出版社，2009．笔者在文中倾向于王绍光的观点。

② 王绍光．从税收国家到预算国家［J］．读书，2007（10）：3－13．

③ 钱穆．中国历史研究法［M］．北京：生活·读书·新知三联书店，2007．

度，其主旨是巩固国家统治。这反映到税制中，具体特征如下：

一是家国分开。这是这一时期与分封制最大的区别。对这一时期概称家天下实际上是不符合其主要特征的，家国不分是分封制时期税制的基本特征。而此时，国家事务与皇室事务包括其财政收支都是分开的。这从官僚体系到基本制度体系的构建都可见一斑。例如汉代，皇室收支及相关事务的管理与国家之间是两套不同的体系①。此为非专制在税制上的表现。

需要注意的是，这样的家国界分，君主与政府之间既有分界和纠葛又有融通。反映在税制上即表现为，皇室收支与国家财政收支之间的界限并未清晰界定，只有一个大致的轮廓。这是中国特有之文化在国家治理结构和税收制度上的表现。这也是该时期容易被误解为家国不分的重要原因。

二是以税收收入为国家治理的主要收入来源。基本制度体系能够在一定程度上贯彻国家的财政意图，满足国家的财政需要。由于国家治理架构的变化，税收直接课征于生产者之上。虽然税收负担的确定性和规范性没有保障，也容易被各级政府和官僚为中饱私囊而篡改，但相对于分封制时期，“国家治理天下、治理所费源于天下而不是少数受封者和皇室土地”② 的基本格局已经形成，这一税收制度基本架构具有强大的生命力，即使被侵蚀和消解，也会在下一个朝代的建立中重构。

三是在满足国家（中央政府）需要前提下，地方对税制的具体结构有较大的权力。同时，这一权力随国家治理力量的弱化而变大。国家对此无法有效钳制，也慢慢放任自流，这实质上是中国特有的社会体系和非正式制度促成的。

（三）中国税收国家时期的税收社会认同

西欧分封制中贵族与国王的制衡被接引到现代政治制度中，形成现代税收均衡格局的基本模式。而在中国，分封制下能与君主抗衡的贵族力量，在郡县制治理模式下式微。税收作为威权的象征，在力量对比与博弈中变迁并形成认同的特征随之被消解。税收不再是领主依威权向君主缴纳，而逐渐形成国家与民众之间的直接关系。其间直接行使征收权力的是治理机制下庞大官僚体系中相对被动（尽管其权力状态在不同时期具体有别）的官员而不是具有区域独裁力量的被分封的主体。缴纳税收的主体是在严格的层级制度下被牢牢钳制的被动的生产者。税收逐渐从分封制下贵族与君主的博弈中形成均衡的格局演化为个体的被动遵从。与此相对应税收逐渐演化为没有权利相对称的义务，一方面被视为“皇粮国

①② 钱穆．中国历代政治得失［M］．北京：生活·读书·新知三联书店，2007.

税”，乃应尽之义务；另一方面被看作“苛捐杂税”，税收的好坏与具体结构和用途无关，少就是好。税收社会认同状态为非认同。从分封制作为一种主流的治理模式瓦解开始，税收社会认同仍然具有这一特征。这一阶段不仅包括前面分析的郡县制时期，严格说来还包括其后近百年。

四、向预算国家过渡的时期

（一）预算国家的基本界定

预算国家是王绍光提出的概念，定义为拥有现代预算制度的国家①。本质上看，民主政治及法治国家和市场经济是其政治经济基础。

（二）中国当前税收制度的基本特征

有预算法和预算制度并不意味着进入预算国家时期。中国1994年颁布《预算法》，2014年进一步修订，也早已设置预算制度。但从政治及经济制度看，离预算国家尚有距离。可以说中国正处在向预算国家过渡的阶段，但尚未成型。此一阶段税制的基本特征在下面关于中国税收社会认同现状的基本判断及预期中分析。

（三）中国当前的税收社会认同

在预算国家时期，税收的社会认同虽然仍受文化、习惯等非正式制度的影响，因其不同而不同。但由于税收制度形成过程是被广泛认同的、法定的，因此其社会认同度相对较高。中国当前并不具有典型的预算国家的特质，这一阶段具体特征在本章第三节和第八章进一步分析。

第二节　中国基于税收社会认同的税收制度变迁

一、前国家时期随物质生产能力提高，公共事务的范畴扩大，税收性质的扣除增加

这一过程中税收性质扣除的变迁有以下特征：

（1）结构和数量上的变迁受制于客观的物质生产能力，主观上裁定的余地较小。

（2）正因为此，税收性质扣除的数量和来源结构具有不确定性，受制于客

---

① 王绍光．从税收国家到预算国家［J］．读书．2007（10）：3－13.

观条件的物质获得能力。

（3）公共事务的范围较窄，税收性质扣除的变迁更多的是随物质生产能力的变化而变化，再反过来被动决定公共事务。与现代税制满足公共事务需要，其数量和结构在较大的范围内受其左右不同。如在现代国家，税收的结构和规模可以随社会公平的职能需要而改变。

另外，正因为这一阶段公共事务范围的狭窄，为族群生存所必须。有之，族群得以延续；无之，则衰落乃至湮没。因此，竭尽物质可能满足公共事务需要的税收性质扣除及其变迁都自然而然得到族群的认同。

总之，这个时期税收性质扣除变迁的基本特征是被动，其数量和规模被客观条件约束在一个非常狭小的范围内。

二、国家产生之后的分封制时期税收制度变迁取决于威权制度

前面分析中指出，这一阶段时间跨度长，史料也多语焉不详，税收制度变迁的具体过程很难了解，也只能大致推断。

君主与领主之间的威权关系决定了这一时期的税收认同。一开始可能直接依据二者之间的军事势力和经济势力，逐渐发展出一套礼法制度约束二者之间相互关系，于是税收认同看起来都与事情的正当性有关，但实质上仍然由二者之间的相对势力决定。

（1）从整体上看，国家层面税收基本制度比较稳定，由双方相对势力决定其数量和结构。

（2）随着物质生产能力的变化，具体生产过程变化，领主与直接生产者之间的“租”的具体形式变化，税收制度除了受威权结构影响外也随之变化。

三、税收国家时期“轻徭薄赋”与“苛捐杂税”之间摇摆的税收制度变迁

这一阶段的税收制度变迁往往表现为自上而下地推动。但税收权利不是单维主体的权利，面临许多主客观的约束和牵制。

在整个税收国家时期，国家对税收有一个一以贯之的理想：轻徭薄赋。但较低的行政效率和官僚机构的失控，让高位税收负担像是一个充满诱惑的谷底，使税收制度轻而易举地向其滑去。在理想与现实之间，中国税收国家时期税制变迁有这样一个基本脉络：

（1）每个朝代开国之初，前朝崩塌的教训及国家治理力量逐渐增强，轻徭薄赋得以贯彻。但由于自上而下的税收制度并没有严格的规范和约束，往往只是

一个大致的框架，赋税逐渐增加。

（2）临时性公共事务资金需要，以税收加征满足，遂成惯例——某项公共性事务终结，但税收被保留。逐渐演化为官僚机构逐渐膨胀的运行费用甚至官僚满足个人需要的各种费用也以税收加征和附征的方式获得。

（3）由于对治理过程缺乏有效监管，政府效率无从约束。国家无法界定官僚行为的合宜性，政府行为的值域范围非常宽泛，只要所辖区域内的民众不"造反"，其行为就能被上级认为合宜——包括公共事务的处理。因此，税收制度，从收入看只要税收负担不超过基本生存这一底线从而凸显为激烈的社会矛盾；从支出看，公共事务的处理能满足上级需要即可。本质上，支出与收入的约束相同——不酿成激烈的社会冲突。这两者之差即为官僚体系中的群体与个人可以自由支配的资金，中饱私囊也好，行贿受贿也好，逐渐形成惯例，积重难返。

（4）随着治理过程的进一步失控，税收制度逐渐突破上述两个边界，出现激烈的社会冲突。例如，各朝代普遍存在这样的问题：一方面因为某一具体公共品供给（如治理河道）的资金需要，导致赋税徭役课征超过基本生存的极限，另一方面相关公共品供给不足，河水肆虐摧毁民生的问题仍难以被有效化解。即税收征收失度引发激烈的社会矛盾的同时，公共事务的处理也未能平抚矛盾，不仅未能有效解决加征赋税所直接需要解决的问题，而且因为加征突破民生界限，进一步加剧矛盾。税收制度失控，必然产生激烈的社会冲突。

（5）激烈的社会冲突往往反映为社会动荡，国家治理难以为继，需要将税收制度重新置于值域内。维系国家治理必须进行税收变革，但此时各利益集团维护既得利益的力量使税收制度已经远离轻徭薄赋。税收制度变革要么为追求理想税制失去制度基础而告失败，要么在已经重到难以为继的税负基础上作出调整。如此反复，当制度内的税制调整再也难以消解社会冲突时，朝代终结，完成税收国家时期税制一轮变迁。

需要进一步讨论的是，主流理论往往强调这一时期税制变迁具有由统治者单方面推进的特征，但统治者并不能完全凭借个人或阶层的意愿左右税制变迁。在这一阶段的税制变迁中仍然面临包括生产能力、既存正式与非正式制度框架等约束条件。

向预算国家过渡的阶段即中国当前的阶段。下面先具体分析中华人民共和国成立以来，计划经济时期税收社会认同演化过程中的税收制度变迁及其特征，然后进一步分析向预算国家过渡阶段的税收制度变迁。

四、中国当代税收制度随经济体制变迁而变迁

中华人民共和国成立后，税收制度及其社会认同在社会政治经济正式制度的快速变迁与社会生活之间的冲突和矛盾的化解过程中演化。

（一）计划经济体制下基于税收社会认同的税制变迁

中国的计划经济时期是指从新中国成立之初完成社会主义改造的1956年到正式开始尝试建立社会主义市场经济之前的1992年（其结束的标志是1992年邓小平“南方谈话”）。但在税制变迁的视野下，1980年起“利改税”在18省市试点及1983年和1984年分两步施行到1994年推行“分税制”改革，虽然从时间节点上看仍然属于计划经济为主的时期，但这一阶段的税制及其变迁却有了明显不同的特征。故并不将其放在这一阶段，而在下一个阶段讨论。

1. 税收是自上而下平滑施行的经济计划的一部分

前面的分析中指出，计划经济时期，税收是计划的一部分。纳税人完成税收任务是其完成各项计划工作的组成部分，是按计划对其拨付财政资金的前提条件。某种意义上甚至可以说，税收仅仅是意识形态的一部分（因为主导社会构建的高层也往往将其看作是“把国家的钱从左手放到右手”，对国民经济中占绝大多数的国有企业而言税收有没有必要存在的讨论一直延续到20世纪80年代）。至少对绝大多数人而言是如此。因此，这一阶段，国家自上而下的任何税收制度变迁往往都会被忽略，并不形成凸显的认知对象，而只是国家推行的政策的一部分。对纳税人而言并不存在直接和凸显的税收利益，因此也不会出现税收制度变迁诉求。税收制度变迁是典型的自上而下无障碍推行。

2. 利益与税收密切相关的唯一群体，其利益诉求并不指向税制变迁

在计划经济体制下，有一个群体的利益与税收密切相关——农村居民。当时以交公粮的方式征收的农业税以及农村诸项杂费是农民沉重的负担。从计划经济时期的人口结构看，1990年城镇人口29 971万人，农村人口83 397万人，农村人口占总人口比例73.6%①，但农业各税在当时并未成为凸显的诉求而影响税制变迁（直到20世纪90年代中后期）。主要的原因有三点，一是自古土地耕种者都交税，“皇粮国税”的观念深入民心；二是从政治高度界定农业税，将公粮上交看作是支持社会主义建设的政治任务；三是这一阶段相当长的时期，农业生产是以集体劳动的方式进行，社队缴纳公粮后再进行分配。所以推动税制变迁的税收诉求被指向社队分配不公的诉求替代。直到包产到户，农村居民个人以完成公

① 国家统计局官网：http：//data. stats. gov. cn/.

粮缴纳的方式纳税，指向税制变迁的减负诉求方发出声音，并最终推动2006年取消农业税。

另外，20世纪50年代初，社会主义改造阶段，对私营经济加重征收税收，因为与主流利益一致，不会引致税制变迁的税收诉求。

综上，这一阶段税收的政治意义远比经济意义重要。此时，推动其变迁的是政治需要和诉求。

（二）经济体制快速变革过程中基于税收社会认同的税制变迁路径[①]

自20世纪80年代初，中国经济体制进入快速变革阶段。这一阶段主要的特征是表象为混乱的各种制度试错，这即为上一节所界定的向预算国家过渡的时期[②]。

1. 不合理的税收制度与混乱的管理之间“完美匹配”形成“隐秘自主性空间”[③]

这一阶段的税收制度构建主要是在原有税制基础上基于西方最优税制理念和税制运行实践的不断修订。推行税制的过程中，除了考虑税收负担均衡性与连续性外，主要是从政府需要和理论合宜的角度权衡。直到1994年新税制推行时，流转税重大变革过程中，税制中最重要的税种——代替产品税的增值税的构建，其基本要素税率17%的设置主要考虑作为价外税的增值税与原有的作为价内税的产品税平均14%的负担率持平。同时，之所以设计为生产型增值税则是基于宏观经济的考虑。往往是在税制推行后，出现困难和问题再回头修改。这样的税制在推行前缺乏与实践契合度的考量，如果征管技术能使其被完美实施，那必定会引致强烈反对性诉求，并推进税制应反对性诉求的变迁。但税收制度施行的实践并非如此，是不合理的税制与征管技术的低下（无论是主观还是客观）之间形成的“隐秘自主性空间”，使与实践并不相宜的税制得以长期施行。“隐秘自主性空间”是社会学的概念，意指“个体在制度的‘缝隙’间，通过建构或者扩张不同制度之间的张力来改变制度以获取或建构自身的生存空间。”[④] 隐秘自主性空间的形成往往需要具备三个前提条件：现存制度下的利益结构是个体难以接受的；个体的利益诉求未能形成通畅的渠道；国家的相关管理体系未能形成与之相称的制度和技术能力。此时，对制度变迁的诉求转化为在既存制度下谋求制度缝隙（瑕疵）及制度外利益。

---

① 中国转轨时期的税制变迁分析：焦耘．税收制度社会认同研究——税制变迁衍生社会利益冲突及其治理视角［M］．北京：经济科学出版社，2018.

② 当然，这一阶段的初期和当前时期有明显的区别，其演化中相关特征也在不断变化。

③④ ［美］曼纽尔·卡斯特著．曹荣湘译．认同的力量［M］．北京：社会科学文献出版社，2006.

在这一时期税制变迁表现为“事后补救”的特征。按国家的需要和权衡税制自上而下的推行和修订，而征管制度包括技术手段的使用如果真的实现应征尽征，社会生产会受到较大影响。而税收制度的变迁则是在纳税人“隐秘自主性空间”利益寻求将其解构到原有制度几乎已无法施行，或者国家为应对这一利益寻求过程呈现的问题不断修正税制的过程中将税制彻底改变，从而实现税制的实际意义上的变迁（见图7－1和图7－2）。

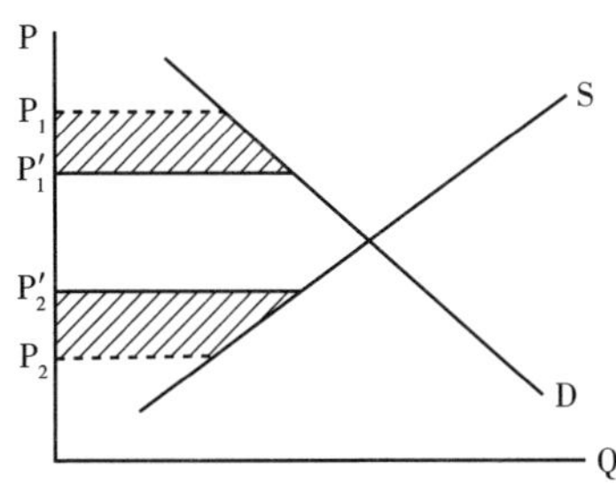

图7－1　纳税人隐秘自主性空间的形成过程

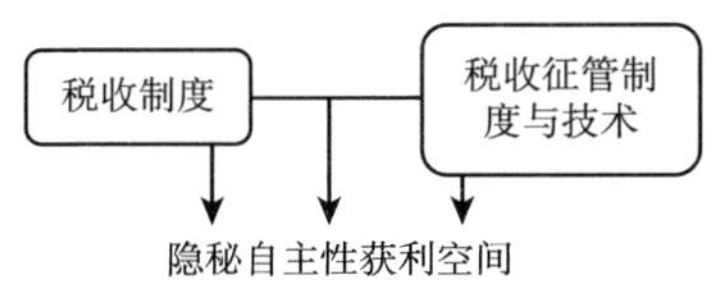

图7－2　隐秘自主性空间的获得

图7－1中，P为税收法定制度体系下市场的价格反应；P_1为消费者实际承受的价格；P_2为生产者实际实现的商品价格；P'为混乱的税收管理制度下，纳税人通过制度内外的行为安排，能够达到的最低税收负担水平下的供需价格。阴影部分为纳税人面临税收制度，通过制度内外规避税收的行为，对其生产经营市场价格产生影响，形成的隐秘自主性获利空间。这一获利区间使纳税人的生产经营在市场中能够存续。纳税人着力于税收制度的瑕疵及其与征管制度和技术之间的不一致，寻求税收制度并未界定的或界定为非法的利益（见图7－2）。

2. 税收正式制度在个体追求自身利益与税收征管结构及技术的互动下变迁①

这一阶段，前段大部分时间，税收关系中的纳税人对税收制度的诉求被忽略

① 这部分思路的形成受社会学中关于隐秘自主性空间的形成和运行理论的影响：［美］曼纽尔·卡斯特著．曹荣湘译．认同的力量［M］．北京：社会科学文献出版社，2006.

(最近几年这样的情形开始松动。其标志性的节点是2011年个人所得税修订时公开征求意见，并据此调整相关要素)。与此相对应，税收制度及其对资源配置和福利状态的影响并不是人们关注的重点。换言之，税收分配过程和结果更多是非正式制度下人际互动的结果。

直接征纳关系双方分别从自身利益出发，在各种约束条件下选择策略与行为，从而形成征纳双方特定的策略与行为模式，影响税收制度实际运行结果。国家不得不不断调整税收制度，以适应被征纳双方策略性行为改变后的实际制度和税收利益格局。

在这一阶段，对税收制度的背离往往是征纳双方策略性行为互动与博弈的结果。

(1) 纳税人并不公开反对正式税收制度，即使这一制度的非合理性非常明显。

纳税人一般并不公开反对正式的税收制度，而是通过采取策略性的权宜行为适应这一制度。税收制度具有典型的架构式特征，对征纳双方的行为约束都是有限的。一方面，不能有效限制征收主体的行为，而留下过于宽泛的自由裁量权，这既缺乏约束也疏于监督（静态意义上，政府只关注收入；动态意义上，重心往往在政策目标的达成），形成大量的寻利空间；另一方面，也不能有效约束纳税人的行为。税收制度对纳税人行为的约束远远比不上直接征纳关系中的征收主体。

(2) 税收正式制度与非正式制度之间互动演化推进税收制度变迁。

不能简单地将这一时期的特征归结为非正式制度对税收制度变迁的影响。实际上是追求自身利益最大化和非正式制度影响下的个人因素与正式制度之间互动的结果。税收正式制度试图在政府与纳税人之间建立一种规范的权利义务关系，着重强调纳税人按税法缴纳税收的义务，从而实现政府运行资金来源从国有企业利润向纳税人缴纳税收转换。而纳税人的策略性行为在与征收主体的互动中，在一定程度上消解了政府的这一税收制度意图。

(3) 征纳双方追求利益最大化的互动博弈中推进税制变迁。

征收主体基于职位理性，为了更有效地完成职位的要求，推行在一定原则约束下的特殊性制度。直接征收主体与某些纳税人（往往是重点税源的纳税人）在税收制度边界处或税收法规界定非规范的区域形成利益互惠关系。

一是对征收主体，能确保上级的税收任务完成的同时，通过与纳税人对税收收入达成共识的安排，一方面能将纳税人的行为控制在一定原则约束的范围内，另一方面尽可能完成上级下达的税收任务。当经济景气良好，税收任务提前完成的情况下，将税收收入尽可能约束在一定的范围内，反之亦然。这是回应当时政府对税收的计划管理模式——不顾经济实际运行情况，也往往无视税收的法定客观性，多以上年税收收入水平为基础，设定一个往往与实际社会经济情况脱钩的增长水平来下达当年税收计划。

二是重点税源的纳税人[①]，往往可以获得税务机关的各种税收宽免和特权，二者之间形成比其他征纳双方更为亲密的合作关系。国家以法律的形式推行本应具有刚性的税收制度，被消解为纳税人与税务机关和个人之间的长期密切合作的关系。同时，其行为还为其他纳税人起到“示范作用”。

三是非重点税源的纳税人，在重点税源纳税人行为的引导下，努力寻求与税务机关和个人的支持以谋求自身的税收利益。

另一种追求税收利益的行为则主要表现为“逃税”——没有被直接征收主体同意或默许的税收制度外行为。

（4）税收关系中的政府主要关注税收收入和税收的工具性利益。

政府对税制变迁的推进主要通过两种方式实现：影响税收收入和税收工具性职能。

一是中央与地方政府都以下达税收任务并以此为税务机关工作考核主要指标的方式实现对税收的管理。这是税收短期管理的最重要的方式。这种下达税收收入任务的管理模式，虽然到20世纪90年代中期后就已经明令禁止，但在实践中却仍然是重要的管理方式。直到2017年1月国家税务总局还进一步发文规范该类行为[②]；

二是重视税收的工具性职能。中央政府往往根据宏观经济状况，以宏观经济调控为目标，修订税收要素，多以行政性规范推行税收优惠等相关税收政策。地方政府往往根据区域经济和社会的需要，扩大税收权利，甚至随意改变征税范围和税收优惠减免。

政府通过这两个渠道，在与纳税人及非正式制度的互动中推进税收制度变迁。

总之，纳税人在这一过程中谋求税收利益的行为安排对其市场生存具有至关重要的意义。征收主体往往也认同这一利益格局的形成过程和结果，其权威在这一过程中得到极大的提高。甚至国家制度设计层面在这样的背景下有时候也不得不在这一格局下推进税制改革。税制变迁在这一时期具有典型的权宜性特征。

需要特别说明的是，上述关于中国经济转轨时期税收制度变迁的特征，在最

---

① 重点税源纳税人不能囊括这一类纳税人，主要是指在地方经济进而税收收入的缴纳中具有一定的重要性的纳税人。

② 国税总局：绝不姑息收过头税行为 严禁下达收入任务. http://www.jiemian.com/article/1057242.html，2017年1月7日.

近几年开始发生较大的改变。在下一节进一步分析。

中国走向市场经济的历程中，在内外在因素的影响下，减税成为其税制变迁最容易被观察到的主线索，也成为社会认同税制的最凸显的特征。

五、中国改革开放后税制变迁凸显的主线索：减税

综上所述，从中国税制的历史演进看，税收只有一个评价指标，即税收负担的轻重。“轻徭薄赋”历来都是对税收体系的肯定，反之，“苛捐杂税”则是对税制体系的否定。也就是说在中国历史上的税制评价体系中，并不关涉税收制度的具体结构。评价的焦点只有一个，即税收负担的轻重。中华人民共和国成立后的计划经济时期，税收及其相关制度体系被边缘化，未能留下增加税收社会认同的制度空间。这一阶段真正成为个人负担的税——农业诸税，包括农业税及“三提五统”在包产到户后逐渐演化为农村居民沉重的非规范性的负担（尤其是逐渐增加的各类摊派），当然并不能促进税收社会认同。其后税收重新进入视野，却是以朝令夕改和自由裁量权的泛滥而进一步固化税收的负面认知。近年来随着税收法制化进程的推进，人们开始正视税收制度结构，而不仅仅关注负担。税收社会认同的视阈开始转化，但远远未能达到替代税收负担而成为主要评价标准之一的程度。减税因税制演化路径及其现实机缘成为中国当前背景下被社会认同的税收制度的主要特征。

在实践中，中国税收及其相关制度体系从边缘走向社会经济及民众关注的中心的过程中其最引人注目的标签仍然是减税。无论税收负担实际的准确变化以及横纵向合宜性权衡的相对变化，从 20 世纪 80 年代初期开始税制变迁所具有的最显著的特征是减税。虽然以环境和资源保护的名义新设或者增设了税种税目，但让人们印象最深刻的仍然是减税。

（一）改革开放以来的以减税为核心的税制变迁

1. 企业所得税的演化路径分析

改革开放初期，提出放权让利（伴随利改税），把一部分利润留在企业，减少国有企业上交国家的部分。此时，国有企业的所得税和税后利润调节和上交的相关税费，最高负担水平高达 70% ~ 80%。随后，1994 年合并内资企业所得诸税并将税率统一为 33%（其间，均涉及外资及不同所有制形式企业的不同税率，从略。同时，其繁杂的、不断扩大的优惠减免也使税收负担不断降低）。2008 年内外资企业所得税统一。税率从 33% 降为 25%。十余年来，虽然税率不再下降，但相关税收优惠范围越来越大，名义税收负担一直降低。主要有两个路径，一是增加适用优惠税率的范围。如小型微利企业减按 20% 的税率征收，不仅逐年扩

大属于小微企业的范围，而且在 2019 年更是对其计税依据作出幅度非常大的折扣（2019 年 1 月 1 日 ~2021 年 12 月 31 日，不仅小微企业的范围扩大为资产总额 5 000 万元以下、应纳税所得 300 万元以下，而且对其应纳税所得不足 100 万元的减按 25% 作为计税依据，100 ~ 500 万元之间的部分减按 50%）；二是增加税前费用扣除，如研发费用等的加计扣除。

2. 增值税的演化路径

自“'94 新税制”以较为规范的增值税替代产品税开始，无论是税率还是进项税额的扣除经过了多次微调和大的调整，从生产性增值税，外购固定资产所含税款不允许作为进项税额抵扣到具有一定程度的消费性（固定资产所含增值税分两年抵扣），2019 年 4 月 1 日允许外购固定资产所含增值税一次性扣除，成为真正的消费型增值税；同时，税率从一开始一般税率的 17% 到 2019 年 4 月 1 日的 13%，总体的方向是降低税收负担。

3. 个人所得税的减税

从 1980 年开征个人所得税到 2018 年 12 月 31 日以前，个人所得税经过多次调整，其主线索都是简单地不断提高工资、薪金所得的免征额（基本费用扣除）。2011 年将九级超额累进税率调整为七级，最低一档从 5% 调整为 3%，并取消 15% 和 40% 两档税率。2018 年个人所得税修订作出重大调整，不仅将工资薪金基本费用扣除从每月 3500 元提高至每年 6 万元，调整了税级，而且增加了专项附加扣除。虽然个人所得税 2018 年修订最引人注目的是引入综合所得税，但从总的线索看，仍然是降低税负。

（二）改革开放以来以减税为凸显特征的税制改革形成的实际税收负担状况

综上，改革开放以来税收制度变迁的主线索是减税。当然，不能据此简单得出实际税收负担下降的结论。具体情况有四类：

1. 降低名义税负的同时实际税收负担降低。

典型地，包括企业所得税和增值税。随着企业经营过程的流转额和所得的增长，其实际负担有较大幅度的降低。近年调整较多，变化较大的增值税，2015 ~ 2017 年，税收负担（含营业税）从 2.35% 减低为 2.30%。其中，小微企业受益最大：小型企业从 2.48% 降低为 1.18%；微型企业从 2.34% 降低为 0.61%。同时，企业整体税收负担占综合成本的比重也从 2015 年的 5.52% 降为 2017 年的 5.20%，微型企业下降最为明显，从 4.40% 到 2.68%[①]。据统计，2016 ~2018 年

① 张学诞、梁季、许文、陈龙、施文泼、刘昶．近年来我国减税降费政策效果评估［J］．地方财政研究，2019（3）：11 – 17.

针对企业减税相关政策有100多项，虽然传递不一定到位（也有企业税收负担增加，即使下降也不一定令人满意，如中型企业税负占企业综合成本的比重从4.37%增长到4.86%，增值税税收负担从2.29%增长到3.03%），效果也不一定明显，但仍然具有明显的减税的特征。

总的看来，名义减税力度非常大，但实际效果远远低于名义减税水平，这会提高人们的减税预期，吊高人们减税的胃口，进一步推进名义与实际的不符，为将来的税制变迁带来隐患。

2. 名义上提高相关税前费用扣除，实际上，税收负担并非单调下降。

如个人所得税2018年修订之前，虽然一直以提高税前（名义）费用扣除为变迁主线索，但因为名义收入增长引致税级爬升问题，其税收负担却大幅度提高。

3. 新开征或者重新凸显并重大调整的税种，其社会影响大，但实际税收负担较轻，在相关主体税种税负大幅度下调的背景下，纳税人总体税负水平仍然大幅度下降。

比较典型的如资源税。资源税自1984年实施，虽然其征收范围逐渐扩大，但仍然非常有限。以煤炭业为例，2014年12月1日开始煤炭资源税从价计征在全国推行。李世举等（2018）认为煤炭企业虽然资源税负略有上升，但总体税收负担却大幅度下降。袁春生等（2019）通过对部分上市煤炭公司2014年前后的税负比较分析后得出相似的结论：虽然不同省份煤炭资源税负担都有一定程度的上升，如山西省从0.56%增长为3%，山东省从0.31%增长到1.07%，看起来变化幅度较大，但实际负担变化不大，实际负担水平也较低。与此同时，由于增值税大幅度减税及企业所得税费用扣除等调整。山西省这部分企业综合税收负担从2014年之前的25.79%下降为16.71%；山东省则从18.69%下降到11.82%①。

4. 减税的名义水平较高但企业对税收负担的减轻并没有相应的感受，进一步减轻税收负担的压力仍然较大。

主要有以下几方面的原因：

（1）由于征管加强而引致的税收负担的实际增加。由于税制缺乏规范性，给税收征收管理留下较大的自由裁量权，减税的财政压力往往通过加强征管来部分甚至全部化解。

（2）经济增速减缓，相当部分企业经营困难，而大多减税举措与企业盈利能力和相关固定资产和费用投入密切相关。如小微企业2019年最大幅度的减税

① 袁春生，马雪梅．煤炭资源税改革前后税负变动及影响因素——来自煤炭上市公司的经验证据［J］．税务研究，2019（5）：104-109.

是针对应税所得的减计，而企业经营能力下降，利润水平下降，其减税效应自然下降。再如对研发费用和相关环保设备的加计扣除或税收抵免以投入增加为前提，企业经营困难，少有该类新增投入，减税效应当然不明显。

（3）对减税的心理预期大于实际的减税幅度。税制变迁中对减税的过度宣传，往往让纳税人对减税有过高的期望值。如增值税税率在不到一年的时间从17%“断崖式”地下调为13%（2018 年 5 月 1 日从 17% 调整为 16%，2019 年 4 月 1 日再从 16% 降低为 13%），主流媒体包括许多专家对税率的下降给出了太过彰显的减轻税负的预期。实际上，从中国增值税的征管方式看，销项税率降低的同时，进项税率也会降低，其减税效应并不如税率所彰显的耀眼。

从新中国成立尤其是改革开放以来税制的演化路径看，减税成为税制变迁最显著的线索，是社会认同的税收制度具有的最典型的特征。或者特定税种的改革使该税种的税收负担降低，或者特定税种的税负有所上升但综合税负明显下降。但即便如此，面向未来，社会认同税制的总体方向仍然指向减税。一方面，税制运行只降不增和主流媒体对减税的过高预估形成进一步减税的预期和好的税制改革应该是不断减低税收负担的主流观念；另一方面，也是源于必须应对当前社会经济背景的压力。从当前国内外政治经济背景看，减税成为世界性新一轮竞争的关键词。2018 年美国的税收制度改革，以其大幅度断崖式税率下调吸引了世界各经济体的目光，一些在世界经济格局中具有重要影响力的经济体也迅速回应，并给出了以减税为主旨的税改方案或目标。在当前世界各国新一轮以减税为主要趋势和特点的税收制度改革的背景下，中国当前的税制变迁同样需要遵循这一路径——在减税为主线索的前提下，通过优化税收制度设计，从结构和总量上实现税收社会认同。

综上，减税是当前社会经济背景下，社会认同税收制度变迁的方向。但无论从过程和结果看都会有诸多因素影响其实际的效果和社会认同。这是当前面对错综复杂的国内国际经济环境必须要过的关口。

第三节　中国当代税收社会认同及税制变迁路径进一步解读

新中国成立，无论对税制变迁还是税收社会认同变迁都是一个重要的拐点。今天的税收制度与过去既相联系又相区别，这一阶段的演化能够让我们清楚地看到当前税收制度及其社会认同的来龙去脉。

一、新中国成立初期形成的税制社会认同均衡及其基础

新中国成立，是以民族排他性利益（针对“外族”非公正性侵犯与统治及

其激发的民族振兴）为形成国家及其诸制度合法性认同的基础。在这一前提下，得到认同的税收制度是能推动社会政治经济利益趋向这一目标的税收制度。此时所形成的税收社会认同均衡一直延续整个计划经济时期。

（一）基本的社会认同指向

1. 社会生产能力尤其是增强对抗能力的物质生产能力是国家立足的基本前提。

2. 必须割裂传统，形成新的具有更高的生命力和活力的经济制度体系和基本认知体系。

对旧的经济制度和社会制度的摒弃，表面上看，是对理想社会的追求（社会主义乃至共产主义）。本质上，却是基于这样的共识：旧制度是国贫国弱的根源，要实现民族和国家的振兴，必须建立新的制度体系，包括正式制度和非正式制度。

从正式制度看，计划成为所有的制度构建的关键词。从正式制度分析，个体和私利可以且应该为国家和集体利益牺牲。在此基础上，建立在个人尤其是家庭基础上的基本伦理观念被颠覆（实际上应该是被遮蔽），只有国家和民族的利益是应该被追求的。

（二）得到社会认同的税收制度具有的基本特征

与上述两个基本社会认同指向相对应，得到社会认同的税收制度具有四个特征。

（1）税收的根本任务是为社会最急需的物质资料的生产筹集资金。

（2）税收制度是为上述压倒性的任务筹集资金，其形成过程和影响形成的力量及具体结构并不重要。

（3）个人在税制形成和税制运行中的权利无关紧要，唯一重要的是，能获得建设所需的资金。

（4）符合上述要求的税收制度，其税收负担的多寡与个人利益无直接相关性。

需要再次强调的是，这一时期税收制度并不是凸显的社会认知对象和维度。

（三）被忽略、未形成影响的边缘化税收制度诉求

1. 公私合营公有化过程中，被加重征收的主体对税收制度的认知，从个体的角度看无处诉求；从社会看，是一种喑哑、不能形成影响的边缘化的税收制度诉求。

2. 地方个性化发展的税收需求被忽略。如中华人民共和国成立前市场经济发展较为领先的上海等地，为满足国家一体化的发展需求，区域性税收制度诉求被忽略。当然，也与计划机制不能有效构建信息获取系统有关。

3. 与社会背景相一致，个性化需求和发展的税收制度诉求被忽略。

二、影响税收社会认同的社会背景变迁

20 世纪 70 年代末，计划经济开始松动，并逐步开启构建社会主义市场经济的道路，影响税收社会认同的社会背景发生变化。

（一）影响税收社会认同的社会背景变迁一般线索

总的看来，从开始反思计划经济至今，影响税收社会认同的社会背景变化主要涉及以下五个大的方面：

（1）民族或国家的危机感逐渐从政治领域走向经济领域，经济发展水平和速度逐渐成为社会与民众关注的中心。

（2）如何为经济发展提供长效性动力而不仅仅是提高物质生产的能力，成为普遍被认知的社会发展说。

（3）分配领域平均式的公平使社会经济停滞，所以阶段性、一定程度的分配差距是可以忍受的。

（4）社会利益不断多元化、分散化①，推动建构或重构类型众多的认同，向国家传达公民社会的主张与要求。

多元化的社会利益诉求及社会利益格局认同，为国家合法性及其权威带来了困难。这个困难具体是什么？如何消解？这一困难是形成国家合法性认同面临的全新的影响因素。重叠共识是国家合法性认同的核心和关键，而在社会利益多元化、分散化的社会背景下，重叠共识的形成过程更为曲折而不确定。纵观历史，国家的合法性认同无非这么几个类型：神授、民族危机、功利。多元化社会利益认同与一元化社会利益认同面临的问题存在巨大的差异，能够获致认同的制度从形式和内涵必然发生变化。

（5）各类利益诉求复杂化。

国家的统治即贯彻其被制度化了的利益和价值，而国家的合法性却又由其所能代表的普通民众的利益决定。用传统话语界定即统治阶层的利益和价值如何与人民大众的利益相容或达到平衡状态②。随着社会背景的变迁两个因素均发生变化，相应的社会制度认同基础发生变化。正如前面的分析所指出，制度化利益并不是统治阶级的利益和价值取向，而是具有主流地位的制度所诉求的利益和价值取向。在中国具有过渡性或转折性的制度性利益和价值诉求则更为复杂。

---

①② ［美］曼纽尔·卡斯特著．曹荣湘译．认同的力量［M］．北京：社会科学文献出版社，2006.

（二）当前影响税收社会认同的社会背景进一步演化

随着社会主义市场经济体制的不断推进与完善及社会信息化程度不断增进，影响税收社会认同的因素变得更为复杂。

1. 税收在影响利益关系的分配中应该扮演的角色从单维走向多元化

国家这一制度体系的均衡与平滑运行除了需要处理统治与合法化之间的关系，还需要处理发展与分配之间的相互关系，税收在其中发挥至关重要的作用。这是进入税收国家时期及其后的共性。当前社会背景的变化，使其对税收在分配中的认知随之变化。

发展使社会财富增长；“再分配涉及在不同的群体、组织和机构之间，遵循这些机构所确立的以及国家所提倡的价值和利益标准，来对资源进行配置。[①]”实际上，这是对制度化利益与合法化利益影响税收社会认同的进一步阐释。在前面对社会利益与认同分析中，涉及的是如何寻求统治与合法化利益和价值的均衡，而这里的问题是，通过使再分配后形成的利益格局符合社会中各群体的价值和利益标准（或不相符程度在可以忍受的范围内），以实现统治与合法化利益与价值的均衡。在这一过程中税收制度是非常重要的“工具”，在不同的制度背景下均如此。但不同的是，其力图达至的、不同层次群体的利益和价值具有差异。

再分配是任何国家治理中寻求合法化认同的手段之一。而溯其根本，税收参与分配是为了获得国家统治的资源。同时，参与分配过程中，不可能不影响分配格局，即绝对中性的税收制度是没有的。此时，有一个与影响社会认同的社会利益密切相关的问题需要进一步探讨：国家统治获取的资源在量和结构上符合各地方和各类群体利益和价值取向吗？这在不同的统治和合法性矛盾中具有不同的特征。例如在中国的明代，通过国家制定低税负的同时，在很大幅度内容忍地方随意加征来解决统治和合法性认同之间的利益冲突与矛盾。低税负使社会底层以生存为最为根本利益和价值取向的民众对国家的合法性产生认同性判断。与此同时，通过容忍随意加征满足统治和制度性利益及价值诉求——以加征谋求权力阶层获得的利益和统治运行的动力机制。这样一来，当不同层次政府和不同主体的加征破坏社会民众的基本利益诉求与价值取向时，主要矛盾指向地方政府、官吏，而对国家和中央政府的认同得以维系。这也可以说是在当时的社会经济发展背景下，解决低下的物质生产能力和治理效率与庞大国家的统治之间矛盾的有效办法。当然其有效性无论从时间上还是从系统的可持续性看都是有限的，某种意义上无异于饮鸩止渴。

---

① ［美］曼纽尔·卡斯特著．曹荣湘译．认同的力量［M］．北京：社会科学文献出版社，2006.

而当前的社会背景下，这一矛盾凸显为中央与地方税收权力之争。国家通过税收分权来满足地方制度化利益和价值取向，再通过集中的部分税权满足或将地方权力行使或多或少地诱向国家合法性认同赖以存在的民众的利益和价值取向。地方利用相对固化的税权满足地方制度化利益需求的同时，在国家诱导下（也存在一定的内在冲动）更为便捷和准确地满足民众的利益需求。这一机制运行逐渐成熟，逐渐形成这样的一种地方利益格局——在维系基本价值的基础上，尽可能满足地方性主流利益的需要。在中国，当前市场经济制度是经济运行的基本制度及基本利益和价值取向，其他所有利益权衡和利益分配机制也主要建立在此基础之上。地方税权保障当然也是建立在地方市场运行能得到制度化保障的基础上。但与此同时，地方税权的行使具有其自身的取向。换句话说，在中国当前的社会经济背景下，同样是以市场经济的基本内涵为利益和价值取向，如产权及其收益的不可侵犯、产权（广义的）行使而形成的收益差异是正义的等，但不同的地区制度化收益与价值具体实现的方式具有较大的差异。地方税收分权有助于地方以存在差异的方式追求制度化利益的最大化。与此同时，还存在形成国家合法性认同的民众利益与价值取向的地方性差异。这两个方面差异产生两个问题：一是制度化利益及诱发的矛盾与冲突表现为不同的形式。如有的地方表现为资源运用中各市场主体的不同方向的利益诉求，而另一些地方则可能表现为对污染权力的争夺；二是民众的利益诉求也具有不同的特质，这一利益诉求一部分需要地方依仗其拥有的充分信息回应，另一部分可能被地方忽略转而诉求于国家（中央政府）。

在中国当前具有转折与过渡性质的特殊时期，地方这一层次的国家合法性认同，还存在一个隐藏在“公开表达”后面的非常重要的问题，非市场的获利方式仍然有广泛的认同基础。人们习惯了传统计划经济制度下，国家的全方位保障，市场经济逻辑的利益分配和价值取向，有时会让民众感到疏离和不适应甚至以“分裂”的方式回应——当在市场中获利时，认同市场逻辑的利益分配和价值取向；而当在市场中失利时则希望重回计划经济制度下的国家全方位保障。这使利益分配过程和格局的认同变得更为复杂，相应地，在市场经济下利益分配中至关重要的税收社会认同也变得更为复杂。

2. 在开放的社会背景下，影响税收社会认同的利益关系更为复杂

开放的社会背景下，税收社会认同的形成受不同指向的利益关系的影响。国家、国际机构、国家内部的各种联合体、区域和地方政府、非政府组织等各有自己存在差异的立场和利益指向，往往会形成不同的税收诉求。加上国家的基本制度体系无论是政治制度还是经济制度都具有一定的过渡性不完善的特征，影响认同的利益关系更加复杂。

同时，在这一开放的社会背景下主体之间的利益关系远比过去复杂。此时国家或多或少、或主动或被动地力求与外部世界的价值取向和利益选择的差异不要过度凸显。与此同时，与外部世界信息交流充分的各类机构、组织及地方政府，往往会产生不同于封闭背景下的利益选择和价值取向。封闭环境下，上述各行为主体面向政府和国内市场的行为，变为面向国际市场和其他权力主体包括他国政府。非政府组织的资金来源不仅仅是国内的民间资助和政府的政策倾斜，还来自国际社会包括其他国家民众和政府的资助。在这样的背景下，行为主体的行为演化为不仅仅满足国内的相关价值评价体系对其判断，也需要（甚至比前者更为重要）满足其他的相关价值评价体系的判断。这就使社会认同的产生具有了前所未有的复杂性。

此外，中国目前的基本制度所具有的逐渐完善、不断调整演化的特征，使错综复杂的利益的调整往往很难依赖制度化力量而不得不依靠权宜。这便成为社会认同偏离理想状态的主要原因——不仅仅是利益调整的结果难以令人满意，更大的问题是权宜性调整充满不确定性，使社会中行为人的行为理性成本大为增加，在一定的程度上影响其社会认同的形成。

综上所述，随着法制化的进一步推进和信息化时代的来临，国家的认同逐渐复杂化。在这一过程中税收及税收制度的合法性认同将如何变化？下面从中国当代税收社会认同的主动和被动建构的变迁脉络进一步阐释。

三、中国当代税收社会认同主动建构变迁与税制变迁

新中国成立以来的 70 年间，税收制度与税收社会认同都发生了巨大的变化，通过这期间税收社会认同的主被动构建及税收范畴化过程的分析，深入了解中国税收社会认同的现状及预期。与此同时，税收制度变迁过程与税收社会认同主动建构与被动建构的过程是相伴生的，具有非常密切的联系。因此，对税收社会认同主动建构与被动建构变迁过程的观察，也同时有助于了解该时期税收制度变迁路径。

在每一个阶段，税收社会认同的主动建构具有多样性、个性化，作为外部观察者的研究者并不能一一获知其具体的情形。因此，在下面的分析中能触及的也主要是能被传播而形成被动建构，或者虽然目前未能在实践中被广泛传播但已被理论界认同并在该领域传播的主动建构。

（一）新中国成立后主流群体的基本特征经历了两个阶段

（1）在计划经济时期，被政治所彰显的群体具有社会主流群体的特征。如农民和工人，被认为是最先进的主流群体，尽管从静态的经济条件看，他们往往

处于劣势。社会中其他群体中的个人往往对该群体有强烈的成为其成员的内在冲动。如通过以这类被政治彰显的群体成员为配偶，甚至为之放弃自己原本习惯的大城市生活①到农村去、到边疆去。其行为的根本性动机都是试图摆脱自己所属的附属性阶层（群体）的地位，而希望成为主流群体成员。

（2）而随着经济制度的根本性改变，政府经由计划对资源的支配逐渐变为市场在资源配置中起决定性作用。此时，主流群体逐渐变为具有较大的经济实力的群体。同时，这一群体逐渐具有一定的甚至是较为重要的支配性地位。当然，这并不意味着政治地位在支配性群体的辨识中变得不再重要。从当前的情况看，人们通过这两条基本路径可以通往主流群体甚至是支配性群体，获得政治地位或经济地位。换句话说，曾经由政治维度单一界定的群体特征，现在衍生为二维标准（或者说二者具有交互影响的特征），而社会范畴或群体的地位和声望受约束性权力的影响。某一社会范畴或群体在社会中具有支配性，那么从某一维度看，该社会范畴或群体具有被人仰慕的地位和良好的声望。也许从其他维度看，声名狼藉。如在经济实力成为至关重要的判断标准时，社会支配群体在一定的程度上与经济发展中的作用密切相关（在中国历史上相当多的时期，仅仅凭借在经济领域的能力并不能进入支配性群体），在某些极端情形下，其获得金钱过程中的非道德行为有时或被忽略，在某些情形下同样具有主流地位。对经济利益的而不仅仅是对政治地位的追求逐渐成为相当部分个体摆脱被动群体或低地位边缘群体进入支配群体的主要路径，这甚至影响了人们对什么是成功的看法。

（二）中国当代税收社会认同主动建构与税收制度变迁过程及其现状

新中国成立后的70年，与税制变迁过程相伴的是个体税收社会认同主动建构发生的剧烈变化。下面从以税收为认知对象的个体税收社会认同及以税收为核心维度的个体税收社会认同两个方面分析中国这一时期税收社会认同的主动建构及税制变迁。

（1）新中国成立初期的税制具有被国家以意识形态为纲要构建且与个人福利没有直接联系的特征。此时，人们对税制的认知主要来自主流意识形态的解读，而且由于税收的直接负担并不影响个人福利，意识形态的解读容易被接受。如关于社会主义国家“税与非税”问题的认识并不源自实证和人们的直观感受，而是从意识形态出发，社会主义与税收的关系应该是什么，带有先入为主的主动建构特征。既然个人几乎没有税收负担，税收根本不会进入普通人的视野，税收不是身份认同和群体归属的核心维度，也就不会产生这一层面上的主动建构。而

① 人力．支边去［J］．读库，2013（1）：85－163．

国营企业的纳税从实质看等同于完成计划：完成税收计划即能获得财政的资金安排，也有利于管理者（等同于政府官员）的升迁。其所形成的税收认知并不是针对税收。所以严格说来，这一时期被动群体没有个体税收社会认同主动建构（见下面基本线索的分析）。

值得一提的是新中国成立初期工商业改造时期，对非公有性质的工商业采取加成征收的税收制度（前面从不同视角做过分析），其社会认同的主动建构与前者不同。首先，之所以采取这样的在一个市场制度的经济体中肯定被认为非公平非正义的税收，是因为建立在对国家制度基本认知基础上的税收主动构建。当时的主流观念认为，非公有制的存在是与社会主义制度相背离的，因此应该予以根除。税收以加成征收的方式加诸于工商业主的经营过程中，是一种非常温和而人道的改造（相对于其他国家的暴力剥夺）。其次，作为纳税人的工商业主，有两个矛盾的立场，从直接受益看，对这一税收制度的认知是既不公平又不正义（在一般意义上，征税引致再生产过程断裂及基本生存难以为继即为非正义），当然不可能形成认同。但从当时的政治背景看，这一特定群体立场上的税收认同显然不可能被传播并获得社会的一致性认可。同时，从主流社会观念看，这一类以加成征收的方式的剥夺已属温和，该群体对此也能接受。这两个不同立场、结论相反的个体税收社会认同，后者被显化并左右其行为，直至非公有性质的工商业被瓦解，这一税收立场的群体消失。

从新中国成立之初到20世纪70年代末，税收制度社会认同一直具有上述特征。其变迁具有自上而下的特点，但这一税收社会认同状况在70年代末80年代初出现了转折。此时，社会最核心的矛盾，如前所述指向社会效率低下，社会制度严重制约物质生产能力，并逐渐逼近底线。在这样的背景下，提高效率成为社会认同的核心。国家与社会的关系，在具体层面上，即政府与微观经济主体之间以“计划”界定的关系逐渐松动，税收开始介入。税收社会认同主动建构进入下一个阶段。

（2）20世纪80年代初期经济体制开始转型，税收社会认同主动建构与上一阶段相比有明显的不同，税制变迁路径改变。

一是税收开始以非规范的方式介入分配影响人们的福利。福利最先受到影响的、税制被动接受的个体率先形成对税收的认知。这一部分主要是个体经营者，其直观感受是可支配收入因税收而减少，从而个体税收社会认同在以税收为认知对象和以税收为核心维度的身份认同和群体归属这两个层面上的主动建构均表现为负面。

此时，具体税收制度体系在整体上并没有进入人们的视野。实际负担税收者对其也不甚了了。从实践看，在并没有人关心更不用说了解税收的总体负担是多少、自己的负担应该多少是合宜的等问题时纳税人即做出负面评价。那么，当具体税收制度体系尚未进入人们视野（第三章第一节将这种情形用 γ_0 表示）时，为什么却已形成个体税收社会认同的负面认知？首先，从个人收入形成过程看，税收对收入的扣除从无到有，与税收相联系的第一结论是收入减少。其次，在传统经济体制下，公共品提供与税收无关（当时税收收入占政府收入的比重较低，加上为了说明社会主义与资本主义国家的不同而刻意切断公共品与税收的关系），未能形成以个人让渡短期收益获取长期社会福利和个人福利增进的观念。更何况，中国历史上税收从来是负面形象——“苛捐杂税”。

二是在这一个体税收社会认同的背后，左右税收制度自上而下构建的群体（主动群体）还有一个共识：应该以越来越多的税代替传统经济下的上缴利润满足国家和政府职能需要，这一税收共识由当时社会面临的最迫切需要解决的效率低下的问题而形成。

（3）1994 年税制全面改革，税收制度进入人们的生活，更多地、更为细节地被人们感知，而不再是可有可无。人们开始认识到好的税收制度有助于公平和福利的增进，但更多的是将“好的税收制度”的形成诉求于政府。这两者均影响这一时期的税收社会认同主动建构与税制变迁。

这一阶段，虽然经济制度改革还在不断推进，但对其基本认知形成：国家与政府包揽一切的时代已经过去，“无偿”享有公共品与社会福利的时代随之终结，税收成为既成事实。“’94 新税制”中的两个重要变化及经济的发展使税收的社会感知面扩大的同时，感知深度得以拓展：个人所得税固定的税前扣除使越来越多的人成为直接纳税人；增值税直至死刑的苛严的逃税惩罚得到人们的关注。而随着税收征管规范的形成（其标志为 1992 年 9 月 4 日正式颁布《税收征管法》，并于 1993 年 1 月 1 日实施），逃税成本不断增加，人们开始关注具体税收制度体系的特征。因此，这一时期，个体税收社会认同主动建构不仅仅与税收直接减少可支配收入有关，而且开始关注税制本身的结构和特征。虽然仍然带有过去形成的偏见，但这一改变却是不容忽略的。

此时，主动建构的个体税收社会认同是，税收具体制度体系值得关注。这一表层认知的背后更为重要的是暗示：人们将认同某一结构合理的具体税收制度体系，并将对这一被认同的税制的遵从看作是身份认同和群体归属的正向维度。虽然也许人们并不认为这一合宜的具体税收制度体系有出现的可能。此时进行个体税收社会认同主动建构的主体主要是税收对其行为产生较大影响的一部分纳税人。显然，由于社会经济制度和税收制度的变迁，这部分纳税人远不仅仅是上一阶段的部分个体工商户，除了企业纳税人还包括利益被税收触及的个人，如个人所得税的纳税人、随着房产交易面扩大而不断增加的契税纳税人以及汽车购置和使用缴纳车辆购置税、车船税、燃油税以及进口商品的关税的纳税人等。

与此同时，还有一个具有共识性的个体税收社会认同：税制的不合宜是政府的问题。正因为此，当感知税收非正义非公平，又没有向政府诉求的渠道时，其行为选择为逃税和寻租。

（4）当前这一阶段个体税收社会认同和税制变迁的特征在渐进演化中逐渐明晰。

这一阶段最突出的特征是人们不再仅仅被动地接受税收制度，而是开始参与税制变迁的过程。这一参与过程是影响个体税收社会认同主动建构和税制变迁的新的、至关重要的因素。

2011 年的个人所得税调整过程是这一阶段开启的标志。2011 年 4 月 25 日起，中国人大网就《中华人民共和国个人所得税法修正案（草案）》向社会公开征求意见，一个月的时间收集到意见逾 23 万条①。而 2011 年 9 月 1 日施行的个人所得税法中最受关注、最为核心的免征额即是经由此次公开征求意见修正。随着社会制度背景改变，税收制度调整过程发生改变，与此相对应，个体税收社会认同主动建构发生变化。个体税收社会认同的主动建构在这一阶段具有这样的特征：第一，同时关注税收制度体系形成过程和税收制度体系具体特征；第二，以税收为认知对象的个体税收社会认同主动建构过程中，立场发生改变——不仅仅看重个体税收负担的变化，也开始具有更为开阔的视野。换句话说，即使税收负担增加，也有可能基于对过程的认可而产生个体税收社会认同（当然，这仅仅是开启了这一可能的路径，真正基于过程的认同而产生税收社会认同尚有距离）；第三，参与税收制度变革过程，使税收开始逐渐成为身份认知的维度，虽然还不是核心维度。

严格说来，上述四个阶段还有另外两个主动建构主体：学者②和税收相关官僚。在第一个阶段，学者与税收官僚是同一立场，均将税收看作是国家计划收入的一部分。在第二、第三、第四阶段有所分离，一部分学者仍然与税收官僚同一立场，我们将其视为官僚。另一部分则与官僚分离。第二、第三阶段，税收官僚将税收看作是“政府代表国家”的强制实施，将征收主体看作强制主体。因此，

① 个人所得税法面向社会征集意见超 23 万条创纪录．中国新闻网 http：//www. chinanews. com/cj/2011/05 -31/3079289. shtml，2011 年 5 月 31 日．

② 这里所谓学者是一个理想化的概念，是指有独立意识、客观公正且睿智理性的这一部分关注该领域的知识分子。

对于其而言，税收仅仅是一种管理工具，只要不引致太大的对抗，其具体结构如何并不重要。学者在第二阶段仍将税收视为政府管理手段的同时，开始关注管理过程中的服务与尊重。而第三阶段，学者主动建构的税收开始走向更为本源的认知：税收是谁的权力？在第四阶段，税收官僚开始看到纳税人在征纳过程中的重要性，但更多的是从推动税收遵从而较少从税收权利归属的角度界定这一重要性。因此，往往将纳税人在税收立法过程中的参与看作“施舍”而非权力。而学者在这一阶段将税收权利看作是公民基本权力的组成部分。需要特别说明的是，由于学者的主动建构往往是建立在阅读、思考的基础上，具有超前性，所以时间上未必与上述阶段分界完全一致。

需要说明的是，上面所界定的学者在不同时期对税收的主动建构的特征，主要是指其能被彰显的主动建构。

（三）中国当代税收社会认同主动建构变迁及税制变迁的基本线索

前面的分析中指出，税收个人认同的主动建构对于社会中税收被动群体而言是税收制度加诸于个体（包括主动和被动、直接与间接）的反应。这种反应，因个体所受教育、视野等客观物质条件和精神领域状况的不同而不同。主动群体的税收社会认同主动建构却是社会整体状况与税收相关联的具体情形加诸于个体的反应。下面从主动群体和被动群体不同的视角简单梳理新中国 70 年税收社会认同主动建构和税制变迁的基本线索。

1. 主动群体的税收社会认同主动建构演化及税制变迁的基本线索

通过对先在性理论中与税收有关部分的思考得到税收社会认同先在性的主动建构，并推行与这一先在的认知相一致的税收制度。在税收制度运行中，在对现实世界观察、反思中不断修正税收社会认同，并进一步推动税收制度变迁（见图 7－3）。

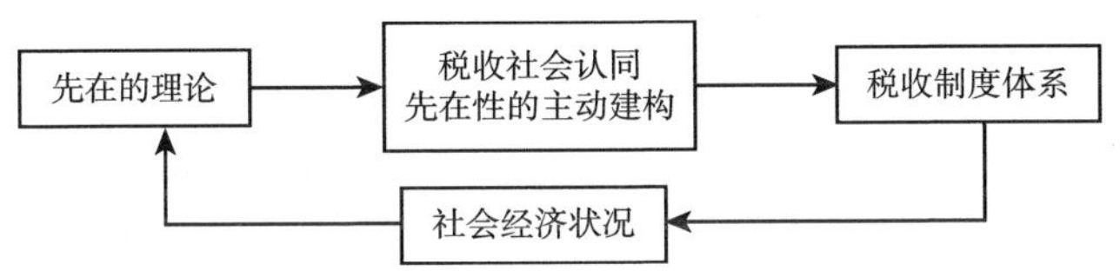

图 7－3　主动群体的税收社会认同主动建构

新中国成立之初，先在性理论的基本内核是社会主义制度与资本主义制度在所有方面存在根本的差别。在此基础上，主动群体税收社会认同主动建构形成对税收的基本认知：理想中的社会主义，国家不应该以税收的方式介入国民经济（而应该是计划），税收在社会主义制度尚未完美构建的阶段暂时存在。与此相对应，税收主要用于调节国民经济中非社会主义性质即非公有部分，如从旧经济制度中传承的民族资本主义经济、个体经营等，税收制度体系依此建立。该税制体系在运行中存在的问题并不引人瞩目，甚至从未有学者全面梳理这一时期税收制度的得失。但该税制体系赖以存在的计划经济制度，在当时的经济发展状态下，引起反思和修正，主动群体的税收社会认同主动建构受到影响，重新定位税收制度的作用，并推动税收制度的变迁。新的税收制度在不断改革的经济制度下不断被改变，税收社会认同的主动建构不断变迁，并形成新的认知：市场经济制度不是判断社会根本性质的因素，社会主义制度与资本主义制度都可以以市场经济制度为经济发展的基本制度。在这一基本认知下，税收成为政府介入经济的主要手段，不再受限于微观经济主体的所有制形式。主动群体税收社会认同的主动建构不再受制于基本社会制度，而更多地取决于更具体、更具操作性的因素，如对效率的影响、是否公平正义等。税制变迁路径因此而被改变。

2. 被动群体的税收社会认同主动建构演化及税制变迁的基本线索

被动群体的个体税收社会认同形成过程当然也受整个社会基本观念的影响，但其主动建构更多的是建立在自身对税收和税收制度的直观感受上。

（1）被动群体税收社会认同主动建构的特殊性。

首先，不同于主动群体的税收社会认同主动建构。在中国的税制演化过程中，主动群体指直接左右税制形成的群体。因此，在税收社会认同的主动建构中，对税收的认知往往并不完全建立在具体税收制度体系基础上。其主动建构因循这样一个过程：从宏大的国家整体规划与发展目标构建对税收的基本认知，在此基础上构建与中国实践相结合的“理想”的具体税收制度，并推行之。而被动群体在主动群体形成税收制度体系的过程中无从参与和建构其认知，其主动建构主要表现在两个方面：一是形成对税收抽象的看法；二是形成对推行的具体税收制度体系的认知。在这两个层面上，被动群体都是对税收形成主动认知，却是不同于主动群体的主动建构。在第一个层次上，更多的是从个人立场出发的对税收抽象的看法；而在第二个层次上，不是从应然的角度构建对具体税制体系的认知，而是从对自身的现实利益影响中形成认知。

同时，也不同于被动建构。被动建构是直接被动接受已经形成的认知，并在交流与实践中获得进一步的认知。而被动群体的主动建构却是在交流与实践之前对税收及税收制度做出的认知判断。也就是说，这一群体是被动的，但这一群体对税收和税收制度的认知却不是建立在他人认知的基础上，而是依据税收具体的、自己能够获知的信息形成的认知。虽然作为税制的被动接受者，但对税制的认知却并不是被动地接受他人的看法，而是以税收制度体系为客体对象形成独立的看法。

（2）被动群体的税收社会认同主动建构演化线索及其对税制变迁的影响。

在主动群体自上而下地推行、修改税收制度的过程中，被动群体将被动接收的信息与自己的主观认知（受诸如个人所受教育、其所生活的社会习惯性认知等因素的影响）相结合形成税收社会认同的主动建构。

一开始无论既存税收制度具体特征如何，都不认同的同时采取制度外行为逃避。然后开始关注具体税收制度结构，并进一步意识到参与税收形成过程的意义。起初，税收与绝大多数被动群体的利益无直接关系。因此，被动群体的税收社会认同主要表现为对税收抽象的认知，而且被淹没在对社会和政府的一般性认知中。被动群体中极少部分利益被税收影响的群体，形成对税收制度具体的看法，但这样的主动建构未能凸显，不能被传播而成为社会共识。其后，社会制度背景变化，个人利益与税收之间的关系越来越密切，能感受税收制度的影响的群体越来越壮大。对具体税收制度的认知形成的主动建构的影响也越来越大，并逐渐成为主流认知的一部分，使社会中无论能否感知税收对利益影响的群体都能感知这一认知。在这一过程中，由于税收制度对被动群体而言具有外在性，从个人行为看，无法改变这一行为约束，而只能选择遵从与否及遵从的具体方式和程度。相应地，被动群体因为税收制度所具有的外在性而往往形成对税收的负面认知。随着制度背景的变迁，被动群体开始有越来越多的机会参与税收制度变迁过程，并逐渐将税收社会认同主动建构的核心转向这一过程。

四、中国当代税收社会认同被动建构变迁与税制变迁

个体税收社会认同被动建构是在主动建构基础上，经由习得与交流和实践获得，并在进一步交流与实践中扩散。下面分析新中国税制变迁过程中，税收社会认同的被动建构变迁。

（一）税收社会认同被动建构变迁过程及其现状

被动建构随主动建构的变化而变化，因此在上述税收社会认同主动建构的基础上，人们在习得、交流与实践中传播其中的某种或某些认知，并最终成为社会主流的税收认知。

1. 新中国成立初期到20世纪80年代初，由于税收是国家计划的一部分，并不形成对个人和社会福利的直接影响。这一时期虽然有从意识形态获得对税收的认知，但从社会总体上看并没有严格意义上个体税收社会认同主动建构，因此，更不可能形成在主动建构基础上，经由习得、交流与实践形成被动建构。主动群

体对税收的认知，由于人们的立场和视角不能感知到这一宏观和与社会整体方向相关的理念，不能形成被动建构。

2. 20世纪80年代初期开始，负面的个体税收社会认同主动建构经由习得、交流与实践形成负面的个体税收社会认同被动建构，并进一步形成群体的认知，乃至成为整个社会的税收认同最核心的观念。

（1）个人福利与税收直接相关联的群体中一些个体经由阅读、思考与实践在两个维度上均对税收作负面主动构建。先是影响个人福利与税收直接相关群体中的另一些个体，进一步影响社会中的其他个体形成负面被动建构。

首先，具体税制结构被个人福利与税收直接相关联的群体中一些个体认为是不公平非正义的，形成主动建构。经由与这部分个体的直接和间接交流，个人福利与税收直接相关的另一部分群体中的个体形成对具体税制结构不公平非正义的被动建构。个人福利与税收没有直接相关性的群体中的个体经由交流逐渐形成税收具体制度不公平非正义的被动建构。

其次，这部分与税收利益相关联、主动建构具体税收制度不公平非正义的个体，同时认为不遵守税收规则，少缴税甚至不缴税是“有办法、有能力、有身份”的表现，并经由交流传递给其他个体，形成税收不遵从的被动建构。

（2）代表政府的税收机关和个人强调税收的工具性职能。作为认知对象的具体税制结构并不重要，在身份认同和群体归属维度，税收作为工具掌握在自己手里。从达到国家的目的看，无论是获得财政收入还是实现宏观调控，在此过程中能够自由裁夺被看作是好的税收制度和税收官僚有能力的表现；同时，税收也是税收官僚达到自己目的的手段。税收官僚在税收制度形成和征收过程中的自由裁夺被看作是合宜的。这不仅得到税收官僚的认同，也得到纳税人和社会中其他行为主体的认同——这正是税收官僚的“权威”所在。

（3）学者中的一部分个体经由接触西方文献，通过观察中国的实践，开始认为税制的具体结构的公平与正义非常重要（尽管此时主动建构的具体税制往往带有面向西方的理想主义色彩）。与此同时，形成政府与纳税人之间虽然是管理和被管理、主动与被动的关系，但基于成本效益分析，政府应该服务并尊重纳税人。这样的主动建构经由交流（包括公开发表论文）形成学者中的主流认知。同时，既然并未形成税收行为与个体身份认同和群体归属相联系的主动建构，即使在学术界也未能成为核心维度，所以，未能形成被动建构。

3. 当前这一阶段，在交流、实践与观察中，“税收制度有助于公平和福利的增进，将‘好的税收制度’的形成诉求于政府”的认知被扩散而形成税收社会认同的被动建构。这也是当前阶段主流的认知，但更多地倾向于负面的维度。主要包括以下几个要点：

(1) 征收机关行为不规范、不公平，能够被私利左右而改变其征税行为。

(2) 税收制度体系结构不合理不公平。

(3) 好的税收制度能增进社会福利，但当前的税收制度直接减少可支配收入的同时，并未能增进社会福利。虽然与前一个阶段一样认为税收减少了可支配收入，但其最大的差异是认同税收有增进福利的可能性。

(4) 认为税制变革的主体是政府，政府应该提供一种更公平的税收制度。人们并未认识到自己在税收制度形成中的作用，也往往不主动诉求。也就是说，在这个层面上，形成的税收社会认同主动建构尚未形成被动建构。

(5) 税收行为与个人品行无关，是与身份认同和群体归属无关的非核心维度。更进一步，逃税行为仍然被看作仅仅与技巧有关，而与道德无关。

个体税收社会认同的被动建构具有时滞，在（具备被传播和扩散特征的）主动建构形成后的较长时间后方能形成，并进一步影响人们的行为。所以一直到目前这一阶段仍未能形成主动建构的认知中早已形成的许多观念，如税收与公民基本权利相关、税收是纳税人的权利、税收制度变革是公民权利施行的过程等。更为重要的是，这些主动建构的认知并不一定会完成被动建构并最终形成税收社会认同。

（二）税收社会认同被动建构演化及税制变迁的基本线索

在主动建构的诸多认知中，哪些能被广泛传播而成为税收社会认同并进一步影响税制变迁？前面一般分析中抽象地界定了能被广泛传播并形成社会认同的认知所具有的特征。具体到税收，在中国的制度背景下，能够被广泛传播并形成税收社会认同被动建构的认知具有什么特征？其基本线索是什么？对税制变迁有何影响？

经济学基本假定假设经济人行为具有在约束条件下追求自身利益最大化的特征。追求自身利益最大化是税收社会认同被动建构过程中对主动建构的认知进行选择的共有特征，不同之处在于不同制度背景对这一选择给出的约束条件。因此，在不同的国家或者在同一国家的不同时期，社会制度背景的差异引致这一选择的差异。下面从这一角度梳理新中国成立后税收社会认同被动建构的基本线索以及在这一过程中对税制变迁的影响。

1. 税收社会认同被动建构的基本线索及对税制变迁的影响

中国近现代历史上，受各种内外因素的约束，并没有衍生出以契约精神为核心的现代市场经济制度。频繁的社会动乱及由此引致的利益及其分配的变动不居，使投机固化为社会行为的普遍原则。因此，容易被接受并广泛传播的税收主动建构的认知具有的核心特质是强调税收的非公平与非正义，而忽略纳税人的责任担当。与之相一致的主动建构容易被传播，反之则难以被扩散形成被动建构成为主流认知。但这样的情形随着时代的发展而松动。从税收的角度看，对税收权利的关注并逐渐形成共识的过程，使税收行为选择的投机性认知开始变化，并进一步推动相关税收主动建构的认知的传播，最终影响被动建构的具体特征。这一过程从20世纪90年代末期开始，学者这一层面的主动建构，其基本路径是，从国内对税收的认知看，强调纳税人权利更多是从纳税人直接利益获得的角度。但随着这一认知在传播中不断深入，开始关注权责相当——将对税收和税收制度体系具体结构的诉求与税收责任和义务相联系。伴随税收社会认同被动建构的演化，税收制度逐渐从自上而下强制推行向在权利与责任的权衡和对比中社会共同参与，并进一步推进其优化。虽然这一税制变迁的特征刚刚开始呈现，但其所引致的变化已引人注目。

2. 税收社会认同被动建构预期及其对税制变迁可能的影响

通过分析自新中国成立起到当前时期税收社会认同被动建构及主动建构的基本趋势，可以进一步预期未来的基本走向。

（1）纳税人权利认知在主动建构之后被广泛传播和接受，并形成被动建构。在此过程中，被动构建与主动构建一致的是“税收是纳税人的权利”，主要倾向于从纳税人角度的单维利益诉求：更好的纳税服务、更少的税收缴纳。甚至带有基于对前一阶段否定的矫枉过正。而对纳税人权利主动构建形成的其他认知未能被传播形成被动建构，如与权利相当的义务的率先履行。

（2）在对纳税人权利的诉求中，开始从单纯地强调减少纳税负担走向关注公共品消费。作为给社会带来较大影响，对税收社会认同被动建构具有转折性意义的“事件”是2011年的“税负痛苦指数”。一开始，在这一事件中人们共同关注的是中国税收负担“税轻费重”① 的问题，然后专家对公共品提供情况的解读被广泛传播并形成税收社会认同的被动建构——税收名义负担轻，但纳税人享受的公共品少。于是将税收视为公共品成本的理念形成被动建构。

（3）顺理成章，税收社会认同权责相当的理念开始影响被动建构。但责任

① “税轻费重”最早在20世纪80年代被提出：齐华瑶．乡镇企业税轻费重——两个水泥厂的情况调查［J］．农业经济丛刊，1986（04）：55－56＋64。之后有学者从不同的角度分析，例如：秦晖．“黄宗羲定律”与税费改革的体制化基础：历史的经验与现实的选择［J］．税务研究，2003（07）：2－8。后因2011年的“税负痛苦指数”事件而被相关媒体进一步关注，例如：张雯婷．山东推进煤炭资源税费改革 解决“税轻费重”问题［EB/OL］．中国税务杂志社官网，http：//www. ctax. org. cn/gdsx/201506/t20150608_1005586. shtml.

担当社会认同的税收社会认同被动建构，并不能直接形成人们的税收遵从行为。从责任担当角度看应该缴纳税收，而如果“诚实守信”相关的理念却是倾向于投机，个体往往自我归属税收不遵从群体。而对他人的群体归属判断中则更多从“责任担当”的角度——他人的行为规范应该是税收遵从（前面章节对此有进一步解读）。在这一判断中，往往根据与自己的亲疏形成差序行为规范判断，即在群体归属判断中，往往采用两重标准。但无论如何税收社会认同权责相当理念的被动建构是税收自觉遵从的前提条件。

与税收社会认同被动建构变迁相一致的是民众在税收制度变迁过程中参与意识开始觉醒，税制的演化路径随之改变。

第八章　中国税收社会认同及社会认同税制体系的现实判断

本章分析中国税收社会认同及税制变迁在时间序列上演化而形成的当前这一特定时间点上的截面特征。

第一节　中国当前社会认同税制的直接过程和结果[①]应与“可行能力”的提升一致[②]

在中国当前社会背景下，最尖锐的问题并不是物质生产能力的问题。被凸显为国家层面政策的贫困、老龄人口养老、区域发展失衡等问题，并不完全甚至主要指向物质的丰裕程度。社会的焦虑与失落与经济快速增长背后的发展逻辑密切相关。分析近 100 年世界各国社会经济发展过程及其现状，发现相似经济发展水平国家，却可能有截然不同的社会状态。当经济发展到一定的程度，社会具有了一定的经济实力，以“可行能力”意义上的自由[③]审视社会经济发展代替单一的经济增长指标的社会，可能是整体“幸福程度”更高，从而运行成本较低的社会。“个人自由就其实质而言是一种社会产品，有这样一种双向的关系：通过社会安排来扩展个人自由；运用个人自由来不仅改善单个个人的生活，而且使社会安排更为恰当和富有成效”[④]。在这个意义上，从长期看，社会认同税制构建最核心的问题是随着社会经济的发展，自由——“享受人们有理由珍视的那种生活的可行能力”的不断增进。所以，本质上，被社会认同的税收制度的基本特质即

---

① 税制直接过程和结果即税收征收过程及其形成的收入格局、税收使用过程及其形成的分配格局。忽略政治过程包括税制的形成过程。

② 这一部分的思想深受阿马蒂亚·森的启发：[印] 阿马蒂亚·森著．任颐，于真译．以自由看待发展 [M]．北京：中国人民大学出版社，2002.

③ 自由是一个内涵太过庞杂的概念，这里仅仅指“享受人们有理由珍视的那种生活的可行能力”的实质自由。下面的分析中也是如此。

④ [印] 阿马蒂亚·森著．任颐，于真译．以自由看待发展 [M]．北京：中国人民大学出版社，2002.

能够满足"能过有价值的生活"[①] 意义上的自由的实质需要。换言之，在讨论具体税制构建意义上的税收社会认同时，并不是从税收制度形成的权力及其实施过程分析，而是从税收所能满足的促进基本能力从而促进实质自由的角度分析。

一、"可行能力"与税收社会认同的一般分析

（一）对"可行能力"意义上自由的保障推动社会经济稳定发展

中国经济经历了近40年高速发展，虽有过短暂的低迷和困难，但从未长时间被约束在低增长率水平，更不用说负增长的境地。但令人困惑的是社会认同虽在某些领域、在一定程度上有所改进，却并未与经济增长同步增进。2018年中国GDP总量排名世界第二，人均GDP排名世界第九[②]，与改革开放之初1978年人均GDP385元人民币[③]相比增长了近200倍。但与此同时，社会普遍的焦虑和浮躁，在相当程度上显示了在社会财富总量急剧增长的同时，社会的"幸福感"却没有随之上升。纵观世界各国，随着经济增长有两种不同的社会发展路径，一类是我们曾经以为经济增长就必然会达至的状态——人们普遍享受高水平的健康、医疗服务，人均寿命稳定增长，生活水平不断提高，物质和精神的企及其"珍视的生活"的能力不断提高。另一类，随着经济增长，贫富差距不断加大，社会进一步发展乏力。在社会上层财富高度集聚的同时，社会中仍然有相当多的人们不得不居住在治安条件差、公共设施缺乏，个人发展无所助力，无法获取足够的营养，甚至不得不忍受饥饿的境地，人均寿命甚至低于经济增长水平更低的国家和地区（一些学者称之为"中等收入陷阱"，并把对其跨越视作难题）。从这两种伴随经济增长的社会发展路径中可以看出，经济增长并不是实现自由视角的发展的充分条件，在一定的意义上甚至不是必要条件。阿马蒂亚·森2001年在其《以自由看待发展》的中文版序言中指出，"当中国在1979年开始进行大规模经济改革的时候，已经拥有受过良好教育的人口以及发展良好的医疗保健体系，而且不存在土地拥有量不平等的问题……社会进步与经济发展之间的互补性……在中国的经验中得到了很好的说明"[④]。这使中国有底气有选择地利用市场经济谋求发展。此时，中国居民受教育的水平与当时的亚洲"四小龙"中的韩国接近，健康和医疗都达到了基本保障水平，这让中国能够高效率地利用市场

---

① ［印］阿马蒂亚·森著．任赜，于真译．以自由看待发展［M］．北京：中国人民大学出版社，2002.

② 中国GDP首超90万亿，稳中有进迈向高质量发展［J］．中国经济周刊，2019（03）：7.

③ 国家统计局官网：http：//data. stats. gov. cn/.

④ ［印］阿马蒂亚·森著．任赜，于真译．以自由看待发展［M］．北京：中国人民大学出版社，2002.6：中文版序19.

经济推动社会经济高速发展。与之相对的是印度。在 1991 年，印度开始经济改革之时，有一半以上的成年人是文盲，健康和医疗保障水平低下，其市场经济发展在很长的时间里不尽如人意①。

这两种发展路径之间最重要的区别在于，前者在经济增长的同时推动保障“可行能力”意义上自由的增进，对社会均衡、平滑运行提供制度性保障，从而促进社会经济稳定有效增长；而后者则延续单纯追求投入产出意义上的直接效率和激励机制，导致贫富差距加大，社会矛盾加剧，社会运行成本急剧增加，从而进一步增长受阻。

税收制度是现代国家保障“可行能力”意义上自由的制度安排。只有税收制度的直接过程和结果能够促进“可行能力”意义上自由的增进，才能有利于社会认同的形成，而成为税收制度社会认同最重要的前提。

（二）在现代社会税收对“可行能力”的保障是实现税制社会认同的基本前提

在现代社会，“可行能力”意义上自由的保障具有典型公共品的含义，因而税收是其实现的制度性保证。社会认同的税制从结果看，能够保障实质自由的推进（前面已经用很长的篇幅讨论了基于过程的认同，这里不再强调），即社会认同的税制从结果看，除了收入与财富格局的公平，还有一个至关重要的作用即通过公共品和各类工具性职能的施行推进实质自由。中国的经验证明这一意义上的自由确实能保障发展（在这里不重点介绍自由本身的价值）。中国长期持续的高速发展，其非常重要的基础条件之一是新中国成立后到改革开放前的 30 年，夯实了教育、医疗、国民健康、农业基础设施等方面“可行能力”保障的基础。改革开放后的一段时间，理论研究把视线转向西方经典理论界定的发展动力，忽视甚至否定这 30 年形成的基础性条件的作用。但随着市场机制的逐步推进，计划调配资源保障“可行能力”不可行的前提下，缺乏充分有效的机制弥补，出现了相当部分人口尤其是农村人口“可行能力”保障不足甚至缺失的问题，给社会经济发展带来了诸多问题与困难，方意识到传统保障所发挥的作用。这也从另一个角度说明，经济增长，国家提高人们可行能力的客观可能性增加，但如果政策缺位，反而有可能不如经济基础较差的时期。当然，在中国传统社会经济背景下，是以计划安排“扶持引导”，完成了在当时的经济发展水平下几乎可以说是难以完成的“可行能力”的基础性保障；而在当前经济背景下，不可能再回到主要以行政干预的方式形成和提升保障，只能经由社会政策达到目的。其中最主要的方式是经由税收的资源配置发挥主导作

① ［印］阿马蒂亚·森著．任赜，于真译．以自由看待发展［M］．北京：中国人民大学出版社，2002.6：中文版序 19.

用。在这样的分析中，先忽略税收经由公共品提供过程实现目标中可能存在的问题。

综上，从实践看，如果社会经济稳定发展，则容易形成社会总体认同。而对“可行能力”意义上实质自由的保障是现代社会经济稳定增长至关重要的前提条件。如果税收制度能够保障这一实质自由的实现，则具备了从社会总体认同、税收维度及认知对象三个层次实现税收社会认同的基本前提。直观地，如图 8－1 所示：

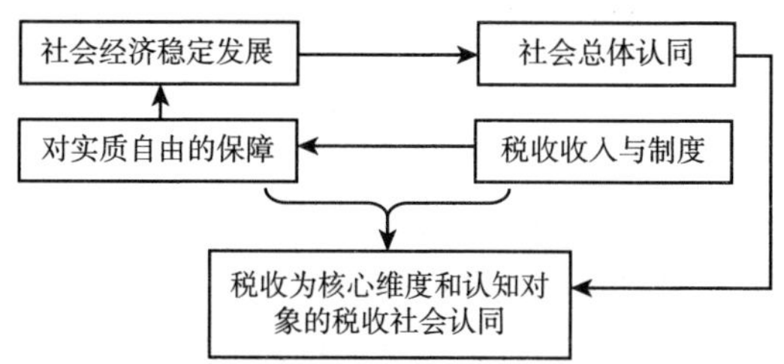

图 8－1　“可行能力”意义上的自由与税收社会认同形成过程

必须强调并不是有了税收就能实现对实质自由的保障。上述分析的前提条件是税收是社会认同的重要维度、税收收入提供公共品的过程是有效的，并忽略税收制度形成过程，将之理想化。

二、社会认同的税制应该有助于缓解可行能力意义上的贫困

现代社会面临的问题，无论是贫富差距、阶层固化与矛盾的化解、失业等问题多半可以从“可行能力”意义上的自由这一角度分析。在绝对贫困下，贫困群体在无法维系基本生存的刚性压力之下，具有强烈的“突围”动力。中国在传统经济下虽然经济总体水平不高，但构建了比较完备公平的基础公共品，因此，绝对贫困群体获得的转移性收入，比较容易转化为对教育等可持续能力的投入（加上在传统教育体制下，教育立竿见影的效果——高考升学就保障了较高质量的就业）。而当前中国的贫困问题更多的是相对贫困，其所呈现的状态和解决问题的方法发生了明显的变化。

（一）缓解贫困引致的必需品不可得的问题

1. “可行能力”意义上的必需品

从社会心理学的角度看，贫困不仅仅是某些生存性客观物质不可得、不能被满足的问题，还包括其基本尊严的需求能否被满足的问题。这是由商品的社会属性所决定的。亚当·斯密在其《国富论》中指出，“必需品……不仅仅指维持生命所不可缺少之物，而且指由一个国家风俗决定的作为一个体面的人，哪怕最底

层的人不可缺少之物"[①]。因此，必需品可以被分为两个层次，第一，基本生存的物质需求。这一意义上的必需品具有客观性，其内涵和外延几乎可以说恒定不变；第二，社会心理意义上的必需品。其作用不是满足生存的物质需要而是精神需要，具有较大的可变性，会随社会背景等各种因素的变化而变化。毫无疑问，前者对个体的生存当然具有强约束，后者的约束似乎是软性的，但其对社会心理具有非常重要的影响。相比较而言，当社会经济发展水平较低时，前者的影响几乎压倒一切，后者在很大的程度上可以说并不重要。但随着社会物质生产能力的增强，后者变得越来越重要。因此，社会心理意义上的必需品的边界更加含混，而且其内涵和外延具有较大的变动性。

2. 税收保障"必需品"的获得是税制社会认同的前提条件

税收对"必需品"的保障可以从征税及税收收入使用两个方面介入。

（1）从税收收入形成的直接过程看，税收负担结构必须满足这一基本要求——不因征税而导致个体无法获得关乎基本尊严的物品。

换言之，税收征收的底线不再仅仅是基本生存所需的物品，还包括更宽泛的维系基本尊严的物品。怎么判断哪些物品属于必需的范畴，或者必须在征税前为纳税人留多少可支配收入以满足其必需品的需要，或者在哪一个收入水平之下就不应该有直接的税收负担。分析中甚至还需要考虑间接税收负担的影响（在古典经济学时期关于"消费税"是否应该课征于生存性必需品的分析就已触及该问题）等因素，是一系列棘手的问题。概要地讲，这与社会平均的状况相关，会随着某一特定社会经济发展和进步而变化。同时，每一判断都有其自身的信息基础和偏好。二十年前，在一个发展水平中等的城市，当提及是否有婚房的时候，一般可以是指与父母共享的一套住宅中是否有属于自己的一间。而在今天，则肯定是指是否有其独立的一套住房；二十年前，在人口比较集中的城市，一家四口住四十平方米的"通堂"、公用卫生间甚至厨房是可以接受的，而今天则往往被视为无法满足基本尊严。在同一时间维度，不同的特定空间也会逐渐形成其特有的满足基本尊严物品的范畴。一些很难被界定为一般性的维护基本尊严的需要（正如罗尔斯所说，这不属于正义的范畴。每个人应该为自己的这类需求负责，而不是社会提供），但如果其逐渐蔓延并被越来越多的群体接受，就会演化为社会心理意义上关乎尊严的必需品。

征税必须考虑这类必需品的内涵演化。其基本演化路径有两个值得关注的方向，一是随经济发展而逐渐扩展；二是与社会公平理念密切相关的变化。二者相

① ［印］阿马蒂亚·森著．任颐，于真译．以自由看待发展［M］．北京：中国人民大学出版社，2002.

辅相成。也就是说，随着经济的发展征税必须考虑的必需品既可以扩展至整个社会范畴的逐渐丰富，也可以是会使阶层之间鸿沟加大的必需品范畴基本固化。这两者都是现实可行的路径，也能找到客观可观察的对象。但后者，其社会往往表现为动荡和社会经济运行成本非常高。早期曾经有一个被广泛讨论的问题——市场经济的发展到底对谁更有利，是对资本所有者还是对社会最底层、挣扎在温饱线的最贫穷的群体。客观地，在社会底层无法满足最基本的生存需要时，市场经济的发展当然是给其带来了较大的好处，但之后便与上述两种路径选择及其他社会制度和政策选择有关。而税收在这些选择的实施中，发挥着非常重要的作用。具体到税收收入形成直接过程看，则最重要的是对不应该被课征税收的关乎基本尊严的物品范围的界定。

（2）从税收收入满足公共品需要的直接结果看，社会认同的税制应该能够提供公共品和公共设施使维系基本尊严的物品更加易得。

关于居住空间和位置之间的矛盾及其化解，能够很好地诠释这一问题。由于市中心房价昂贵，为了使无力在城市中心区居住的人在享受相似居住空间的同时，不会太多地被空间距离困扰，便捷、廉价的公共交通是维系有尊严生存的必需的公共品。重庆市由于其地形和城市空间构建的历史成因，长江索道成为联通两岸的最重要的交通工具。为了抚平不同居住区域的人的生存条件差异，在上下班高峰时段（周一至周五 7：30～9：00 和 17：00～19：00）搭乘索道凭公交卡可以享受每人每次 1.8 元的特殊公共交通政策，而没有公交卡则每人单程 20 元、往返 30 元。因为外地游客乘坐索道并不具有抚平居住空间差异的功能（周末及节假日持交通卡乘坐，市民只能享受九折优惠，即每人每次 18 元）。否则，相对收入水平较低的人就不得不在这样的两难中选择——在城市中心区居住则无法享有有尊严的居住空间（哪怕是租住），而在其他区域居住则每天花大量的时间来市区上班（甚至多到难以承受）。通过索道公共交通方案，居住基本尊严和就业之间的矛盾得以纾解，提高了相对低收入的民众获得“必需品”的能力。20 世纪 80 年代香港中心地区棚户区和楼顶私搭乱建的拆除引发的社会激烈反应也可以从这一角度进行解读。在这些棚户区和楼顶私搭乱建处居住的多半是外来廉价劳工，其收入无法租住普通出租屋，而只负担得起租住这类违建住房的费用。同时，其能够负担的一般出租屋却远离其工作的区域，如果选择一般的出租屋就不得不在交通上耗费太多的时间和金钱，这两者都是他们负担不起的。如果在没有解决交通的便捷或中心区租住一般房屋的价格问题的前提下，强制性地拆除棚户区和楼顶搭建当然会引发激烈的社会矛盾（除了抗议等对抗性行为引致的直接问题，对社会经济产生的长期影响是，这部分劳工不得不放弃做工，因而廉价劳动力提供不足，影响经济发展）。当然，从对现实生活的观察发现，在快速推进的城市化进程中，还有另外一种可能的解决方案，同样必须配合政府以税收为经费支撑的介入。例如，在广西南宁，从城市最中心往外，遍布各个时期留存的城中村，其格局和规模各不相同，但有许多共同特征。与周围紧邻的地区比较，房屋密集、简陋，街道分布紧凑。城中村离中心区域较近，房租低廉，能为当地人和外来务工者提供满足空间要求的居住。但也需要政府介入优化其市政等相关基础设施，否则会成为治安盲点，降低整个区域居住的综合质量。

如果以税收为成本的公共品能提供满足类似上述这样的需要，便能使不同阶层（当然主要是促进社会最底层）都有更多的可能获得必需品。从满足必需品需求的角度看，提高税制得到社会认同的可能性。

（二）缓解贫困引致的其他可行能力不足的问题

贫困常常被看作是对一种收入及财富状态的判断。但从长期和动态看，贫困消除不仅仅是收入和财富增加的问题，更重要的则与一些可行能力的获得密切相关。这对扶贫的长期效能而言有非常重要的作用。在个人与社会的互动演化过程中，如果没有外界力量的介入，贫困的个体很容易囿于贫困的陷阱中难以自拔。因为表现为收入和财富水平低下的静态特征的贫困，从长期和动态看却与“可行能力”获得的问题密切相关，而处于贫困状态的个体很难单凭自己的力量获得这些能力。

贫困的直接表现是收入水平低下，其本质上是获取收入的相关能力低下。如果没有税收支持的社会基础条件的改善，绝不可能从根本上解决问题。表面上看，贫困家庭的孩子受教育和健康保障程度低是因为收入水平低，但仅仅从收入的角度很难从根本上解决问题。在经济较为发达的国家，很容易通过收入补贴解决贫困家庭收入水平低下的问题。但实际上，这不能触及问题的实质。贫困家庭的孩子受教育程度较低、医疗健康保健保障程度低，这些问题直观地看与收入相关，但仅仅通过补贴等相关措施直接提高其收入水平的方法效果并不明显。一个长期受困于贫困的家庭，受教育程度低，影响其对子女发展的关注和引导，其子女的受教育程度往往也较低。相应地，就业率较低、就业的层次也相对较低。而失业会导致其相关可行能力进一步下降，给其自身和社会带来长期的、难以被消解的负面影响——心理伤害、失去工作动机、技能和自信心，并进一步强化社会排斥，加剧社会利益冲突与矛盾①②，详见图 8－2。

---

① Robert Solow. “Mass Unemploymentas a Social Problem” in Choice, Welfare and Development [M]. Oxford: Clarendon Press, 1995.

② A. Goldsmith, J. R. Veum and W. Darity Jr. The Psychological Impact of Unemployment and Joblessness [J]. Journal of Socio-Economics, 1996 (25).

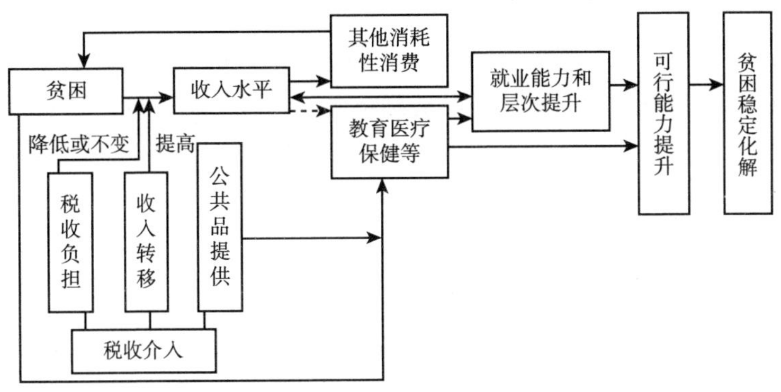

图 8－2　贫困问题税收介入的过程与结果

图 8－2 中，教育、医疗、保健等物品代指能使包括就业在内的相关可行能力提升的物品。如果没有税收经由财政支出提高公共品，贫困群体无力负担这类物品。在市场机制的作用下，其在不同阶层之间的分布失衡越来越严重，并进一步固化贫困。图 8－2 中的收入转移是指通过财政补贴提高贫困家庭收入。贫困家庭用于其他消耗性消费的收入增加，可以在提高必需品购买能力意义上提升可行能力，但因为这类能力提升与财政补贴性收入形成几乎封闭的回路，很难产生对可行能力提升的持续影响，故忽略不计。即收入水平提高与其行为选择之间的关系在上图 8－2 中是这样表达的，通过财政补贴直接增加贫困群体的收入，往往或多或少具有"贫困陷阱"的特征。其直接作用是提高贫困家庭对消耗性物品的消费，很难兼顾长远的如教育等可行能力提升。而经由促进就业使收入提升，具有可持续性的同时伴随认知能力与对未来的期望及其可行能力的提升。

综上所述，社会认同的税收制度应该有助于提高贫困群体的可行能力，这不仅仅是以税收实现直接的收入转移。更重要的，还应该以税收收入提供这样几类公共品——于贫困家庭而言易得的至少与其他群体相当的教育、医疗和健康保障，以及以宣传和法律等强制与非强制的方式切断贫困的代际传演。这是中国当前面临的不同于绝对贫困状态的新问题。税收在其中所能发挥的关键性的作用在很大程度上决定其社会认同状态。

三、社会认同的税制推动其他弱势群体可行能力的增进

社会中弱势群体除了上述贫困群体外，比较典型地，还包括老年群体、残疾人群体等，其可行能力的增进是推动社会进步，因此，也是税收制度变迁面临的重要问题。亚里士多德对可行能力意义上自由的关注集中在"健旺"与"能力"，即生活质量。这对于老年群体及残疾人群体尤为重要。下面的分析以老龄

人口问题为例。

中国这一问题的复杂之处在于，步入老龄社会最重要的推动因素是强制性的计划生育政策。而与之相伴随的是社会经济激变。随着经济持续快速增长，人们的生活节奏加快，其工作的空间范围拓展的同时，投入工作的时间越来越多，传统的养老模式难以为继。与此同时，多子女家庭迅速减少。自1980年9月实行独生子女政策以来出生的孩子，已是中年。其父母也逐渐步入老年，子女共同赡养老人的模式难以支撑。西方发达国家的人口老龄化过程及其相伴随的养老模式的改变是一个自生自发的过程，但随着中国经济高速发展，人们在传统社会格局下的生活模式快速瓦解的同时，在独生子女政策的推进下，人口受政策影响快速老龄化。家庭养老模式越来越不能满足养老需要。这不仅仅是传统意义上的养老的问题，而是在社会经济快速发展的过程中，社会化养老的相关公共品供给不足，传统家庭养老模式在某种意义上的必然。换言之，伴随经济快速发展、人口政策的影响和社会分工的日渐深入，家庭养老必然转向社会化养老。

其他国家在工业化进程中也会面临养老模式转化的问题，但因其缓慢渐进的特征为养老相关的公共品提供准备了比较充足的时间。2000年中国65周岁及以上人口占总人口的比重首次超过7%，2017年这一数据上升到11.3%，2018年则为11.9%，增长0.6%。[①] 人们往往以发达国家进入老龄社会的时间来推算中国进入老龄社会的时间，认为日本从1970年进入老龄化社会到1994年进入老龄社会花了近四分之一世纪，进而推算中国应该在2025年进入老龄社会。但从近几年老龄人口的增长速度看，中国进入老龄社会的时间更快。最为关键的问题是无论从社会心理还是从经济发展水平与结构的角度看，中国都还没有为进入老龄社会做好准备。需要进一步规划，推进社会化养老相关社会心理和公共品提供的完备。而在这一过程中，税收所发挥的作用会在很大的程度上影响税收社会认同。

（一）老龄人口可行能力保障的基本要求是合宜的养老体系的构建

老龄社会平稳运行的基本前提是妥善地解决养老问题。只有解决了“老有所养”的问题，才谈得上更进一步的可行能力的提升，而这涉及养老模式与社会经济格局及社会心理等方面的协调与适应。

1. 传统的家庭养老模式难以适应中国当前的社会经济格局

粗略地看，农业社会的基本养老模式是家庭养老。中国古代政府会关注养老问题（如《周礼》和汉代相关制度中都有涉及），但主要还是家庭的事情。如

---

① 资料来源：中国统计年鉴。

《礼记·曲礼》人生百年，“……六十曰耆，指使；七十曰老，而传。”即人到了60岁可以指使小辈去做事，自己不用做事了；到了70岁可以将家里面的重任全部交付给子孙[①]。其以“礼”而界定的60岁后的种种，实际上清楚说明了家庭养老的具体模式。而国家除了从伦常等文化、习俗方面引导，实质上的资助也仅具象征意义。这样的养老模式是否能够真正起到作用，取决于与社会经济的契合程度。中国农业社会时期，家庭养老模式与基本生存模式相契合。同时，在一个发展缓慢的社会中，老人的经验往往是代际传承生产及社会知识的重要渠道，对社会有序、有效运行至关重要。国家通过孝道的提倡和世俗奖罚，推进人们对养老责任的承担和认同，家庭养老成为农业社会有效发挥实际作用的养老制度（见图8－3）。

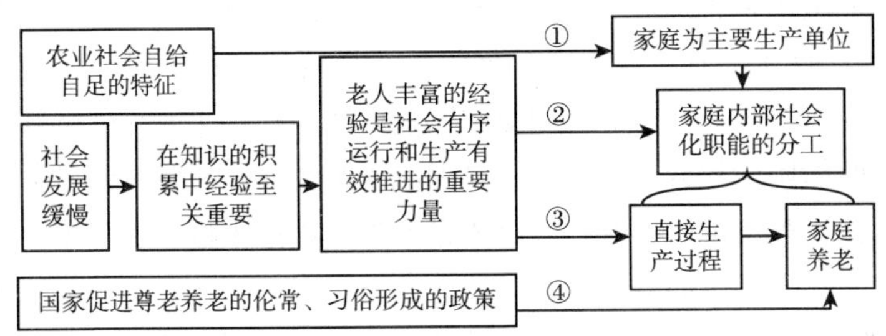

图8－3　中国传统社会养老模式的良性运行

注：图中家庭内部社会分工忽略其他社会功能，如孩子的养育。

在一个国家从农业社会走向工业化的过程中（姑且不论其人口结构本身的变化），国民经济的支柱逐渐以工业替代农业，由于生产结构的变化，农业社会以家庭为单位的生产模式逐渐被社会化生产过程所替代。随着工业化进程的推进，分工和专业化程度越来越高，家庭养老模式逐渐瓦解。图8－3中家庭养老促进社会生产和运行良性循环的链条断裂。现代工业的分工模式瓦解了家庭一般意义的生产职能；社会高速发展，知识不再主要依赖经验的积累，老人所拥有的生产技能乃至社会交往与人际互动等经验性知识早已过时，既无法指导家庭内部的分工也无法指导直接生产过程，至少无法产生直接的效能。图8－3中第①②③根维系家庭养老的链条断裂，剩下的“第四根链条”很难维系家庭养老的有效运行。无论从社会发展对“可行能力”意义上自由的增进，还是促进社会公平与效率以及社会平滑运行的角度，社会必须从精神和物质上为养老模式的转换做好准备。

2. 老龄社会及其养老模式转换的社会心理准备

由于中国从农业社会向现代高度分工的生产演进的速度太快，同时，独生子

① 礼记，转引自：王忠芬．浅析中国古代的尊老养老体制［J］．学术探索，2003（7）：53－56.

女政策加快了老龄化进程，养老模式的转换无论从精神上还是物质上都没有做好准备。如前所述，日本1970年65岁人口占总人口比重首次超过7%，进入老龄化社会。但在20世纪40年代中后期，瓦解中的家庭养老和与之相对应的父母子女关系的客观失范引发的社会焦虑已成为面向快速演化的社会生产模式变迁的精神准备的发端。1953年日本拍摄并引发社会广泛关注的电影《东京物语》是一个标志性的起点。在小城生活的老夫妻，去东京看望乡民看来功成名就的儿女。但儿女们疲于应付东京快节奏的工作，无暇接待，更谈不上好好照顾老人。老人失望而归。随后，妻子病危去世，影片在老爷爷面向未来孤寂日子的不知所措中结束。电影让人备受触动的是，让老人产生老无所依之感的并不是儿女们的不孝，而是每个人在社会高速发展中的无奈。从中可知，在日本进入老龄化社会前二十多年，传统家庭养老与现代工业化发展的不适已经受到社会的广泛关注而成为社会焦点，这在为进入老龄社会做好精神准备的同时，也推动政府循序渐进地有针对性地提供社会养老的物质准备。中国却在2000年进入老龄化社会后才开始逐渐关注这一问题，比日本的心理准备和公共品供给方面的准备相对晚了近三十年。而计划生育的独生子女政策引致的人口结构问题使其更为凸显，所以政府与社会如何在这一过程中，迅速推进相关物质和心理层面的准备，对社会的平稳发展至关重要。

税收在养老结构转化的过程中对收入结构和公共品提供等方面所发挥的作用方式和强度成为其社会认同判断的重要维度。

（二）需要经由政府和社会进一步提升老龄人口可行能力

随着人口老龄化的不断演化，老龄人口所占比重不断增长。老龄人口可行能力的增进，不仅成为关系老龄人口幸福的问题，也成为整个社会发展的问题。从静态和短期看，社会老龄化的问题是如何应对老龄人口养老和社会劳动力匮乏的问题；从长期和动态看，却涉及社会信心和社会整体的幸福与发展的问题。从这一视角看，前面所分析的老龄人口养老问题，不仅仅是如何准备养老机构的问题，还是如何配备公共设施，使老龄人口更方便地融入社会生活的问题。换言之，老龄问题最为复杂的是，养老并不仅仅是对老人基本生存意义上的抚养，还需要从社会便利、心理需求等方面提供相关设施和相关公共品以满足静态和动态意义上的社会养老的良性发展。

1. 促进老龄人口社会适应能力的提高

现代社会的快速发展，使老龄人口对社会的认知越来越疏离，助长对其产生“社会排斥”，导致丧失自立心和自信心，损害其心理和生理健康①。无论从老龄

① ［印］阿马蒂亚·森著．任颐，于真译．以自由看待发展［M］．北京：中国人民大学出版社，2002.

群体还是其他群体（对未来的信息意义上）自由增进或者功利的社会发展角度看，这样的境况都是不利的。

近几年，人工智能不断普及，非现金交易模式变动越来越主流，形成越来越明显的对老龄群体的服务屏障。老龄人口很难改变其曾经的认知和习惯性行为，快速自助适应新的环境。而从市场的角度看，虽然老龄社会已步步逼近，但短期内支撑市场需求的核心仍然是非老龄群体，所以人口规模越来越大的老龄群体是消费市场的弱势群体。老龄群体的消费需求回应度低，回应面向错位，消费服务被忽略。市场的缺位，政府需要以包括税收在内的直接和间接政策工具介入诱导市场回应的同时，提供相关公共服务。

2. 低龄老年人口的就业既是劳动人口缺乏的需要，也是提高其可行能力的需要

从平均预期年龄以及中国退休年龄的法定判断看，姑且将 60 ~ 70 岁界定为低龄老年人口，70 岁以上为高龄老年人口。

随着营养、健康保健的改善以及劳动本身内涵和外延的变化，劳动能力的年龄限制发生明显变化。同时，退休年龄既是一个社会养老体系的制度性规范，也是一个习惯的问题。在一个劳动力从过剩迅速转化为不足的国家，对就业年龄的习惯性认知很难随之转变。在市场化经济体系下，退休实质上是进入社会养老状态。同时，也意味着某些职位的被迫强行退出。

从中国老龄化推进的速度和人口年龄结构的变化看，劳动力匮乏会成为一个越来越尖锐的问题。考虑到这一客观情况，低龄老年人口的就业既是其可行能力提升、社会融入等非常重要的途径，也是满足社会经济发展劳动力需要的有效途径。但从中国的现状看，当前的退休制度，一般情况下 50 ~ 60 岁开始领退休金，如果通过将法定退休年龄强制推迟至 65 岁甚至 70 岁的方式解决这一问题，一方面可能会引致比较强烈的社会负面反应，另一方面实际推进过程中也会因这一群体就业能力的行业差异及个体差异而遇到很多难以化解的矛盾与冲突。因此，无论从制度惯性还是社会认同的意义上看，低龄老年人口就业方式与其他年龄人口的就业有显著区别。这一群体就业的制度性规范必须对这一差异性有足够的关注，具体包括以下几个方面：

第一，为了适应劳动人口在原有制度基础上长期形成的退休年龄的认知，一开始不改变退休年龄。实际操作上，即开始领养老金的年龄不变。

第二，对市场的劳动力雇用，在年龄上，强调自愿原则，不再对雇用一定年龄以上的劳动力强制性否定。

第三，推进针对老龄人口就业的相关保险业务的开展，并以税收和其他相关

政策诱导商业保险的介入。具体地，企业这类参保费用给予企业所得税费用加计扣除的税收优惠。也就是说将老龄人口工作过程中的风险由政府与社会共同承担，降低企业雇用老龄人口额外的成本和风险，并通过相关政策的实施推进老龄人口雇用的非歧视。

第四，政府诱导形成弹性较大的社会工作参与机制，包括不计酬的志愿性质的工作、劳动强度合宜和劳动力短缺岗位的付酬性工作。与经验和实践能力密切相关的技术类工作、脑力劳动等工作技能随年龄增长不会明显退化的岗位，政府可以通过包括税收在内的各项措施增加老龄人口的工作机会和工作积极性。同时，可以采取包括弹性工作制及与其相关联的工资制度形成自由度较大的用工和受雇模式。当然，这涉及若干难点。例如，随着政府对劳动保护的不断加强和规范，对于最低工资的约束随着各项制度的规范而逐渐刚性。在这样的前提下，如果对老龄人口也适用这样的一般性规定，可能会影响对其雇用的动力；反之，如果作为例外条款又如何保障其权利？

当然，随着中国劳动力市场的演化，劳动力越来越稀缺，并随着在实践中不断推进相关立法，弹性工作和付酬机制运行会越来越规范。

第五，将老龄人口的收入视为可税收入，提高收入公平的同时，增加财政收入。同时，在个人所得税税前费用扣除的设计中，考虑老龄人口的特殊性劳动成本，允许税前扣除。

3. 满足高龄老年人口的社会行动便利性自由和自助养老需求

（1）促进有利于高龄老年人口行动便利的基础设施建设和公共服务的提供以及相关社会共识的形成。

提高高龄老人“可行能力”意义上的自由从基本层面上看，包括可以方便地使用各种公共交通工具、享用各类公共设施以及方便易得的身体机能康复和健力的设施等。这些对低龄老人而言也很重要，具有共性。但从某种意义上看，低龄老人必须借助其方能获得自由的程度相对较低。

高龄人口的行动便利不仅可以提高其社会参与度，延长其因行动自由而带来的享受其所珍视的生活方式的自由，而且会因为行为的自助性目标达成而提高其自信心，促进其身心健康。与此同时，也可以在较大的程度和范围上，推迟高龄老人进入全护理养老的状态，减小养老服务和机构的压力，节约日渐短缺的劳动力。而提高高龄老龄人口的行动便利性包括三个不同视角的问题。

第一，提供便利性公共设施，如无障碍通道、公共步行道路上较为密集的休息区域与设施；对老年人友好的公共交通设施，如公交站点方便舒适的休息设施、附近安全便捷的转乘及过马路的人行通道、放大公交站牌字体及其放置位置和高度以方便高龄老人的信息获得、公共交通载体人性化设计包括无障碍上下车通道、座椅高度和摆放位置等。

第二，身体机能康复和健力的方便易得，包括设施、知识和专业指导。从当前的社会现状看，以保健和康复为引诱的骗局对老龄人口有致命的“伤害”，主要原因是相关知识缺乏方便易得的可信渠道的传播。公益性康复和健力机构的设立和有效运行至关重要，其作用不仅是提供健康、康复及健力的设施与专业指导，也应该是负责提供相关知识的权威机构。

第三，对老龄人口公共领域的自助行为的共识和支持。包括不催不挤、不过度关注，为老龄人口营造宽松的公共环境。

（2）高龄老年人口的居家养老面临的问题较多，需要政府和社会力量更多的介入。

中国历经漫长的农业社会，真正脱离农业社会的时间较短，对在专门养老机构内的养老大多较为排斥，居家养老是一种更容易被接受的模式。同时，从政府和社会财力的角度看，居家养老成本相对较低，相同的财力条件下更容易满足养老需要。但这对政府职能的履行提出了更高的要求。从税收的角度看，不仅需要保证提供相关公共品的财政收入来源（当然，相对提供满足相同数量的高龄老年人口专门养老机构所需要的财政收入规模而言，要少得多），而且还包括对相关特殊性服务、医疗和协助性产业的税收支持。低龄老人的居家养老相对而言相关问题没有那么迫切，需要政府和社会介入的程度更低。

传统上，中国老龄人口的问题都隐藏在家庭层面，社会主要通过（各种途径强化的）道德压力（不仅内化于文化、风俗与习惯，而且还往往作为官僚考核的重要参考依据，如汉代的举孝廉）推动家庭履行其养老责任。

社会化居家养老可以兼顾老龄人口排斥专门养老机构的心理，并使其获得更大程度的自由和更高的生存质量。家庭养老无非两种模式，与子女同住和独居。与子女同住由于观念、生活重心和生活节奏的差异和冲突，互相的迁就与否的两难中都有碍于彼此“享受其有理由珍视的那种生活的自由”。而高龄老人独居生活中面临种种生理和心理上的困难，其子女也面临较大的道德压力。社会化居家养老通过政府直接或间接的介入，促进养老服务的健全和便捷，提高高龄老人的各类行为自由，提高其生活质量。如定期上门体检和慢性疾病的监护与治疗，居家或者临近设置有专人指导的健力场所，专门为老龄人口提供有针对性的高质量咨询服务的热线电话和网站。

残疾人自由增进中的问题更为复杂，税收的直接效应更为明显，但因为已经形成较高的社会关注度，相关举措如针对残疾人个人的减免税、针对残疾人雇用的减免税及各种相关设施提供的减免税已经在税法中有所涉及，虽然还存在很多问题，但进一步提高力度也有路径可循；同时，针对性的公共设施与扶助机制也早已形成，这里不多赘言。但需要指出的是，残疾人福利机构虽然存续已久，但其功能发挥远远不够，至今仍然缺乏公益性康复训练机构，希望在老龄人口的相关机构构建中不落入此藩篱，相关机构能发挥其实质性作用。

以上，凡此种种都与政府的介入密切相关，税收通过直接的征收过程诱导，同时通过为有针对性的公共品提供财政资金保障促进老龄人口自由的增进，解决社会发展中迫切需要解决的问题，间接促进税收社会认同。

从实践看，一个社会解决其最凸显问题的能力是社会总体认同的焦点。现代国家解决其所面向的问题，在很大的程度上仰赖税收制度。因此，税收社会认同与国家经由税收制度解决当前社会背景下社会关注的焦点问题密切相关。具体地讲，中国当前社会问题的焦点即“可行能力”意义上自由的增进及其与发展之间的契合，也就成为中国税收社会认同的焦点。

第二节　中国当前税收社会认同现状

在前面相关问题的分析中，从不同角度对中国税收社会认同存在的问题有所涉及。下面将具体而微地分析当前中国税收社会认同的状态和特征，并希望将中国税收制度体系的构建建立在税收社会认同的现实基础之上，而非仅仅强调其短期功利性目的。

一、当前中国的基本税收理念

随着社会经济制度、社会组织及与前两者密切相关的意义系统的变化，社会认同理念随之变化，基本税收社会认同相应变化。

（一）中国税收社会认同基本理念的一般分析

新中国成立后逐渐形成了福利渗透、意义系统和社会组织高度匹配的社会认同体系①。其核心是社会所有资源的生产和分配权都掌握在国家政权手中，国家是唯一获得资源的渠道，社会各阶层生活质量的提高由国家自上而下地通过社会组织实现。同时，各阶层的福利状态及其差异与社会主义基本意义系统相一致。但这一高度一致的社会认同几乎不包含税收理念。税收只是政府主导的配置资源

① 李友梅．重塑转型期的社会认同［J］．社会学研究，2007（2）：183－186.

计划的一部分，在经济成分中占绝对优势的国营企业[①]以利润上缴代替税收。政府通过其主导的计划左右社会公共福利，并左右社会各阶层的生活质量。其时，政府主导的基本意义体系与政府主导的公共福利构建和个人福利状态相一致，并形成与之相契合的话语体系和文化认知。这一阶段税收并不是公共福利和个人利益的影响因素，人们对社会和自己福利状况的判断、认知和评估并不包含税收。相应地，社会认同基本理念并不包含税收认知维度。

20 世纪 80 年代，随着社会经济体制的变迁，影响社会认同的福利渗透、意义系统和社会组织开始分离。随着经济制度的变化，市场开始影响个人利益、社会分层进而影响社会福利。市场的影响一开始是微不足道的，只影响体制外的资源配置。而计划所界定的领域几乎无所不在，计划对社会福利与个人利益的影响仍然至关重要，社会组织所形成的行为逻辑、分配结构和组织文化与政府高度一致，意义体系诠释福利来源与社会组织的国家核心地位，三者高度统一——体制内的“单位”仍然是获取福利和社会地位与意义的最重要的渠道。但随着市场经济的进一步推进，市场对福利的影响逐渐扩大成为社会分层越来越重要的影响因素，社会组织及其行为逻辑和意义系统开始逐渐走向多元化。随之而来的是对国家与税收关系的重新认识，社会主义国家非税论逐渐式微。在这一过程中，税收一方面因其对可支配利益的影响越来越重要，开始影响在人际互动中的基本价值和相关法律与道德。如对征收与遵从及其关系的设定，法规体系的影响和变迁规则等，并逐渐形成与之相对应的行为逻辑，同时行为主体开始在税收相关行为安排中投入越来越多的资源；另一方面税收也在公共品提供进而影响生活质量和社会分层等方面扮演越来越重要的角色。此时，体制内的利益分配在社会分配中仍然至关重要，税收对体制内的福利影响虽然不如在市场主导的领域重要，但仍然通过影响公共品提供和个人可支配利益两个渠道成为社会认同的影响因素。从公共品提供等社会利益相关层面看，税收对体制内外的影响相似；但从个人可支配利益的层面看，其影响间接而滞后，但随着市场经济制度推进的不断深入，对体制内个体的税收理念开始产生影响。而对其影响最直接的是与个人可支配利益密切相关的税收，即个人所得税。当然，还包括影响价格进而进一步影响个人福利的消费税、增值税、企业所得税等。因此，虽然税收并不直接影响体制内行为人的税后可支配利润（专指经营性主体而言），也不会直接影响其组织结构及组织存续，进而影响从业各层次主体的利益和行为，但仍然会通过两个方面影响其税收理念，即一方面促使其以各种方式逃避直接影响其可支配收入的税收义务，

① 1993 年第八届全国人民代表大会第一次会议通过宪法修正案后改称“国有企业”。

如个人所得税；另一方面推动该类主体积极参与影响税收制度变革。在这一过程中其相关行为改变的同时，或直接或间接地影响其税收理念。

税收逐渐成为社会认同的一个越来越重要的维度：公共品提供替代单位福利提供（企业办社会、机关办社会等单位福利在传统经济体制下几乎是唯一的福利来源，而在此时开始松动，而且随着市场化过程的推进，公共品性质的社会福利无论从规模还是质量来说都越来越重要。下文将对此做进一步分析）成为社会福利越来越重要的来源，税收也因此成为社会福利近乎唯一的资金来源；税收负担成为影响个人可支配收入和市场行为的重要因素；税收社会认同成为影响社会认同越来越重要的维度。

（二）中国当前基本税收理念的特征

当前中国社会认同理念既不同于计划经济时期也未能回归传统，即使是从最概略的意义上看也是如此。计划经济时期福利渗透、意义系统和社会组织形成的社会认同基础性领域的高度统一和匹配被打破，社会认同总体水平下降。在这一过程中，社会动员能力减弱的同时，社会对国家的依赖程度被迫减轻，社会组织能力开始发育。新中国成立后的“国家—民众”两层社会政治结构开始松动，民间力量及各种组织开始在社会生活和制度变迁中发挥作用，虽然一开始其作用是微不足道且杂乱无章、诉求无序的①。与此同时，国家与民众之间资源配置模式从自上而下的强制性计划控制逐渐变革为承认微观经济主体利益前提下的双向资源流动模式，税收从社会认同的边缘维度进入核心维度。而随着市场经济制度的进一步推进并逐渐成熟，基本的税收及税收制度理念具有一些新的特征，当然这些新特征并未成为当前显性的特征，而是前瞻性的界定。这正好符合面向未来的税制体系构建的需要。

1. 税收是对个体和微观经济主体收益一定程度上的剥夺。这一剥夺的合法性并不仅仅是建立在强制性政治权力基础上，而开始遵循微观经济主体的市场逻辑——这样的付出是值得的。同时，税收收入是纳税人的权利，因此，怎么用是个重大的政治问题。每个纳税人有权力经由被认同的政治程序参与和影响决策。无论是从纳税人角度、征收主体还是从其他税收相关人的角度看均是如此。当个体税收意识，包括主体意识和权利意识复苏，既有的价值观念和行为准则就会如在其他方面影响人们的行为和认知一样，影响税收行为和认知。新中国成立，通过一系列“运动”“个人与社会的利益关系直接内化为成个人与单位的关系”②，

①② 李友梅、肖瑛、黄晓春．社会认同：一种结构视野的分析［M］．上海：上海人民出版社、格致出版社，2007.

而伴随市场经济的逐步推行，个人与单位的利益关系从几乎“唯一”变为利益分配中一种，其内涵也发生了质的变化——传统意义上的单位（体制内的单位）只是获得工资报酬的一种方式，同时提供水平各异的福利。但市场性的“单位”的出现，基本福利保障的社会化，个人与单位的主流利益模式逆转为个人与社会的利益关系。此时，从社会分配的角度看，最理想的认知是，放弃从单位“无偿”获得福利的观念，逐渐认同税收是社会福利的成本，个人与社会的利益关系是享受福利及公共品与负担税收之间的关系。实际上，虽然社会福利的个人与单位的提供模式几乎已经完全转化为个人与社会的关系，但社会福利与公共品成本的税收理念仍未形成，社会基本的税收理念仍然是对个人收益的剥夺。

2. 从中国社会发展过程分析，曾经被制度构建忽视的传统社会的一些价值观念和行为准则，在税收中凸显。制度不能完全限定生活[①]，强加的社会准则包括税收制度如果与社会生活不相容，其约束力会在互动中被逐渐削弱甚至消解。所以税收制度与传统的、虽然在正式制度中一直被忽略却左右人行为的观念和规则之间关系的重新界定非常重要。新中国成立后，逐渐将“一盘散沙”整合为所谓“总体性社会”。传统社会整合力量和社会联结被非法化和反道德化[②]。自上而下的强制性制度构建，忽略了传统道德和文化包括风俗习惯对税收制度高效率运行的作用。计划经济转轨后，二者之间的冲突变得越来越难以被忽略（将在后文区域性税收理念的分析中进一步讨论）。在税制构建包括征管制度的完善时如果能够对中国社会中实际存在却一直被忽略的社会关系格局如差序格局更多地承认和彰显，即将税制构建建立在社会关系存在一定程度和范围的差序格局特征的基础上，将有助于提高税收制度的社会认同，降低税制运行成本。比如在征管中，由于行为人（包括征收主体）具有差序行为特征，所以在征管制度构建时，需要一定的容忍度和防范性规范。在计划经济时期往往忽略这一植根于传统的行为特征，期许行为主体更多的、与实际不符的理性，从而规范与实践脱节，使税收制度构建和征收管理重回“架构式”的特征。这在传统社会政治经济体制下，对税收制度产生的影响与当时的制度体系“兼容”——国家以计划分配的方式形成个人以单位为依托的同质化的生活方式和福利结构，整个社会分配的去个性化，对个性和个体的否认，集体利益高于个人利益等观念的主流意识形态化，个人的利益诉求与自上而下的国家分配紧密联系，并不会与一刀切的

---

① ［美］詹姆斯·C. 斯科特著. 王晓毅译. 国家的视角［M］. 北京：社会科学文献出版社，2004.

② 李友梅，肖瑛，黄晓春. 社会认同：一种结构视野的分析［M］. 上海：上海人民出版社、格致出版社，2007.

税收管理模式发生冲突。而这种“架构式”的管理（被史学界视为中国近代衰落的制度性诱因[①]）的核心是抹去管理对象的差异，已经不适用中国社会制度从“总体性社会”向承认个人立场与利益的社会转化过程中形成的新的利益诉求。因此，在税收制度体系的构建中以中国社会特定的、现实的社会关系为基础，是逐渐消解传统税收管理问题的核心，也成为新的税收社会认同的基本理念之一。

3. 税收是享受公共品包括所有公共福利的代价的观念开始“启蒙”。这意味着个人有权利享受公共福利的同时，必须承担税收义务（虽然，如前所述，社会主流的基本税收理念仍然是对个人收益的剥夺）。抽象地看，这为税收负担与税收社会认同的兼容提供了可能性，北欧一些税收宏观负担逼近50%的国家，税收遵从度却非常高。这也为税收制度提供了更多可能的选择。虽然从中国当前实践看，税收制度变迁不会引起负面评价的前置必要条件仍然是税负降低（即使是在许多发达国家，学者的研究结论也显示纳税人是健忘的——要求享受更多公共福利的同时，希望负担更低的税收[②]），但毕竟在公民责任与担当的公共话语体系中，这样的表述得到普遍认同。虽然个人认同税收义务并积极承担，在当前仍有相当的距离，但毕竟有了这样的一种可能性。

4. 税收制度在实践中与各利益主体和各制度体系的互动中演进，不可能构建一种一蹴而就的完美的或最优的税制。税制体系构建所依据的是某一特定社会背景，不可能脱离当下社会状态构建一种抽象的最优税制。因此，有效的税制变革从来应该是基于得到社会广泛认同的基本理念。中国从20世纪80年代开始适应社会政治经济体制变化的税收制度改革，一直在走渐进式改革路径，尝试摸索出一套适应中国实际情况的税收制度。这一衍生路径的主要变化在过去是以国家需要为主要出发点，而现在开始关注其社会适应性。同时，中国税制改革在实践中不断探索、修订的特征使税制变迁具有了一定的不确定性，而税收确定是行为人长期性行为安排有序的前提条件之一。这一税制渐进式变迁中的矛盾与冲突的缓解甚至消解有赖于程序性规则的形成与完善。

5. 民众的税收意愿散乱很难成为税收制度变迁有序有效的影响因素。新中国成立后，经过30年一元化的价值体系、意识形态和资源配置制度的“总体性

① 架构式管理是黄仁宇对中国政治治理特征的基本界定。黄仁宇的许多著作中都有述及，如《万历十五年》《中国大历史》等。

② ［美］B. 盖伊·彼得斯著．郭为桂，黄宁莺译．税收政治学［M］．江苏：江苏人民出版社，2008.

社会的构建”，逐渐形成“强国家—弱社会”① 的格局。传统社会机制下形成的“国家对资源的垄断（决定几乎所有社会资源的分配）、个人对组织的依赖以及固化的社会身份”② 使参与到集体行动中的个体往往只要跟从“单位”和国家即可，不需要做出选择。市场机制的引入，社会自主性开始出现并在社会生活中扮演着越来越重要的角色。但由于“集体无理性”，民众对税收制度的不认同主要以批判性立场和反对性意见的方式呈现，缺乏建设性，难以对税收制度变迁产生规范的实质性影响。这使民众对税制变迁的影响具有不确定性的同时，以“牢骚”和“挑刺”性质的极端性表达代替推进税制优化的建构性意见，对税制及其变迁逐渐滋生对立立场，甚至以非理性的负面情绪应对税收，税收社会认同度低。但就税收制度社会认同而言，与传统体制下相比，却有了非常重大的进展：税收制度被视为与自身利益密切相关联的制度，民众越来越多地关注和越来越多地发表意见，这为税收制度决策层提供了社会认同的税制体系的越来越多的决策信息。

下面具体讨论在税收权利归属、制度背景和成本意识变迁的基础上逐渐凸显的空间分层的税收理念。

（三）区域性税收理念的形成及其特征与影响

区域性税收理念即空间层级税收理念是指国家税收整体性概念中，在一定程度上逐渐引入层级理念。这从国家的角度看是税收的空间分层理念和纵向分权问题，而从地方政府和地方民众角度看，则是区域性税收理念。无论从哪个角度，这一理念的形成与演化对税收社会认同都会产生意义深远的影响，在社会认同基础性领域的重新整合与匹配中至关重要。在后面的分析中将空间分层税收制度和理念与区域性地方税收制度和理念视为同一概念。

人们对其赖以生存的空间和文化环境的依赖在每一个国家的政治及诸制度中都占有十分重要的位置③。空间分层税制认同在越来越高的程度上不同于甚至在一定程度上排斥国家层面的税收认同。税收权利的基本框架是，税收权利包含税收制度和税收收入使用权利具有空间分层和区域性特征的同时，国家为贯彻基本价值观念（重叠共识），经由法定程序干预地方税收体系。在中国历史上的很多时期往往都面临中央与地方税收分层的问题。在前现代社会阶段，更多的是囿于治理工具和力量，中央不得不在一定程度上向地方让步；计划经济体制下，则更

①② 李友梅，肖瑛，黄晓春．社会认同：一种结构视野的分析［M］．上海：上海人民出版社、格致出版社，2007.

③ ［美］曼纽尔·卡斯特著．曹荣湘译．认同的力量［M］．北京：社会科学文献出版社，2006.

多是基于地方多元化因地制宜的考虑。但由于这样的空间层级具有较大的随意性，在运行中难免变成讨价还价。在中国传统经济体制下和随后的实践中，无论是统收统支还是分灶吃饭的财政管理体制均未能形成空间层级税制认同，而是逐渐演化成地方权责与地方经济的相关度逐渐下降的局面。“'94 新税制”后，空间层级税收理念逐渐成为中国在转轨后的社会中具有重要影响的新的税收理念。

随着中国社会经济制度的发展，空间分层税收理念逐渐形成和凸显。任何正式制度的构建，其制度性利益与地方性民众的利益之间往往存在冲突。在新中国成立后的制度构建和社会治理中，二者之间的均衡是以国家自上而下地掌握和分配社会几乎所有的资源的方式形成。这种模式在新中国成立后的三十多年一直运行良好，但是以国家负担日益沉重，人们逐渐放弃自我责任、义务及自我管理责任和理念为代价①。国家的这种一元化治理模式的危机在 20 世纪 70 年代开始凸显，以社会自主性严重缺乏为代价的社会高度秩序化，严重阻碍了经济的发展，大一统的计划格局已经难以推进社会经济发展，国家开启国民经济从计划到市场的变革。一开始，仅仅将此视为提振国民经济，利用市场弥补资源配置信息不足和利益激励错位的工具。但市场机制的引入，社会自主性的发展却不仅仅局限于这一领域。随着个体自主性的增强，其权利意识逐渐提升，而“每一种社会生活都构成一种独特的地方性知识”。个体开始诉求与自身利益有更为直接关系的区域性利益的满足。当税收成为满足和影响社会福利最重要的来源时，区域性税收诉求成为税收社会认同中至关重要的影响因素。

地方或区域性政府回应地方税收诉求所形成的税收制度容易获得区域性的社会认同，但需要注意的是，其基本指向往往并不是在国家层面上的价值取向和社会利益偏好，而是建立在多样化的区域社会利益偏好及其整合基础上的、往往偏离从国家层面界定的税制结构。这样的区域性税制认同会在一定程度上，甚至是相当程度上消解国家制度的权威，形成税收竞争。尤其是当税收收入在这两类公共品提供主体——中央和地方政府形成竞争的情况下。这当然是一直存在的，但随着税制改革进程的进一步推进，地方性公共品越来越丰富，对民众的生活质量和福利水平有越来越直接和深入的影响，同时税收收支透明度的提高，使这个曾经隐含的问题变得更为明显和尖锐。

---

① 李友梅、肖瑛、黄晓春．社会认同：一种结构视野的分析［M］．上海：上海人民出版社、格致出版社，2007.

中央政府（可以看作是国家层面）与地方政府相比，具有无可比拟的、至高无上的权威。习惯上，中央政府在处理利益冲突的时候，往往置身于类似“公正旁观者”和“救民于水火”的立场，在某种意义上，可以认为中央政府较为准确地贯彻了“国家”立场。而地方政府在追求“政绩”的过程中，具体事务处理时的变通和自由裁量权的不当行使，使其行为界定或多或少偏离公平正义的立场，并逐渐衍生为地方直接利益最大化的政策。在中央政府比地方政府拥有更高的权威的意义上，中央政府掌握的资源越多公平性越强；但同时，民众希望政府能为地方提供更合宜、更贴切地满足其需要的公共品。由于信息传递等原因，地方政府在满足地方公共品需要方面更有优势。显然二者之间存在悖论。因此，民众实际上是希望能形成这样的公共品提供格局：在中央政府约束其公平性的前提下，地方政府负责具体公共品提供。因此，从税收的角度看，如果制度构建合宜，区域性税收理念既符合民众的需要，也能满足中央对地方的约束性治理需要。但从当前的税收制度构建看，中央太过集中的税权难以满足地方多样性的收支需要的同时，并未能有效控制地方以各种方式，如越权减免优惠等对税权的不当侵蚀。因此，面向未来，税收社会认同税制体系的构建还需要进一步直面中央地方税制直接的冲突与平衡，其间的矛盾正在实践中凸显。

同时，从发达国家民主化进程看，中央政府（或国家）的权威有被地方政府超越的可能性。需要进一步分析的是，中央政府的权威，具体地讲，国家诸制度中的税收制度权威是如何被逐渐侵蚀甚至消解的？这是必然的吗？正如前面所分析的，税收制度不再是一个抽象的国家法规，而逐渐衍生为透明度越来越高、民众能低成本参与意见、影响税收收入和支出的制度体系。此时，地方性、经由民众较为充分表达意见的税收收支结构逐渐获得更多的社会认同——税收认同所具有的地域性使其与国家层面的税收利益有可能不完全一致。从中国的制度背景看，目前尚未出现这样的认同趋势，但基本认同格局正在发生变化。随着经济制度从计划走向市场，微观经济主体的利益诉求越来越多地依靠地方政府得以满足。与此同时，地方经济发展状况越来越多地影响地方政府权威和地方官僚的升迁。因此，地方政府的合法性认同渐渐通往形成良性循环之路（虽然尚未形成）。地方政府及其制度合法性形成的过程如图 8 - 4 所示。

再次强调，区域性税收制度社会认同形成的前提条件有两个：一是民众而非上级政府是地方政府合法性最重要的评判主体；二是构建自下而上的沟通渠道，民众经由有效集约其税收制度意见的组织体系表达税收意愿，左右税制变迁。因

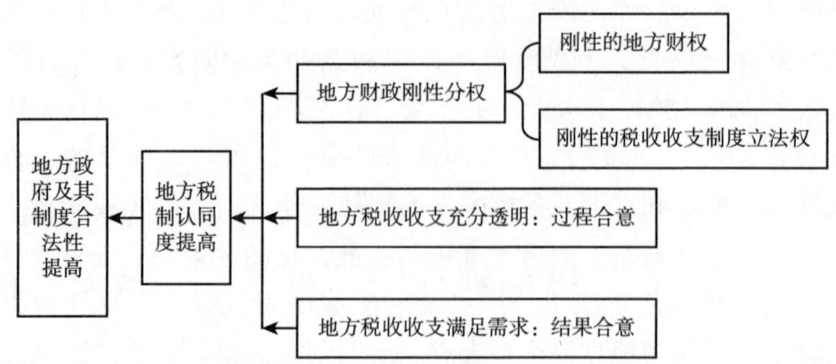

图8-4　地方税制认同和地方政府及其制度合法性的形成过程

此，我国当前并没有形成对区域性地方税制体系的强烈认同，只是处于诉求地方公共品利益和排斥跨地区消费的层次。无论如何，面向未来的被社会认同的税收理念中，包含对区域性税制体系认同下的空间层级结构的构建。

二、税收制度社会认同失衡具象

（一）税收制度社会认同失衡具象一般分析

中国当前税收制度社会认同失衡既涉及人们的税制公平性诉求未能得到哪怕是低层次的满足，也包括空间层级设置的矛盾以及税制在社会利益分配中的角色设定的改变等。具体表现在以下三个方面：

1. 部分微观经济主体逃税倾向比较强烈，征纳双方关系存在隐患

与许多国家的逃税行为不同，在这一个特定的拐点上，中国部分微观经济主体逃税行为增加的主要诱因是税收制度中收入获得结构发生根本性变化——从征税并不影响个人可支配收入，征纳双方没有实质性利益冲突，到征税成为可支配收入至关重要的影响因素。加之，在传统体制中缺乏个人和民众税收意愿在诉求中得以沟通的制度，税收制度对个人和微观经济主体利益的影响使直接征纳过程中的行为人之间存在矛盾与冲突的隐患，成为税收制度社会认同的重要的负面影响因素。中国从计划经济向市场经济的转轨从1992年正式开启，随着市场化程度的不断加深，税收成为可支配收入越来越重要的影响因素。相应地，税收意愿沟通和交流也越来越重要。民众与决策层之间缺乏税收意愿有效沟通的组织形式，使逃税成为部分微观经济主体税收意愿诉求最直接有效的表达方式。

近年来，税收意愿表达渠道开始出现，所具有的意义不容小觑。但其非制度化、非规范性的特点使其在沟通并进一步集约为税收制度的过程中有较大的不确

定性，其对税收制度社会认同的正向作用有待进一步推进。

2. 区域税收诉求与国家税收诉求的矛盾

在传统经济体制下，国家对地区性的税收收入（广义上约略等同于政府收入）具有决定性的权利，可以几乎没有阻力地在地区间再分配其税收收入。新中国成立后若干次财政管理体制的变迁，改变地方财力范围和界定方式都没有引起太大的纷争，财政收入上解、转移由国家根据整体社会经济需要调配，这与计划经济下特有的社会经济背景相关。而在当前，地方具有比较明确的区域性利益诉求，于是矛盾产生。这也是许多中央的行政干预在地方走形甚至失效的根本原因。

3. 税收制度缓解新的利益分层乏力

这不仅仅是简单的贫富差距的问题。一些被压制的观念或利益诉求，在社会政策等其他相关领域获得越来越多的或隐性或显性的承认，但在税收制度上的相应诉求却未及彰显和被及时回应，影响税收制度的社会认同。另外，需要在税收制度中更为细致地界定和维护的弱势群体的利益，仍然沿袭粗线条的税收利益界定模式。如个人所得税优惠的各种减免中对残疾人的减免优惠力度不够的同时缺乏细节，使其所能发挥的作用有限，甚至容易被强势群体利用进一步扩大利益分层。

在中国当前的制度背景下，人们对税收制度的看法缺乏通畅的诉求渠道和有效、公正的集约制度。因此，税收制度改变的开端不是经由政治程序，而是能否在进入政治程序前被政府回应。在前述中央地方认同格局下，税收认同失衡的主要方面集中在中央政府对在区域税收制度中未被表现的税收认同是否回应以及进一步回应中可能出现的问题。下面简单分析这一层面的税收制度社会认同失衡。

（二）税收制度社会认同失衡非常重要的一种表现形式是税收诉求无法彰显

那些难以诉诸税收制度的税收诉求，形成对既存制度和整个社会隐性、潜在的压力。

并不是所有的认同都能在地方或区域的税收制度中找到容身之处。此时，中央政府的作用是在一定的程度上维护那些在地方无以容身的税制诉求，但并不是所有的税收诉求都能得到回应。因此，需要进一步分析的是，中央政府回应哪些得到认同却无法彰显的税制诉求？显然中央政府不可能回应所有诉求，而只能选择性地予以回应。那些未被回应的认同，在税收制度中无以表现。

1. 哪些在地方或区域税收制度中未能表现的认同，容易（或者应该）得到国家的回应

第一，区域税收制度与主流观念存在显性强烈冲突的部分，未被表现的税收

认知正好与主流观念相契合，如农业税。在取消农业税前的税制体系中，农村基层政府的财力主要来源是农业诸税，区域性税收和经济制度中农业税都被认为是必要的，但取消农业税的认知与主流观念中关于农业诸税（包括各种摊派）使农村农民在经济发展中的经济利益被不当配置的认知相一致，从而被回应。

第二，容易诱发社会矛盾的未被表现的认同，但是否被回应以及以什么样的方式回应受政治、经济等制度因素的影响。

2. 那些在税收制度中未能被回应的认同，成为使税制失衡的潜在因素

那些看起来无关大局的、局部性、区域性认同，往往容易被忽略，既在区域层面上也在国家层面上难以被回应。而从长期看，这样的忽视，却是税制失衡的诱因，尤其是在既存制度中话语权缺失、认同默化的税制诉求（如当年的农业税）。

“事实上，国家的地域性分化的功能之一，就是维护普遍平等原则的同时，把这一原则的运用设计成互不通气情况下的差别对待”①。在中国当前的制度体系下，地方政府容易形成以自我为中心的利益格局。从重庆、上海两地试行的房产税看，具有明显的维护部分人既得利益的特征，包括 2013 年 3 月 1 日国务院对个人所得税改革的意向性通知，对社会中的无房群体并未能形成有利倾斜，而具有反向调节的特征。而当这种潜在的影响逐渐凸显并成为制度失衡中重要的部分时，则容易得到回应。政府不得不回应这样的诉求。2019 年的个人所得税改革即回应了包括住房在内的减轻生活成本负担的诉求。

（三）中国当前税收制度权力变迁中的税制失衡

国家的分权或者说将权力转移给地方或区域性政府，带来了国家整体层面上认同和社会群体之间的利益平等问题。为了回应整体认同和利益平等，国家不得不积极参与和力图改变地方政府权力实施中存在的问题。这一两难尴尬境地，如果不能有效面对和解决，制度失衡包括税收制度失衡会使社会的运行成本急剧增长。而从上述当前税收制度社会认同失衡的三个方面看，不仅区域税收诉求与国家税收诉求的矛盾与此直接相关，其他两者也与其密切相关。

从新中国成立以来税收制度权力的演进看，主线索是从集权到分权。而当前达成共识的税收制度权力状态是分权程度不高并需进一步提高法定规范性。所以，分权中将会面临越来越尖锐的税收制度失衡矛盾。

对中国这样的国家而言，地方治理层级多且结构复杂，税收制度权力及推动税制变迁的权力无论分权还是集权都会面临一定的困难。

---

① ［美］曼纽尔·卡斯特著．曹荣湘译．认同的力量［M］．北京：社会科学文献出版社，2006.

首先，税制及其变迁的集权面临的困境。市场经济不同于传统的计划经济制度，传统的国家合法性认同受到侵蚀，为了回应多样化、因地制宜的认同（难以集合，只能是权力结构改变以回应），分权成为必要。税收作为政府权力最直接的体现，税收分权是最为核心的部分。

其次，税制及其变迁的分权面临的困境。在税制及其变迁分权的格局下，一方面，地方政府往往成为区域性精英利益的代表，有失公允和正义；另一方面，区域之间的利益公平难以达至。中国目前利益分配中这类问题逐渐凸显，税制及其变迁的进一步分权将会引发更为严重的公平和正义问题。

三、提高税收社会认同奠定构建被认同的税制体系制度基础的基本前提

税制社会认同失衡，运行成本高，甚至陷入无论如何界定具体税收制度结构都无法撼动税制社会认同的负面状态。因此，构建被认同的税制体系的前提是提高税收社会认同。

（一）赋予地方相对独立税权的同时，维护国家合法性认同

国家和政府的合法性在地域性层次表现为地方性的利益和价值应该得到尊重和维护①。从税收的角度看，即意味着从权力合法性上看，地方应该拥有具有一定独立性的税权，这是尊重和维护地方合法性的前提条件。

如上所述，对国家合法性的认同在现代社会往往建立在与个体利益密切相关的公共行为上。赋予地方相对刚性的税权，才能保证地方权力在约束条件下满足地方利益和价值需要。

那么，在一定程度上承认并保护地方税权，维护地方性特定利益和价值的同时，如何维护国家合法性认同？如果某些区域地方性利益与国家利益冲突，税制利益冲突，如何协调？例如，西部地区矿产丰富，从地方利益维护推进地方税制认同看，显然理想的税制是推进地方长期或短期税收利益增长的税制。而从国家的角度看，区域之间因资源差异而导致的税收利益差异是不合宜的。同时，国家也希望能从资源性税收中获得收益。再如，经济发展程度较高的地区，有能力也有动力以地方性税种较低的税率获得地方政府运行所需要的资金，而经济发达程度较低的地区则不得不以较高的税率维系运行。区域性税收负担差异会带来马太效应的同时，如果处于劣势的地方政府诉求于国家，而国家没有合宜的对策，会动摇国家的合法性认同，而国家的过度介入又不符合地方税权的相对独立。也就

① ［美］曼纽尔·卡斯特著．曹荣湘译．认同的力量［M］．北京：社会科学文献出版社，2006.

是说，现代制度结构（包括技术性特征）具有分散集中性政治权力的特质，如何在分散权力以获得国家合法性认同的同时，缓解区域间过度公平性失衡带来的另一个指向的国家合法性认同困扰？这是当前制度构建包括税收制度构建中必须处理好的问题。

（二）构建更加规范有效的税收意愿诉求表达机制

构建规范有效的税收意愿表达机制，有利于在税制变迁过程中把握人们对税制体系的真实看法，准确回应税收制度变迁的诉求，也是降低制度运行成本提高税收制度社会认同的必由之路。

（三）税收民主是提高税收社会认同的核心

尽管影响税收社会认同的因素非常多，其排序、作用方向和力度也多种多样，但其基础是税收民主。严格意义上税收民主分为税收实质意义上的民主和能被感知的税收民主，与税收遵从度有密切的关系①。

① Torgler B. Tax Morale and Institutions［R］. CREMA Working Paper Series, 2003.

第九章　中国社会认同税制体系构建的具体建议

前面各章分析税收社会认同过程及其演化，推演出个体的具体税收行为取决于经由社会比较获得的主流税收共识，并产生社会主流的税收行为。主流税收共识在对税收行为的影响中起着至关重要的作用，这一基于税收社会范畴化的主流税收共识不仅是抽象、基本的共识，也是对具体税制结构的共识。而从社会制度背景分析，国家合法性认同及社会变迁过程进一步影响税收社会认同。在这一理论基础上，更为重要的是社会认同的税制体系如何构建，这是前面所有问题研究的归宿和意义——为中国被社会认同的税制体系的构建提供可兹因循的规则、具体特征和结构，并以此为依据找出可能的问题。因此，这一章既是全文的总结也是升华。

前述被社会认同的一般性和具体的税制特征有些是应该也能够被改变的，有些即使应该却难以被改变，这在具体税制体系的构建中是需要重视的，既不能一味以最优或理性为目标也不能完全依据建立在当前认知下的认同构建税制。下面对被社会认同的税制体系构建就过程和结果提出一些具体建议。

第一节　地方税收制度体系构建

在当前的社会经济和技术条件下，对于中国这样一个无论从疆域、人口还是经济发展的多样性看，都是当之无愧的大国的国家而言，分层治理是有效治理的前提条件。因此，税制构建中最核心的问题之一，是分层治理模式下激励地方效能的地方税制体系的构建。

下一节对每一个具体税种构建的分析，几乎都与地方税制体系有密切联系。因此，这里实际上仅仅是探讨地方社会认同税制体系构建涉及的基本问题，而与具体税种有关的问题则在后面分税种税制构建的研究中进一步分析。

地方税制体系构建的核心是地方主体税种的构建。地方主体税可以从两个角度界定，一是地方主要税收收入来源意义上的主体税种；二是地方拥有较为完整的权力，不仅有收入权、使用权还有一定程度的税法调整的权力，如税收优惠、一定范围内的税率调整等。下面关于地方主体税的分析主要是指后一种口径。

一、地方税收制度存在的主要问题

从中国当前地方税收制度体系看，其最主要的问题是税收收入在地方财源中的比重偏低，这一方面使地方政府行为规范性难以有效约束，同时凸显出另一个问题，即地方收入结构与地方社会经济结构缺乏较为密切的相关性。

（一）地方政府财源结构不合理，主体税种缺失

非税收入在地方财政收入中占非常重要的地位，2018 年地方政府转让土地使用权收入 65 096 亿元，几乎与地方财政的税收收入持平，占地方一般公共预算本级收入 97 905 亿元的 66.49%①。与此同时，地方税收收入多为与中央收入分成性共享或税种共享的收入，地方的自主性收入大多为非税收入。

“'94 新税制”后，营业税一直是地方税制体系中最重要的税种，2016 年 5 月 1 日全面推进“营改增”后，作为地方税种的营业税被改为中央地方共享的增值税，剩下的为数众多的地方税种大多具有收入少、零星、征管难度大的特征，“营改增”前后地方税收收入结构如表 9 – 1 所示。

表 9 – 1　“营改增”前后地方税收收入结构

项　　目	地方财政税收收入		地方税种税收收入		共享等其他地方税收收入	
	2017 年	2015 年	2017 年	2015 年	2017 年	2015 年
税收收入（亿元）	68 672.72	62 661.93	23 255.27	38 315.46	45 417.45	24 346.47
占地方税收入比重（%）	100	100	33.86	61.15	66.14	38.85

资料来源：根据《中国统计年鉴 2018》相关数据计算而来。

2015 年，地方营业税收入 19 162.11 亿元，在地方税收收入中占 30.58%。这还是 2012 年起逐渐铺开“营改增”试点后，营业税收入逐渐减少后的结果。2015 年虽然作为一个税种，营业税仍然存在，但其征收空间和征收对象意义上的范围已大为缩减。2012 年 1 月 1 日开始在上海试点增值税扩围，将其范围扩展至原来营业税中与货物密切相关的交通运输业与部分服务业；2013 年 8 月 1 日增值税扩围的“营改增”试点在空间上推行到全国，其后不断扩大增值税征收范

① 2018 年财政收支情况新闻发布会，2019. 1. 23. http：//www. mof. gov. cn/zhengwuxinxi/caizhengxinwen/201901/t20190123_3131193. htm.

围，直到 2016 年 5 月 1 日营业税的所有征收范围以增值税替代，营业税作为一个税种在中国的税制体系中消失。2015 年国内增值税分享收入 10 112. 52 亿元，占地方税收收入的 16. 14%。营业税为地方最重要的税种。2017 年，“营改增”后的第一年，增值税收入 282 12. 16 亿元，增长 18 099. 64 亿元、1. 79 倍，从收入上看，几乎弥补了营业税收入。同时，2017 年地方税收收入增长 9. 6%。但地方税收收入的主要来源，是与中央的共享收入。归属地方的税种名目繁多，但收入较少，2017 年地方税种收入 23 255. 27 亿元，占地方税收入的 33. 86%[①]。

（二）地方“土地财政”性质的收入结构使地方税制规范缺乏动力

前面指出，地方政府转让土地使用权收入占地方财力的比重较高，一般把这样的情形称为“土地财政”。地方政府所具有的“土地财政”特征的成因复杂，但与地方官员考核与一般预算资金来源之间的缺口引致的压力密切相关。对地方官员的政绩考核往往忽略过程而指向结果，包括经济发展、社会稳定及近年开始重视的诸如环境保护类的指标。这一指标体系中相当部分缺乏确定性，同时缺乏“收支相连”的自动联系体系。这是在中央地方财权、财力结构刚性与地方政府官员政绩考核双重规则与压力之下，为实现政绩的结果与获得财力支持之间没有必然联系的制度中，衍生出的谋求财力增长的“灰色”（即尚未规范的）路径。因此，要将这个面向错位的双向诱导通过财力结构的改革而形成规范性诱导，面临很大的困难。

虽然从结果看，地方政府“土地财政”具有共性，但这并不是任何主体刻意安排的制度效果，而是地方政府官员在实现自身利益的过程中，在各自约束条件下、适应性演化、自发形成的结果。一般认为土地财政的最重要的影响因素是政绩考核，但笔者却认为政绩考核的影响只是问题之一端，另一端是地方政府财源水平和结构的问题。在二者合力之下将具有不同区域特征的地方政府共同导向土地财政。所以，分析地方税结构的问题，有必要简单讨论地方政府“土地财政”的演化路径。

“土地财政”最大的问题是对地方政府行为的软约束。首先，土地转让带来的巨额利润，会给相关机构和个人带来巨大的寻租激励。同时，土地使用权转让过程中哪些区域的土地成为转让对象，政府可以比较容易地左右区域发展格局，通过调控土地出让价格，改变地方基础设施格局；同时，收入约束软化，地方不仅可以直接从土地使用权转让中获得收入，而且通过此影响地方融资收入。“土地财政”收入不仅仅是指土地转让金，包括土地相关非税收入、土地相关税收收

---

① 根据国家统计局官网数据整理：http：//data. stats. gov. cn/.

入和土地融资收入①。从政治制度看，政绩考核制度确实对地方政府基础设施需求有强刺激，但能起决定性作用的是地方政府基础设施的供给能力②。20 世纪 90 年代前后开始的分权和国有土地制度在“土地财政”的形成中发挥了至关重要的作用。1988 年宪法修订，规定国有土地可以有偿使用和转让；1990 年进一步推进分权改革，对地方政府放权，让其对地方公共事务有一定裁量权的同时，逐渐开始形成政绩考核制度。而随之推进的分税制财政管理体制改革，并没有在地方政府政绩的财力保障及制度化规范性激励方面有所建树。中央与省一级地方政府财权财力的界分，明显的倾向是保证中央的财政收入。当然，这在 20 世纪 80 年代开始的向地方放权的制度调整下，新增的收入更多地落在了地方，中央财力下降的背景下具有其合理的基础。而省以下地方政府之间的分税制一直未能形成基本规范，多由各省根据自身的情况决定，具有明显的财权财力上收的倾向。在这样的背景下，“土地财政”成为满足基础设施提供的财力需要的最好的来源。地方的这一财力结构是在中央地方税源及其他财源划分既定的前提下，官员为实现自身利益的过程中，适应性行为演化而形成的自发秩序。这就是为什么在地方政府分散决策的背景下，却共同选择利用土地为其直接或间接获得满足政绩需要的公共品供给的资金来源的原因。

在当前的地方政府绩效考核和地方支出行为约束的制度背景下，“土地财政”收入和支出有较大的弹性，使地方政府行为有较大的可能偏离经济长期良性发展。从而政府的社会认同度降低，税收制度社会认同相应下降。在“土地财政”的激励下，地方政府具有强烈的压价征地、推高房价的内在冲动，而这一行为模式一方面侵占现有土地使用者的利益，同时也在较大的程度上影响基本生存型住房价格，影响住房基本生存型需求者的利益。与此同时，地方政府很容易被资本左右。以上三者，无论从哪个方面看，都有碍地方经济的有序、持续发展，并进一步影响人们对地方政府行为的认同。同时，“土地财政”收入具有很大的不确定性，这也会影响地方社会经济的持续发展。而从当前的地方财政收入结构看，地方对“土地财政”的依赖具有普遍性，甚至越是经济发达的地区，对“土地财政”的依赖性越大（李永刚等，2018）。如果房地产市场一旦有所波动，不仅影响中观层次的地方经济，而且会在很大的程度上波及整个国民经济。

换言之，地方“土地财政”现象的出现，在现行中央地方财权财力结构和

---

① 李永刚、张平、宋小宁．土地财政破解与政绩考核制度改革研究［J］．复旦公共行政评论，2018（1）：60－81.

② 葛扬、岑树田．中国基础设施超常规发展的土地支持研究［J］．经济研究，2017（2）：35－51.

政绩考核制度下具有一定必然性。在这两项制度的夹击下，即使堵住了“土地财政”这一收入渠道，也可能会滋生出其他的渠道。这在中国地方政府行为规范性较弱的背景下，进一步刺激地方行为失当。

“土地财政”性质的地方财力结构淡化了地方税制结构与地方经济结构的相关性，使地方政府谋求地方财力增长的行为在一定的程度上偏离税制优化的路径。地方政府收入中的相当部分并不直接来源于税收，而是与房价密切关联的土地相关收入。因此地方政府有激励房价上涨的强动力，这在不同程度上扰乱了地方社会经济发展，进一步弱化了地方税收制度的重要性。

综上，首先，地方税收制度认同与地方政府行为有密切的关系。“土地财政”的软约束使地方政府行为面向与地方的发展错位。其次，土地使用权转让收入在地方财政收入中所占比例过大，其非稳定性的特征会在很大的程度上影响地方财政收入的稳定性，地方政府职能的履行缺乏财力的确定性保障，并影响具有法定规范与确定性的税收收入的主导地位，进一步影响税收制度社会认同的形成。

因此，地方税制社会认同演化的前提是切断税收之外的主体财源，推进地方政府行为规范，从而提高地方税收制度的社会认同。

二、社会认同地方税制体系的一般考量

对地方政府及其职能的主、客观范围等方面的界定不同，评价体系与方法必然存在差异，从社会认同的角度看，地方税收制度体系也有其特殊性。

（一）土地来源的规范性收入可以是地方税收收入的主要来源

以土地来源的规范性收入形成地方税收收入主要来源的前提，是规范地方政府非税收入，强化其行为约束。

土地相关财政收入包括非税收入、税收收入及土地融资收入①，另外也隐含在土地出让中要求受让方提供的相关基础设施，如出让土地周边道路平整等。从某一角度看有其合宜性。地方政府通过其行为安排影响地方财政收入，并通过进一步投入到相关基础设施建设与维护，促进地方建设和经济发展，满足地方公共品需要。

大部分关于“土地财政”的研究都认为应该破除之，但实际上虽然现行财税制度体系下，“土地财政”带来地方基础设施畸形发展、土地相关政策不利于

---

① 李永刚、张平、宋小宁．土地财政破解与政绩考核制度改革研究［J］．复旦公共行政评论，2018（1）：60－81．

经济整体与长期可持续发展等问题，但这在某种意义上也说明来自土地的直接或者间接的财政收入作为地方的主要收入来源具有合理性，只是需要重新规范和约束，增加收支的预算约束刚性，而不仅仅是将之放到预算中。

我国土地归国家所有，转让中缺乏产权所有人产权收益的强约束，容易成为设租寻租的对象，所以，应该通过相关制度规范约束地方政府非税收入的随意性和不确定性：首先，重新理顺国有产权下的收益权，如赋予原使用者更完全的权力等制度构建，约束地方政府对土地转让过程的不当介入；其次，通过重新梳理和规范土地转让、使用和收益等诸环节的税收制度体系的同时，对土地直接间接融资行为以约束地方政府直接和间接融资行为的方式控制，从而在一定程度上克服地方政府非税收入的随意性和不确定性。另外，对地方政府投资可以启动实质性约束机制（下面的收支相连将进一步分析），从而在规范地方政府行为，提供合宜的地方公共品的同时，民众税收负担合宜而确当——提高税收负担直接受益，不仅使地方公共品受益，而且民众在参与税收与公共品供给事务的过程中进一步提高税收制度的社会认同。

（二）地方主体税种社会认同的着眼点是地方治理

地方主体税种构建主要关注的不仅仅是满足地方职能需要的地方财政收入的问题，更是从政府治理的角度关注并影响社会认同的形成。从地方政府治理意义上看，地方主体税种应该具有比较典型的收支相连的基本特征①。居民对地方政府的认同源于对其治理能力的合意性判断，而其中最核心的部分是其对地方公共事务的有效参与。换言之，地方政府的财力结构应该与居民对受益性公共需求的满足程度密切相关，使地方政府的政绩考核与地方的良性发展密切相关联。这一方面使税收负担容易被接受，推动税收制度的社会认同；另一方面有效约束地方政府行为——相关公共需求满足程度越高，税收收入水平越高、地方财力越充足，形成地方社会经济发展与优化地方政府行为选择的共赢。

满足这一地方政府治理要求的税种，主要包括房地产相关税种、资源税及个人所得税等。

1. 房地产相关的税种。房产的价值与地方治理密切相关——从长期看，不仅与一个地区的经济增长密切相关，而且与其治安、空气质量、绿化、教育、市政设施包括道路、给排水、照明甚至老幼关怀的相关基础设施和制度构建等密切相关，当地方政府治理精细（或者说竞争）到极致进而与政府的行政效率（这

① 朱为群，许建标．构建房地产税改革收支相连决策机制的探讨［J］．税务研究，2019（4）：24－30．

在政府资源有限的前提下，与前面诸方面均密切相关）和亲和度密切相关。这些因素本身即是政府治理的权衡指标。而从当前地方政府的税费收入看，直接和间接来自房地产的种类繁多、收入多寡各异、约束强度各异，从房地产相关税和费的总收入看，在地方收入中占较大的比重，具有收入来源意义上的主体税种的特征，但对地方治理尚未形成有效的行为诱导和社会认同。如何化解？首先，应该面对的第一个问题是地方政府对土地的控制权力结构的界定，约束与权力界定相关的收费，提高其确定性和法定规范性。其次，整合土地占用、转让、使用等环节的诸税。当前，房地产相关的税种繁多、征管复杂，难以形成对征纳双方行为的有效规范和约束。

2. 常常被归为地方税种的是资源税。从中国的经济发展与自然资源分布看，大多具有这样的特征——自然资源丰富的地区往往是经济发达程度较低的地区，反之，东部自然资源匮乏的地区是经济较为发达的地区。经济发达地区可以以房地产相关税收为主体税种，而欠发达地区则以其资源相关税种为主体税种。目前，实施尚有难度，其前提是将资源税税权较为完整地下放到地方。从地方治理的角度看，自然资源的开发、利用与地方可持续发展之间良性演化存在许多尚待解决的问题，如居民不同利益诉求如何调和？调和的机制形成是一个非常复杂的问题，在这一问题没有解决好的前提下，将资源税权赋予地方政府会对环境可能会带来与初衷适得其反的破坏。所以，笔者认为资源税暂时不具备（在税权意义上）成为地方主体税种的条件。

3. 个人所得税从现有税制构建看属于地方税种。按经典理论的诠释，对于流动性强的税源不应该作为地方税种。但从地方治理的角度看，个人所得税这类流动性较强的税种有助于增强对地方政府的行为约束，收支相连的制度构建能够激励地方政府最大化地满足居民的公共需求，容易被接受和遵从，推进税制社会认同的形成。

总之，地方税制主体税种收支相连的特征一方面使税制的施行成本低、效率高，同时，更容易构建对地方政府以地方事务和公共品供给过程居民的参与和满意度为标准的考核体系。

（三）地方主体税种的个性化构建

从上述收支相连的地方主体税种选择的基本原则看，其最核心的特征是主体税种的个性化构建。具体看来包括地方经济结构差异和自然条件的差异。

1. 经济结构差异

因为各地方经济发展格局和公共品需求结构等存在的差异，无论从地方治理还是收入结构看，其主体税种都存在差异。

如烟叶税，在一般意义上是个微不足道的小税种，但对某些烟产业发展突出、大量种植和收购烟叶的地区，却在地方税收收入中占据重要地位。2017 年，地方财政烟叶税收入 115.72 亿元，占当年地方财政税收收入的 0.168%①，但税源较为集中的西南地区的云南、贵州、四川三省烟叶税占全国烟叶税收入的 60% 以上。对于该地区的一些县、乡，烟叶税是其税收收入甚至地方财政收入的主要来源。2012 年云南省楚雄州的财政收入 70% 以上来自烟叶税，其后有所减少，但也在 60% 左右②。显然这类地区的主体税种选择与其他地区有明显的差异。

一般认为，从经济发展格局看，发达程度高、自然资源较为匮乏的地区以房地产税为地方主体税种；发达程度低、自然资源较为丰沛的地方以资源税为主体税种。十数年前曾经提出经济分区发展，有环境优势的地方以青山绿水为优势，不必追求经济的快速增长。这在当时就有许多质疑的声音，被认为是以牺牲欠发达地区的利益为前提的。但近年来人口和资源的流动开始在一定意义上使这一分区发展理论变得可以理解。这是另一个影响地方主体税种个性化构建的衍生路径。

2. 非经济性要素流动引致的相关经济结构和形势变化对地方税构建的影响

当前最典型的非经济性要素流动是人口一定程度的非经济性流动。也就是人口的流动不仅仅是基于经济目的，不再仅仅从欠发达地区流向发达地区。虽未形成逆向流动的趋势，但出现了较大规模的不以经济目的而以宜居等为目的的区域人口流动。

从中国当前的情况看，人口流动有两种类型，一是经济型的，一是非经济型的。从经济型看，人口往往跟随产业和要素回报率流动；非经济型多与气候密切相关，如老龄人口的养老型人口流动。此时，如果改变相关税制结构和征管方式（如个人所得税不按户籍所在地，而按居住地征收；个人所得税将应税收入扩展至退休金等），欠发达地区也能以个人所得税或者房产税为其主体税种。

但也正是因为人口流动的非经济性目的，人口流入和流出地的经济发展程度各异，这对人口流动中可能的税收收入影响不同。如东北地区人口流失，主要流入地均为气候与东北形成极大反差的南方地区，比较典型的如海南、广西。在广西，主要的人口流入地为省会南宁和沿海的钦州、防城港及北海。人口流入所形

① 根据《中国统计年鉴 2018》整理。

② 第一财经．两烟“贡献”近六成财政收入，地方寄望提高烟叶税税率，http：//baijiahao. baidu. com/s? id = 1587630226236162423&wfr = spider&for = pc.

成的购买力已经比较明显地拉高了这些地区的房价。这在一定程度上说明，非经济目的人口流动虽未能如经济目的的人口流动从根本上影响产业布局、城市发展格局及城市圈的形成与功能，但已经在一定程度上形成对人口流出和流入地的社会经济影响。而且需要特别关注的是，经济性人口流动的影响与经济发展的影响具有同一性，是同一个问题的不同影响因素，可以归并入经济结构对地方主体税影响中分析。但非经济性人口流动如果相关制度体系没有变化，其影响却有其不同的传递路径和结果。从短期看，在税收征税范围和管辖权不改变的前提下，人口流动不会给人口流入地直接带来个人所得税的增长，但因其引致的消费增加和房产价格的增加会间接引起税收等财政收入的增长；而从长期看，以宜居为目的的迁徙会带动相关产业的发展，包括直接为这类流入人口提供服务的产业的增长，也包括流入人口引入的相关产业的增长，从而带来税收等财政收入的持续增长。而从人口流出地看，人口季节性或者长期稳定地减少直接导致消费减少，进一步引发对产业和经济更大的负面影响，包括税收在内的财政收入减少。

显然，人口非经济型流动给人口流入地和流出地地方公共品供给也提出了不同的要求，给地方政府带来不同的压力，进一步影响税收制度及其认同。从人口流入地看，除了自然条件如气候的影响，养老和居住的便利是其主要的影响因素，因此，为了保持由此带来的人口利益，地方的主体税及其收入的增长应该与这类公共品收支密切相连。而从人口流出地看，可能会引起相关产业凋敝和税收收入及其他相关财政收入的降低，其公共品供给结构和数量均会发生变化，并进一步影响税制结构及其认同。

很显然仅仅从最近十年初现端倪的非经济型人口流动就可以看出，不同的地方，其主体税种的个性化构建是实现收支相连，提高地方政府治理能力和对地方税种与地方政府认同的核心。

第二节　几个高关注率税种的具体构建

从当前的税制体系出发构建被社会认同的税制体系，有两个层次的问题：目标税制是什么？如何推动当前的税制体系向目标税制演进？更进一步，目标税制由哪些税种组成，各税种之间的相互关系如何？这一变迁过程的动力是什么？是什么使其向“这一”方向而不是“那一”方向演进？前面对目标税制的构建和推进有详细的分析，这里着重分析当前理论和实践中“关注度”较高的税种及税种结构等相关税制问题。正如在前面的理论分析中指出的，从过程看，税收制度社会认同形成的前提是，某一特定的税收是人们认同判断的对象。因此，社会认同税制体系具体构建从高关注度的税种入手是合宜的。

下面具体讨论社会认同视角下几个备受关注的税种的构建。

一、个人所得税

自"'94 新税制"以来，个人所得税逐渐进入人们的视野，并因个人（名义及实际）收入的不断增长，在 2019 年 1 月 1 日之前，即使多次调高免征额，征税范围仍然不断扩大、税收收入也呈现不断增长的趋势。1995 年个人所得税收入 131.30 亿元，占税收收入的 2.17%，2018 年个人所得税收入 13 871.87 亿元，占税收收入的 8.87%①。税收收入绝对额快速增长的同时，在税制体系中的相对重要性也不断提高。虽然没有官方正式公布的个人所得税纳税人数量的数据，但根据 2019 年个人所得税改革之前，一些学者和政府官员给出的相关数据可以推测，个人所得税的纳税人占城镇就业人口的比例在 2019 年税改前高达 44%。按 2016 年国家统计局公布的城镇就业人口计，大约有 18 683 万纳税人②。而且因为个人所得税与个人可支配收入密切相关，成为社会关注度最高的税种。近年来，每一次个人所得税改革都会引起社会广泛议论与参与（如人们对 2011 年个人所得税改革网上征求意见的积极参与），其社会认同的形成对现存税制社会认同的形成至关重要。

（一）中国当前社会认同个人所得税的基本特征

2019 年中国个人所得税做出了前所未有的重大调整，在从社会认同的视角对其做出评价之前，先分析在中国当前的社会背景下，社会认同的个人所得税的基本特征。

1. 同时满足公平与效率的诉求

当前经济发展与社会分配存在两个指向不同，但对民众而言是同样重要的问题。首先，社会分层，并开始具有越来越明显的阶层固化的趋势。根据西南财经大学中国家庭金融调查与研究中心调查结果显示，中国近年来基尼系数进一步攀升，远远超过安全线。其次，宏观经济形势徘徊，从个人的角度看，就业和收入增长进入"瓶颈"期。而这两个问题映射到个人所得税制则表现为社会认同的这两个看似矛盾的诉求——既希望能有效缓解社会分配不公，又希望能激励就业和收入的增长。前者对个人所得税制期许较高的最高边际税率和超过一定的收入

---

① 根据国家统计局官网数据计算整理：http：//data. stats. gov. cn/.

② 财政部副部长程丽华：10 月 1 日起个税起征点上调至 5 000 元/月，中国网 . 2018. 8. 31. http：//wemedia. ifeng. com/76162464/wemedia. shtml.

水平后较快的累进程度；后者却要求较低的最高边际税率和温和的累进程度。

2. 与社会认同的伦理道德观念的一致性

理论上，个人所得税与企业所得税一样，是纯所得税，即计税依据应该是扣除成本费用后的纯收入。但这一成本费用的内容是个人和家庭的相关费用，与特定的社会背景下的伦理道德观密切相关，很难客观界定。从这一视角看，社会认同的个人所得税具有对婚姻、子女抚养、老人赡养等方面的与当下的伦理道德观相契合的基本特征。

（1）子女抚养和教育投入是有适龄子女家庭最重要的生计费用。

抚养和教育子女被看作是父母及家庭最重要的责任。因此，对一个家庭或个人无法负担这一责任的收入征收个人所得税，会被认为是不合宜的。概要地看，这应该是没有问题的，也符合大多数国家个人所得税构建的基本原则。但比较复杂的是，中国由来已久的对子女教育的重视，加上独生子女政策施行三十多年、公共教育资源（数量和质量上）的不足，“千顷地一棵苗”的危机感，使在子女抚养和教育方面的投入很难形成被一致性认同的合宜标准。

（2）赡养老人的伦理道德诉求。

前面的理论分析中指出，随着社会经济发展和独生子女政策带来的影响，家庭养老模式受到冲击，但社会养老代替家庭养老或者仅仅是主导还面临许多问题。从客观上看，仅靠政府或单靠个人都很难承担能满足生存性物质需要和精神需求的社会化或市场化养老；而从主观上看，传统的家庭养老观念根深蒂固。中国人民大学《2014 年中国老年社会追踪调查报告》数据显示，51% 的老年人认为照料自己的主要承担者是子女，只有 11.4% 的老年人认为照料的主要承担者为政府或社区。随着年龄的增加认为照料的主要承担者是子女的老年人越来越多。同时，在空巢老人达到 47.53%（独居老人占 9.63%；老年夫妻户占 37.90%）的背景下社区养老服务使用率也非常低。94.1% 的老年人选择自己家和子女家养老①。从以上数据可以判断，传统养老模式仍然是当前主客观条件约束下，老龄人口的主流选择（由于人口结构和经济结构与速度的变化，这当然也引发了很多的问题，在前面的分析中有所涉及）。从个人所得税的制度构建看，这涉及两方面的问题，一是赡养老人费用扣除合宜的度；二是对赡养老人范围的界定。从后者看，中国传统文化中“老吾老以及人之老”的观念似乎说明只要对老人有实质意义上的赡养行为就应该加计扣除。同时，家庭在一定程度上代行了部分社会义务，这也有助于养老这一社会问题的解决，所以在该项专项扣除中

① 中国人民大学中国调查与数据中心：《2014 年中国老年社会追踪调查报告》.

应该考虑。东南亚一些国家，如马来西亚就对此有特别加计扣除。

(3) 个人所得税应该满足婚姻伦理道德诉求。

无论是否以个人为主体行为分析的起点，家庭都是社会行为非常重要的单位。因此，任何社会都肯定婚姻的价值。基于这一观念社会认同的个人所得税应该具有婚姻导向或至少婚姻中性的特征。即个人所得税这一楔子的楔入至少不会影响人们对婚姻的选择，或者有助于人们选择或者维持婚姻状态。

个人所得税计税依据为“纯所得”，在具体制度构建时，其复杂之处还在于，对个人家庭责任观念的认同，表面上看，着力于个人所得税费用扣除，但实际上既与其他收入分配制度、社会保障体系有关，也与其他公共品提供相关。而这一系列制度体系中不完善的问题，很难仅仅通过个人所得税税制构建解决，这也会影响其社会认同。

(二) 社会认同视角下2019年新个人所得税制存在的问题

2019年1月1日新的《个人所得税法》开始施行。此次个人所得税法的修订，不同于其前的六次修订。前面六次修订主要局限于免征额，而此次修订则涉及征税模式、征管过程和结果等方面的重大调整，第一次试图将个人所得税课征于一定意义上的“纯所得”，使税收负担不仅与个人所得相关，同时与获取所得的成本相联系。从税收负担看，由于免征额（费用扣除）大幅度提高，同时，新增六项税前附加扣除项目（当然，实际上最多可以同时享受五项扣除）而大为下降。因此，无论哪个收入层次的纳税人税收负担都有不同程度的降低。另外，通过大幅度提高3%～20%税率的税级使中低收入水平的纳税人税收负担进一步下降。同时，缩小第四即25%税级的幅度，第5～7税级及其税率不变，因此，总的看来，2019年新个人所得税具有比较典型的公平指向。但这一更多倾向于公平的税制设计，也仍然存在一些问题。

1. 个人所得税负担水平相对较高，很难满足社会认同的效率诉求

在2019年个人所得税改革方案出台以前，相当部分学者预测最高边际税率会明显下调。但2019年新《个人所得税法》中维持原有的最高三个税级的幅度和税率，这在当前的全球化减税和竞争白热化的背景下，显然不能满足个人所得税社会认同的效率诉求。因此，在新《个人所得税法》推行不久的2019年3月14日，财政部和国家税务总局发布《关于粤港澳大湾区个人所得税优惠政策的通知》，指出2019年1月1日～2023年12月31日广东省、深圳市（包括广东省广州市、深圳市、珠海市、佛山市、惠州市、东莞市、中山市、江门市和肇庆市等大湾区珠三角九市）按内地与香港个人所得税税负差额，对在大湾区工作的境

外（含港澳台）高端人才和紧缺人才给予补贴，该补贴免征个人所得税。[①] 深圳市副市长王立新在2019年未来论坛·深圳技术峰会上表示，来粤港澳大湾区工作的境外（含港澳台）高端科技人才将享受15%的个人所得税减免优惠。此举并不涉及个人所得税法的修订，而是由地方政府给予补贴，这其实是地方对此次税制改革税负不利于效率诉求的弥补。

2. 仍然延续原有个人所得税税制中错综复杂且有失公平的免税规定

回顾中国自改革开放之初至今的税制改革，其重要的原则是税负不变和政策的连续性。其背后隐含的逻辑是，保证国家财政收入和维护既得利益者的利益。从政府职能履行的稳定性和连续性的角度看这当然是合宜的，但如果将之视为所有税种的任何类型的变迁中最重要的原则是有问题的。

现行个人所得税的免征项目大多延续由来已久的做法，存在明显的瑕疵，在有失公平的同时，侵蚀税基。某些收入与其他收入并无明显区别却特别规定免税，如办理代扣代缴的办税人员取得的扣缴手续费。其优惠的指向当然是为了鼓励这类行为，但却使税制调节变得复杂而缺乏公平性。如果认为这样的行为诱导不足（实际上，并无充分论证），可以直接提高手续费比例，而不必以免税的方式区别这类收入；另外一些免税收入项目明显是给相对优势群体的，具有逆向公平调节的负面影响。这些群体既不是社会中收入水平较低的弱势群体，也不一定是最迫切需要的人力资源。其他群体的类似收入并不免税，有失公平。

3. 专项附加扣除界定不清

从制度构建的角度看，2019年个人所得税改革新增的专项附加扣除对个人所得税综合型方向的推进有结构性意义，但从具体税制的相关条目看存在较大的进一步优化的空间。现行专项附加扣除更多地具有一般费用扣除的性质，政策目标含混，甚至与政策目标背道而驰。同时，专项附加扣除各项之间的衔接有待进一步梳理。

专项扣除中有子女教育扣除却无子女养育相关的扣除。具体地讲，子女三岁前没有任何扣除，年满三岁一直到接受任何学历教育都按月扣除。同时子女教育扣除每月1000元，而接受继续教育中的学历教育同样可以选择由其父母扣除，但扣除标准变为每月400元，同时规定最长扣除时间不超过4年。例如，同样是读博士，如果按子女教育每月扣1000元，且未规定最长时间，如果按继续教育扣除则每月400元，且有四年的时间限制。目前尚未出台如何判断和分清的相关

① 中华人民共和国财政部．关于粤港澳大湾区个人所得税优惠政策的通知［EB/OL］．财政部官网 http：//szs. mof. gov. cn/zhengwuxinxi/zhengcefabu/201903/t20190315_3194004. html.

细节界定。但可以断定无论怎么样界定无非两个结果，一是一定要强调二者的区别，并在征管中耗费大量成本；二是任由纳税人选用，不加甄别。从目前税法的规定看似乎更倾向于后者。其实也就意味着继续教育中学历教育与子女教育中学历教育不一致的扣除是没有必要的。同时，其他继续教育只针对取得证书当年发生的费用，口径太窄，未能真正起到有效激励继续教育的作用。

另外，对于住房贷款利息和住房租金的扣除具有一定的婚姻逆向诱导的特征。

4. 征管相关问题

对工资、薪金所得，个人所得税法中明确界定为受雇用的所得，包括现金与非现金收入。但在征管中对以下问题并没有特别关注，如单位提供的免费（或者实质上等同于免费）工作餐、提供的远远低于市场价格的出租房、以职工福利的名义发放的各类物品及服务等，在实务上具体怎么纳税？征管如何实施？有待进一步界定。而且一般而言，能够获得这类非货币性收入的往往是收入较高的群体，这显然有失公平。同时，由于税法中缺乏细节性规定，给了税务机关较大的自由裁量权。

另外，综合所得汇算清缴的具体细则仍未出台，而这么大规模、大范围的个人所得税汇算清缴是前所未有的。在相关信息平台尚未有效构建的前提下，征管成本大概率提高的同时，效果如何不能确定。

（三）当前社会经济背景下社会认同个人所得税制度构建的几个具体建议

当前，中国个人所得税制度与社会认同的税制结构之间有较大的差距。应通过规范减免优惠、扩展税基，推进税率下调，降低税负痛感，进一步推进个人所得税社会认同。

1. 规范优惠减免、降低最高边际税率，从而降低个人所得税税负痛感

按照当前理论界达成共识的结论，税负痛感不仅仅应该与税收负担相关，也与政府所提供的公共品密切相关，这里仅从税收负担的角度分析。

现行个人所得税工资薪金所得 25% ~45% 四个税级仍然沿用 2011 年个人所得税修订后的税级，而这 8 年间工资水平发生了巨大的变化。2018 年城镇单位就业人员平均年工资 82 461 元，2011 年则为 41 799 元。其间居民消费价格定基指数（以 1978 年为 100），2011 年为 565，2018 年为 650.9，上涨了 85.9。因此这 8 年间工资水平上涨中有 15.6%，即 6 181 元[①]来自通货膨胀，仍然沿用当年的税级显示有失公平。同时，前面的分析也指出，当前的经济背景下，民众对就业从而对经济回暖有强烈的期许。现行税制的税级和税率设计，显然不利于吸引流

---

① 根据国家统计局官网数据计算整理：http：//data. stats. gov. cn/.

动要素，从而不利于实现该经济目标。

比较合宜的做法是理清税收优惠，减少指向不明或者公平和效率逆向调整的优惠，并将最高边际税率降低至当前国际环境中相对较低的水平。

2. 重新梳理个人所得税专项附加扣除

（1）可以将子女抚养和教育合并考虑，在年满 18 岁前均给予一定额度的扣除。这里有两个问题需要进一步分析。一是允许扣除的子女的数量，二是 18 岁以后的教育支出是否允许扣除。从现行个人所得税税制看，子女教育扣除并未规定子女数量，同时也不完全囿于年龄，只要符合年龄（3 岁以上）及义务教育或学历教育即可。从中国当前的情况看，人口问题从过剩逆转为加速老龄化和劳动力短缺，因此为了激励人口增长，在子女扣除中仍应不设数量限制；义务教育后的学历教育仍可保持现行做法。

（2）继续教育扣除中的学历教育应与子女教育扣除标准相同，由纳税人自行选择扣除主体。同时，进一步扩展继续教育扣除，不仅在取得相关证书的当年，而且凡实际发生相关继续教育支出的年份，在一定限额内均允许扣除。

（3）涉及婚姻导向的相关扣除。现行个人所得税税制中直接关涉婚姻的包括住房贷款利息和住房租金，可以采用婚姻中比单身倍加扣除的办法，涉及一个问题——是否存在单身歧视婚姻并不一定使这类成本倍加，却加倍扣除，但婚姻导向符合社会基本伦理。

3. 进一步拓宽税基、降低税率

从目前专项附加扣除标准看，大多缺乏依据，主要还是成本费用“分担”而不是扣除的意义。但无论如何，随着社会经济发展，这一扣除的范围和扣除额度都会不断增长。同时，中国个人所得税的最高边际税率明显高于其他相关经济体。因为受免征额、费用扣除、最高边际税率对应的薪金水平以及与经济发展水平相关的相对薪金水平等差异，很难单从最高边际税率评价其税收负担，但最高边际税率对税收社会认同具有显著性影响。《福布斯》推出的税负痛苦指数即是以一个经济体相关税种最高名义税率加总后排序的结果。虽然备受争议，但却往往影响“局外人”刻板印象的形成，影响要素流动，并进一步影响中国在国际经济中的竞争力。

从中国当前的背景看，降低税费具有一致性。与此同时，公共品需求不断增长，政府支出规模不断扩大。中国现行税制体系仍然具有比较典型的间接税主体地位的特征，主要税收负担落在企业。为了保持经济体的活力，在内外压力之下，必须经历间接税向直接税、企业税向自然人税转变的过程。在这一过程中，如何降低痛感？那就只能是在降低（最高边际）税率的同时，拓宽税基——在最大的程度上缩小免税收入的范围。

4. 规范征管行为、提高税收负担的确定性

在税基宽窄的界定中，还有一个非常重要的影响因素，即征管。在中国的税收政策及相关宏观政策的实施中，往往通过征管弹性来实现隐含在政策后面的目标。但凡财政收入不足，往往通过加强征管弥补，而当经济不景气，则往往通过征管减轻实际负担。而只有在征管过程实施确定的前提下，纳税人才能事前确定其行为的收益，并因其确定性而使税收的行为诱导具有可持续性。个人所得税如此，其他税种也如此。

二、个人房产税

（一）现行房产税对农村和个人房产免予征收的合宜性分析

近十年理论研究中对房产税的关注较多，但相当部分分析对所研究的问题未作严格界定。实际上，中国房产税早已有之，而且一直是税制体系的组成部分。现行房产税的基本制度规范源于1986年国务院颁布的《中华人民共和国房产税暂行条例》。所以，“是否开征房产税”是个伪命题。当前对房产税关注的焦点是其征收范围和税收优惠中对农村房产和个人所有的非经营性房产即个人住房的相关免除税收义务的规定问题。现行房产税的征收范围（与城镇土地使用税的界定方式一样）是以课税标的所属的行政区域划分为标准，不包括农村地区的房产。同时，通过税收优惠减免征收范围排除了个人住房。从现行房产税出台时的社会经济背景看，这样的排除性和优惠性规定是合宜的。20世纪80年代，普遍实行福利分房制度，私有住房可以忽略不计，绝大多数城市居民都没有自有住房，主要租住单位或房管部门的房子，不具有征税的合宜性。从农村看，以自建房为主，与城镇的住房来源有较大不同。但无论从公共品供给还是税收负担能力看，对其征税都是不合适的。“包产到户”的农村经济体制改革虽然带来农业产出和农民收入的增长，但仅仅是针对解决温饱问题而言。当时，农村居民几乎是唯一需要直接负担税收的群体，其可支配收入在各类税费之下微乎其微，难以应付最基本的生存性需要。同时，财政支出对农村公共品供给非常有限。相当部分地区没有供电、供水、道路等基础性公共品提供，更谈不上养老、医疗等社会保障的充分有效提供（社会保障只有一个简陋的基本供给，当然比市场化进程初期有一段几近空白的时期略好）。1998年提出广播、电视村村通工程，2010年底电力和饮用水才基本实现村村通（近期的调研发现，广西有部分农村地区仍然直饮自然状态的水——直接以井水为饮用水）。因此，农村居民面临比较大的生存及

最基本层面上的安全和发展保障缺口，并不具有房产税负担能力。因此，房产税对农村房产和个人住房这二者不征税是符合当时实际情况的合宜选择。正是在这样的前提下，房产税才具有有效推行（即使无法做社会认同判断）的现实可能。

（二）推进个人房产税改革的动因及其社会认同

1. 推进个人房产税改革具有社会认同的经济基础

中国从 1980 年正式允许推行住房商品化政策，其后 1982 年、1988 年和 1994 年国务院陆续出台调高房租、出售公有住房等相关文件。但由于尚不具备社会心理基础，同时，与新中国成立后的住房政策相悖，加之，与个人利益之间的关系一开始并不具有明显的正相关的特征。因此，住房商品化政策并未得到有效推进。1994 年国务院颁布《关于深化城镇住房制度改革的决定》，要求稳步出售公有住房，但随后出现“变卖国有资产”时的贱卖现象。这一政策推行中的两难使其趋于停滞[①]。1998 年，在内外在因素的交互作用之下，出现了几乎可以说是改革开放以来最长的一段经济低迷期，推进“住房商品化”不仅是 1980 年以来房产政策的延续，更因当时刺激经济增长的“积极财政政策”的系列政策的推动，真正开启了房产市场的高速发展。

从个人房产税的角度看，当前的社会经济背景与 20 世纪 90 年代末有了质的区别。首先，城镇住房相当部分都归个人所有，拥有处置权、收益权等相对完整的权力（姑且不论住房所在土地的租用性质使其所有权的不完全性）。其次，随着经济的持续高速增长和一定程度的市场化分配机制的构建，人们收入大为提高的同时，收入差距不断扩大。其结果是，第一，人们可以根据其收入能力从质和量上选择性购买住房，具有选择的自由；第二，与之相对应的税收负担能力增强，从收入的普遍性长期快速增长看，一般负税能力也大大增强。1986 年城镇居民可支配收入 899. 6 元，2018 年居民人均可支配收入 28 228 元[②]。因此，与 1986 年 9 月《中华人民共和国房产税暂行条例》出台时相比，对农村和个人住房征税具有了社会认同的经济基础——特定税收负担社会认同的客观物质基础。而个人房产税的征收还需要一个思想准备——发生触动人们长期形成的对个人房产税收相关的固有观念的特定事件或出现某种特定的形势。分析个人房产税社会认同的前置问题是人们的相关观念，因此，本质上，个人房产税的征收最核心的问题不是技术问题，也不是制度构建问题，而是恰当的触动观念改变的时机。

---

① 顾云昌．40 年 40 个瞬间丨住房制度改革（1998 年 7 月 3 日）［N］．中国经济周刊．2018. 12. 17.

② 国家统计局官方网：http：//data. stats. gov. cn/.

2. 当前征收个人房产税的动因及其社会认同的可能与现实

当前触动观念改变促进个人房产税征收的时机到了吗?

(1) 抑制房价动因的个人房产税及其社会认同的可能与现实。

个人房产税征收最初的动因是抑制房价。面对持续走高的房价，试图以个人房产税作为抑制房价的工具。在个人房产税征收呼声较高的时候，笔者曾做过一次小范围的问卷调查。虽然由于收回问卷量较小，同时调查区域有限，其结果并不一定准确，但还是能说明一定的问题。有超过 30% 的被调查者表示如果征收个人房产税能有效抑制房价，则愿意承担这一税收负担。换言之，如果能在此时征收能对房价产生有效抑制作用的个人房产税，便可以有一个形成对该税社会认同的起点。但从 2011 年在上海和重庆的试点看，虽然民众对房产税的房价影响怀有期许，但其实际影响较小。房地产价格另有更重要的影响因素，受这些因素的影响，两地房价仍然大幅度上涨。重庆、上海两地 2011 年 1 月 28 日试点个人房产税。根据安居客房产价格信息记录，房产税试点的主城九区（即渝中区、江北区、沙坪坝区、九龙坡区、大渡口区、南岸区、北碚区、渝北区、巴南区）试点前即 2011 年 1 月房产均价为每平方米 5 914 元，2019 年 7 月为 12 015 元。上海 2011 年 1 月房产均价为每平方米 23 058 元，2019 年 7 月为 50 149 元①。实证研究因为模型构建、评估方法和变量选取等差异，结论各不相同。但主流的结论仍然是两地个人房产税征收对房价的影响统计上不显著。因此，试点效果不明显，也就很难得出抑制房价动因的个人房产税施行能得到社会认同的结论。

(2) 地方主体税构建动因的个人房产税及其社会认同的可能与现实。

随着“营改增”的全面推进，地方税制体系构建的问题备受关注，通过考察发达国家的做法，房产税被认为是最合宜的地方主体税种。而当前房产税收入较低，2017 年地方房产税收入 2 604. 33 亿元，仅占地方税收收入的 3. 8%、占地方财政一般预算收入的 2. 8%②。其收入在地方财政收入中微不足道，具有较大的增长空间。因此，相当部分研究者认为房产税是地方主体税种的合宜选择，应该将原有的房产税扩围至个人房产及农村地区。

与抑制房价动因的个人房产税的推行不同，学者普遍持这一观点，但民众对此并未形成明确地诉求。这一意义上的目标房产税未进入公众视野，社会认同度较低。但进一步梳理会发现，个人房产税如果收支体系构建得当，具有社会认同的现实可能性。实践中，地方政府职责履行存在两个相互关联的问题。首先，由

① 安居客. https://www.anjuke.com/fangjia.

② 国家统计局官方网: http://data.stats.gov.cn/.

于地方财力问题使土地财政收入成为大多数地方政府收入中最重要的部分。地方政府有推高至少维持房地产高价的内在动力，地方政府行为成为房地产价格居高不下的重要原因。与此同时，一些相对落后地区缺乏稳定财政收入，地方公共品供给不足。如果构建得当就能切断地方政府收入与地方房价的直接强联系（间接的相关性和影响往往是地方公共品供给合宜、地方政府行政效率高的副产品，这正是地方政府行为合宜的结果），推进房地产市场健康发展。同时，地方政府有稳定的财权财力，在其他相关制度的配合之下，使地方公共品供给过程和结果满足地方公共品需求，并进一步提高地方治理能力，从而推进这一动因下的房产税的社会认同。

无论是抑制房价还是地方主体税构建意义上的个人房产税征收或房产税扩围，都尚未能形成社会认同。而从当前的国内外社会环境看，未来的经济形势不容乐观。在这样的背景下，征收个人房产税或者向农村扩围，无论对中低收入层还是高收入层、对个人或宏观经济都会有较大的税负痛感。因此，虽然中央政府一直希望有序推进，然而具体全面推进的时间也不得不不断后延。但无论从地方治理激励还是从国家职能履行的财力保障的角度看，个人房产税的推行势在必行。

（三）个人房产税的现实选择

从上述分析可知，无论从社会认同还是从宏观经济形势看，当前推行个人房产税的时机尚不成熟，但面向未来个人房产税的征收又具有相当的迫切性。因此，如何提升其社会认同，降低推行和施行的成本，是其构建的首要之义。以上述个人房产税社会认同的分析中可以看出，因为各种因素的干扰和影响，个人房产税对房价的影响很难有立竿见影的效果，这个意义上促进社会认同，从而促进其推行的可能性较小。而从地方治理和地方财权财力角度的界定更有效力，所以个人房产税的征收或房产税改革应该从这一角度入手。

有学者提出房产税“收支相连”的决策机制，这是一个很好的思路①。以房产税为地方主体税种的地方税系的构建，直接带来的是税收负担，而作为财政收入来源带来的收益具有时滞而且有很大的不确定性。这非常不利于其社会认同的形成，从而施行成本会非常高。如何才能在推行之初甚至之前就能让纳税人看到其利益？最好的做法即房产税的“收支相连”。首先，将房产税用于地方直接受益的公共品，解决最迫切需要解决的民生相关的公共品供给，并且构建相关机制

① 朱为群、许建标．构建房地产税改革收支相连决策机制的探讨［J］．税务研究，2019（4）：24－30.

约束这一税收不会被挪用满足政府其他支出需要；其次，事前决策的民众参与，让纳税人在感受负担之前先感受利益和权力。

三、遗产税

虽然中国目前社会总体流动的水平、规模和速度都有所下降，但与相似发展程度的国家相比较，总体流动率不低，而且近年来有所上升。需要特别关注的是代际流动率下降①。代际流动率的降低从长期和动态看会降低社会总的流动率，阶层在财富代际传承中逐渐固化。凭借个人的努力和奋斗而不是其阶层和背景改变其命运，是一个社会良性演化的重要特征。在对一个社会的总体性认同形成中，社会流动性是一个至关重要的指标。从这一意义上看，个人所得税是对财富形成过程的公平性约束，房产税是对财富存量的公平性干预，而遗产税则是对财富代际传承阶层固化的介入。

实际上，在世界上开征遗产税的国家和地区，赠与税一般与之配套开征。本书只讨论遗产税，相关逻辑也适用于赠与税。

（一）中国当前遗产税社会认同状态及其基本特征

中国当前社会背景下，不同的群体对遗产税的期许指向不同，存在悖论。同时，所面临的错综复杂的社会经济环境也对遗产税有不同指向的诉求。

1. 从中国传统文化对代际关系的认知看，遗产税的开征具有天然的阻力

传统文化意义上，中国人的生命不仅仅是一个个的个体，同时个体的生命还（更）是在生生不息的子子孙孙的血脉传承中体现②。所以，在中国传统文化背景下，父母子女等代际之间的密切程度是其他文化不能比拟的。代际成员之间荣辱与共、休戚相关，为后代留下财产是其获得或创造财富非常重要的动力。虽然随着中国工业化进程的不断推进，传统文化烙印开始淡化，但其影响仍然非常深刻。所以，遗产税的开征较难获得社会认同。

2. 从中国当前社会流动性状态及其演化趋势看，遗产税具有一定的社会认同基础

从财富代际流动性降低、阶层固化程度提高以及财富分布失衡的角度看，需要通过再分配制度缓解。如果遗产税制度构建得当，能够在相当程度上缓解上述问题，具有社会认同的基础。

遗产税被视为缓解甚至有效阻断财富代际传承的制度。如果遗产税真能发挥

---

① 李培林．改革开放四十年我国阶级阶层的变化［J］．中国社会科学评价，2019（1）：23－24.

② 钱穆．晚学盲言［M］．桂林：广西师范大学出版社，2004.

这一效能，那么确实有开征的必要。西南财经大学中国家庭金融调查与研究中心2014年1月发布的《中国家庭财富的分布及高净值家庭财富报告》中指出，中国最富有的10%家庭拥有社会总财富的60.6%。与此同时，前1%富裕家庭的总资产、净资产、年收入均远高于前5%富裕家庭，财富极度集中。另外，中等资产阶层虽然财富增长最快，但其家庭财富增加的70%来源于房产价值的增长（这也是个人房产税开征和设计中需要注意的问题）。从这一角度看，中低收入阶层，希望能通过遗产税的开征缓解财富代际分布失衡的问题。同时，由于中低收入层财富量少，且相当部分是房产，所以并不希望遗产税课征在住房这样的财产代际转移中。从当前的住房市场价格看，普遍高于发达国家达成共识的收入负担水平界定。许多家庭是通过倾尽两三代人的收入购买住房，因此在这一财富的代际传承中征遗产税是不合宜的。同时，对财富高度集中的富裕阶层征收遗产税也并未形成一般性社会认同。因此，遗产税的开征要达成社会认同，需要关注这些社会现实。

总之，遗产税的社会认同倾向于排斥和否定。当涉及过度集中财富的代际传承时产生的负面情绪，更多的是指向财富获得过程的公平性，而不是财富的代际转移。所以，往往并不诉求于遗产税。

（二）主流理论对开征遗产税主要理由分析及其现实可能性与社会认同的一致性分析

理论界对遗产税开征给出了三个目标，减缓社会流动性不足、提高社会资本的效率和财政收入目的。而在当前社会背景下开征遗产税能够满足加大社会流动、促进要素流动与效率提升及财政收入提高的目标吗？

如前所述，从社会观念看，并没有开征遗产税的诉求。换一个角度看，遗产税的开征能解决逐渐形成并固化的社会流动不足和当前面临的效率问题，或者实现财政收入目标吗？

1. 缓解社会流动性不足的遗产税

虽然有数据显示财富的代际流动率下降，但从各类全球富豪榜榜单及相关财富与家庭财产调查报告看，中国富裕家庭的财产并非来自代际传承，而是来自创新性工商业形式的运用。换言之，当前财富积累的方式中有相当部分对社会经济发展是有益的。与此同时，远未形成稳定的富裕阶层。

社会阶层固化当然是分配体系合力而成的结果。遗产税是该分配机制的一部分。从中国的社会经济背景看，形成财富流量、存量和代际分配不公、分布不均的主要原因既包括市场机制的缺陷，也包括许多非市场的因素。无论遗产税课征的范围和税率怎么严苛，也仅仅对财富代际传承这一环节有效，无法对中国当前社会阶层分化与固化起到有效抑制的作用。

2. 从效率的角度看遗产税

从开征或曾经开征遗产税的国家和地区的经验看，其征管成本高、收入量和比例都较小，其起到的作用主要是对要素流动的负向作用。新加坡、新西兰等国家取消遗产税后，出现了较为明显的资金回流和直接投资增长。

近年，国际经济发展遭遇“瓶颈”，要素竞争日益激烈。在这样的背景下，显然不是开征遗产税的好时机。

3. 财政意义上的遗产税

“营改增”后地方财权匮乏，主要财政收入来自税收分成收入和非税收入（其中有较大争议的是土地使用权转让收入）。因此，地方税制体系构建备受关注。有不少学者认为遗产税符合作为地方主体税种的基本特征。但遗产税的征收是以一定财产形式和数量的持有人死亡（或与遗产税密切关联的税种赠与税的课税行为——转移）为前提条件。这一条件实现所具有的不确定性，使该税种很难被作为主体税种。同时，发达国家遗产税收入占国内生产总值（GDP）的比重平均为0. 16% ~0. 19%，占税收收入的比重在5% ~6%左右甚至更低。遗产税开征与否并不会有太大的财政意义。在世界范围内很少有国家从获得税收收入的角度开征遗产税。因此，遗产税并不满足作为地方主体税种的基本要求。

综上，对税种具体构建的分析，从社会认同视角首先讨论了个人所得税制社会认同的理想状态和现行税制存在的问题，并给出具体税制构建的建议。而对个人房产税及遗产税，主要从社会认同的角度看当前开征的可能性。各税种变迁及其规范性分析是建立在合宜的基本税制框架形成的基础上，因为这几个税种与现行税制体系中的主要税种共享税源、征管等。总的来说，在现行税制中占有较大比例的和影响力大的税种基本结构合宜，获得一定程度的社会认同的基础上，才谈得上如何征收个人房产税、是否开征遗产税。另一些税种如资源税（或环境税、碳税等），在现行税制体系未及理清之前贸然开征或扩围，成本高、效果差，不利于税制社会认同的增进。

主要参考文献

[1] [澳] 迈克尔·A. 豪格，[英] 多米尼克·阿布拉姆斯著. 高明华译. 社会认同过程 [M]. 北京：中国人民大学出版社，2011.

[2] [比利时] 威廉·杜瓦斯著. 赵蜜，刘保中译. 社会心理学的解释水平 [M]. 北京：中国人民大学出版社，2011.

[3] 陈少英. 税法基本理论专题研究 [M]. 北京：北京大学出版社，2009.

[4] 程亚文. 新知识短缺的历史与今天 [J]. 读书，2018 (12)：3 - 11.

[5] 大力. 支边去 [J]. 读库，2013 (1).

[6] [德] 海因茨·D. 库尔茨著. 李酣译. 经济思想简史 [M]. 北京：中国社会科学出版社，2016.

[7] [法] 塞尔日·莫斯科维奇著. 管健等译. 社会表征 [M]. 北京：中国人民大学出版社，2011.

[8] 方文. 群体资格：社会认同事件的新路径 [J]. 中国农业大学学报 (社会科学版)，2008 (1)：89 - 108.

[9] 费孝通. 费孝通全集 [M]. 呼和浩特：内蒙古人民出版社，2009.

[10] 冯俏彬，李贺. 加快构造稳定可靠的地方收入体系 [J]. 社会科学文摘，2019 (6)：45 - 47.

[11] 冯天瑜. "封建"考论 [M]. 武汉：武汉大学出版社，2007.

[12] 葛扬，岑树田. 中国基础设施超常规发展的土地支持研究 [J]. 经济研究，2017 (2)：35 - 51.

[13] 顾云昌. 40 年 40 个瞬间 | 住房制度改革 (1998 年 7 月 3 日) [N]. 中国经济周刊，2018. 12. 17.

[14] 黄仁宇. 赫逊河畔谈中国历史 [M]. 北京：生活·读书·新知三联书店，1997.

[15] 黄仁宇. 十六世纪明代中国之财政与税收 [M]. 北京：生活·读书·新知三联书店，2007.

[16] 贾康. 推动我国主体功能区协调发展的财税政策 [J]. 预算管理与会

计，2009 (3)：4－10.

[17] 焦耘．税收制度社会认同研究——税制变迁衍生社会利益冲突及其治理视角［M］．北京：经济科学出版社，2018.

[18] 焦耘．逃税制度化衍生：路径、成本及对策［J］．当代经济管理，2008 (6)：10－13.

[19] 焦耘．制度经济学视野下的税制变迁分析［M］．南宁：广西人民出版社，2008.

[20] 李林木．税收遵从的理论分析与政策选择［M］．北京：中国税务出版社，2005.

[21] 李培林．改革开放四十年我国阶级阶层的变化［J］．中国社会科学评价，2019 (1)：23－24.

[22] 李世举，饶海琴，陈巧凤．资源税改革后煤炭资源税改革后煤炭企业税收负担变化探析——以山西省为例［J］．财会研究，2018 (2)：17－23.

[23] 李香菊，杨欢．助推我国经济高质量发展的税收优化研究［J］．税务研究，2019 (05)：18－24.

[24] 李永刚，张平，宋小宁．土地财政破解与政绩考核制度改革研究［J］．复旦公共行政评论，2018 (1)：60－81.

[25] 李友梅．从财富分配到风险分配：中国社会结构重组的一种新路径［J］．社会，2008 (6)：1－14，223.

[26] 李友梅，肖瑛，黄晓春．社会认同：一种结构视野的分析［M］．上海：上海人民出版社、格致出版社，2007.

[27] 李友梅．重塑转型期的社会认同［J］．社会学研究，2007 (2)：183－186.

[28] 梁若冰．财政激励与消失的女性［J］．经济学（季刊），2019 (2)：461－482.

[29] 林毅夫．关于制度变迁的经济学理论：诱致性变迁与强制性变迁．财产权利与制度变迁［M］．上海：上海三联书店，1994.

[30] 刘植荣．中国个税制度落后美国100年［EB/OL］．光明网－光明观察：http：//guancha. gmw. cn/content/2010－03/29/content_1081305. htm，2010. 3. 29.

[31] 马栓友．宏观税负、投资与经济增长：中国最优税率的估计［J］．世界经济，2001 (9)：41－46.

[32] ［美］B. 盖伊·彼得斯著．郭为桂，黄宁莺译．税收政治学［M］．江

苏：江苏人民出版社，2008.

［33］［美］本·塞利格曼著．贾拥民译．现代经济学主要流派［M］．北京：华夏出版社，2010.

［34］［美］丹尼尔·W. 布罗姆利著．陈郁等译．经济利益与经济制度——公共政策的理论基础［M］上海：上海三联书店、上海人民出版社，1996.

［35］［美］道格拉斯·C. 诺斯著．刘守英译．制度、制度变迁与经济绩效［M］．上海：上海三联书店，1994.

［36］［美］凡勃伦著．蔡受百译．有闲阶级论［M］．北京：商务印书馆，2011.

［37］［美］郝令昕，丹尼尔·Q. 奈曼著．巫锡炜译．评估不平等［M］．上海：格致出版社、上海人民出版社，2012.

［38］［美］赫伯特·西蒙著．杨砾，韩春立，徐立译．管理行为［M］．北京：北京经济学院出版社，1988.

［39］［美］贾雷德·戴蒙德著．叶臻，江滢译．崩溃：社会如何选择成败兴亡［M］．上海：上海译文出版社，2011.

［40］［美］约翰·R. 康芒斯著．于树生译．制度经济学（上）［M］．北京：商务印书馆，2011.

［41］［美］科林·F. 凯莫勒等著．贺京同译．行为经济学新进展［M］．北京：中国人民大学出版社，2010.

［42］［美］曼纽尔·卡斯特著．曹荣湘译．认同的力量［M］．北京：社会科学文献出版社，2006.

［43］［美］乔·B. 史蒂文森著．杨晓维等译．集体行动的经济学［M］．上海：上海人民出版社、上海三联书店，1999.

［44］［美］乔斯·B. 阿什福德等著．王宏亮译．人类行为与社会环境：生物学、心理学与社会学视角［M］．北京：中国人民大学出版社，2005.

［45］［美］乔治·H. 米德著．赵月瑟译．心灵、自我与社会［M］．上海：上海译文出版社，2005.

［46］［美］斯科特·戈登著．应奇等译．控制国家［M］．南京：江苏人民出版社，2005.

［47］［美］约翰·罗尔斯著．何怀宏等译．正义论［M］．北京：中国社会科学出版社，1988.

［48］［美］约翰·罗尔斯著．万俊人译．政治自由主义［M］．南京：译林出版社，2000.

[49] [美] 约翰·罗尔斯著. 姚大志译. 作为公平的正义——正义新论 [M]. 上海: 上海三联书店, 2002.

[50] [美] 约拉姆·巴泽尔著. 钱勇, 曾咏梅译. 国家理论——经济权利、法律权利与国家范围 [M]. 上海: 上海财经大学出版社, 2006.

[51] [美] 詹姆斯·C. 斯科特著. 王晓毅译. 国家的视角 [M]. 北京: 社会科学文献出版社, 2004.

[52] 明旭. 认同经济学述评 [J]. 浙江社会科学, 2011 (6): 135-140, 160.

[53] 钱穆. 国史大纲 [M]. 北京: 商务印书馆, 1994.

[54] 钱穆. 晚学盲言 [M]. 桂林: 广西师范大学出版社, 2004.

[55] 钱穆. 中国近三百年学术史 [M]. 北京: 商务印书馆, 2005.

[56] 钱穆. 中国历代政治得失 [M]. 北京: 生活·读书·新知三联书店, 2007.

[57] 钱穆. 中国历史研究法 [M]. 北京: 生活·读书·新知三联书店, 2007.

[58] 钱穆. 中国史学名著 [M]. 北京: 生活·读书·新知三联书店, 2000.

[59] 钱宗范. 周代宗法制度研究 [M]. 桂林: 广西师范大学出版社, 1989.

[60] 任泽平. 中国企业税负大幅高于美国 减税势在必行 [N]. 经济参考报, 2017. 2. 23.

[61] 商务部, 国家统计局, 国家外汇管理局. 2017 年度中国对外直接投资统计公报 [M]. 北京: 中国统计出版社, 2018.

[62] 唐婧妮. 培育地方主体税问题探讨 [J]. 经济研究参考, 2013 (70): 23-70.

[63] 托尼·朱特. 思虑二十世纪 [M]. 北京: 商务印书馆, 2015, 转引自: 苏光恩. 朱特最后的沉思 [J]. 读书, 2015 (8): 3-11.

[64] 庹震. 史街拾墨 [M]. 北京: 新星出版社, 2014.

[65] 汪丁丁. 经济学思想史讲义 [M]. 上海: 上海人民出版社, 2012.

[66] 王绍光. 从税收国家到预算国家 [J]. 读书, 2007 (10): 3-13.

[67] 王志芬. 浅析中国古代的尊老养老体制 [J]. 学术探索, 2003 (7): 53-56.

[68] 吴帆. 集体理性下的个体社会行为模式分析 [M]. 北京: 经济科学出

版社，2007.

[69] 杨志勇．房地产税与健全地方税体系［J］．财政科学，2018（4）：19－24.

[70] 杨志勇．里根与特朗普税制改革的比较分析及对中国的启示［J］．国际经济评论，2018（3）：46－63，65.

[71] 姚涛，欧阳玉倩．房地产税公平感：测量维度、影响因素及对税收遵从的影响［J］．税收经济研究，2019（1）：55－62.

[72] 叶小果．流浪广州［J］．读库1804，2018（9）.

[73]［印度］阿马蒂亚·森．集体选择与社会福利［M］．上海：上海科学技术出版社，2004.

[74]［印度］阿马蒂亚·森．以自由看待发展［M］．北京：中国人民大学出版社，2002.

[75]［英］西蒙·詹姆斯，［英］克里斯托弗·诺布斯．税收经济学［M］．北京：中国财政经济出版社，2002.

[76]［英］亚当·斯密．道德情操论［M］．北京：商务印书馆，2015.

[77] 于春敏，詹慧敏．养老政策视角的房产税问题探析［J］．东南学术，2019（4）：239－245.

[78] 袁春生，马雪梅．煤炭资源税改革前后税负变动及影响因素——来自煤炭上市公司的经验证据［J］．税务研究，2019（5）：104－109.

[79] 岳树民．论税制的非正式约束［J］．涉外税务，2003（09）：10－13.

[80]［美］詹姆斯·M. 布坎南，［美］理查德·E. 瓦格纳著．刘廷安，罗光译．赤字中的民主　凯恩斯勋爵的政治遗产［M］．北京：北京经济学院出版社，1988：34.

[81] 张健一．现代国家认同与国家权力合法性分析——兼与徐勇教授商榷［J］．东南学术，2008（2）：156－163.

[82] 张维迎．私下吐真言　公开说假话［J］．读书，2002（2）：141－144.

[83] 张文春，孔令征．中国个人所得税纳税遵从实证分析［J］．晋阳学刊，2012（3）：54－61.

[84] 张学诞．地方税：地方治理的重要基础［J］．国际税收，2017（11）：34－39.

[85] 张学诞，梁季，许文，陈龙，施文泼，刘昶．近年来我国减税降费政策效果评估［J］．地方财政研究，2019（3）：11－17.

[86] 张荫麟．中国史纲［M］．太原：山西古籍出版社，2001.

[87] 张元城．西周分封制与君主专制关系初探［J］．河北师范大学学报（社会科学版），1995（4）：115－118.

[88] 朱明熙．对西方主流学派的公共品定义的质疑［J］．光华财税年刊，2005：17－22.

[89] 朱为群，唐善永，缑长艳．地方税的定位逻辑及其改革设想［J］．税务研究，2015（2）：51－56.

[90] 朱为群，许建标．构建房地产税改革收支相连决策机制的探讨［J］．税务研究，2019（4）：24－30.

[91] A. Goldsmith, J. R. Veum and W. Darity Jr. The Psychological Impact of Unemployment and Joblessness [J]. Journal of Socio-Economics 25. 1996.

[92] Akerlof, G. A. &R. E. Kranton, Identity Economics [M]. Princeton University Press, 2010.

[93] Amartya Sen. Goals, Commitment, and Identity [J]. Journal of Law. Economics and Organization. 1985. 1 (2): 341－355.

[94] C. Wickham, Framing the Early Middle Ages: Europe and the Mediterranean, 400－800, Oxford: Oxford University Press, 2005.

[95] Diamond, P., Mirrlees, J. Optimal Taxation And Public Production I; Production Efficiency, II: Tax Rules, American Economic Review, 1971 (61): 8－27, 261－278.

[96] Diamond, P. Optimal Income Taxation: An Example With A U-Shaped Pattern of Optimal Marginal Tax Rates [J]. American Economic Review, 1998 (88): 83－95.

[97] Itzhak Gulboa & David Schmeidler. Case Based Decision-making Theory [J]. Quarterly Journal of Economics. 1994.

[98] James Alm, Benno Torgler. Culture Differences and Tax Morale in the United States and in Europe [J]. Journal of E-conomic Psychology, 2006, (27).

[99] James A., Sanchez I., De Juan A. Economic and Non-economic Factors in Tax Compliance [J]. KYKLOS, 1995, (48).

[100] Klor, Esteban F. and Shayo, Moses, Social Identity and Preferences over Redistribution [J], Journal of Public Economics, 2010. (3): 269, (4): 78.

[101] Mirrlees, J. An Exploration In The Theory of Optimal Taxation [J]. Review of Economic Studies, 1971 (38): 175－208.

[102] Robert Solow. "Mass Unemployments a Social Problem" in Choice, Wel-

fare and Development [M]. Oxford: Clarendon Press, 1995.

[103] Tajfel, H. Experiments in Intergroup Discrimination [J]. Scientific American, 1970, vol. 223 (05).

[104] Tajfel, H. Human Groups and Social Categories [M]. Cambridge: Cambridge University Press, 1981.

[105] Tajfel; H. Quantitative Judgement in Social Perception [J]. British journal of psychology, 1959, 50.

[106] Tajfel, H. Value and the Perceptual Judgement of Magnitude [J]. Psychological review, 1957, 64.

[107] Torgler B. Tax Morale and Institutions [R]. CREMA Working Paper Series, 2003.

后　记

“每个人都是过往经历的囚徒”，我们总是容易以自己过往的经历去理解所看到的和正在经历的每一件事。阅读是逃脱这一困囿的最方便之门。

一直爱读书，喜欢那些闪耀着的思想的火花。很多年前，刚刚成为高校的一名青年教师，应学生的要求写过一篇关于读书的文章，将阅读分为因兴趣而读和功利的读，虽各有各的读法，各自的出发点不同，但“捷径”却唯有兴趣。而获得兴趣的方法是放缓追逐利益的步伐。我一直是这样阅读，也是这样做研究，所以在工作中往往是快乐的（除了难以按进度完成任务以外）。正是这样的阅读与思考成就了这一系列的研究。当然也是这本书从开始有想法到完成用了整整七年时间的原因。在这七年中，随思想的进阶而几易其稿。虽艰难缓慢，但时光漫失中的闪光点滴却是花开般的美好时刻。

博士阶段开始从制度经济学的角度看税收及其变迁。制度经济学开阔的视野正好迎合了笔者读杂书的爱好。在这十几年的时光里，深深地痴迷于那些美好的思想，休谟、斯密、哈耶克、熊彼得、杨小凯、钱穆、费孝通、黄仁宇、汪丁丁……在这样的阅读与思考中，虽几度迷惑——税收到底要做什么？但也正是这些思想给了笔者在税收领域相关问题分析中更加开阔的视野，而不被囿于所学专业和主流观点。

带着所思考的问题随读随想，总是记得被那些睿智的思想击中的一个个瞬间。

“人的行为，受观念的支配；任何制度，不过是对特定观念的表达，唯有基于观念共识的制度变革，才可能激活制度的力量”（杨小凯）。税收行为当然受社会共识及其所形成的税收观念影响，那么风俗习惯等存在较大差异的社会中，其观念的差异肯定会对相似的市场机制的运行中的税收制度产生影响。

“对社会而言，在人类幸福感的三种源泉中，最重要的是产权的稳定……它是社会秩序的最重要的部分。在产权变动太随意太迅速的时期，社会成员的幸福感将大大减少”（大卫·休谟）。税收制度是产权边界的一部分，故其变动影响产权的稳定性，从而影响社会秩序和人类幸福。

“外部性只有相对于现存的所有权才有意义。由于现存制度安排的缘故，人们需要冒险；改变了这一结构，风险的大小和发生率就会变化”（丹尼尔·W.布罗姆利）。逃税也是如此：逃税行为在不同制度背景下，风险大小和发生的概率及其成本收益不同，从而影响逃税行为。

读哈耶克的《自由秩序原理》关于“社会秩序的自生自发”和对“私域”的保障的问题，想到课税的界限问题推演到极致是在“私域”界定之后的行为边界的界定。这显然是税的合“法”性、合理性问题的根源。

……

所以，首先感谢给了我思想启迪的所有文献的作者，这些对思想深刻冲击的一个个瞬间成为我“突围”的利器。

其次感谢我的父母焦长师先生和邓元德女士，是他们给了我生命的底色——乐观与快乐。自幼腿疾，在那个年代，升学就业处处遭遇困境。在种种艰难困顿之下，乐观自信和坚韧被铸造成我成年后性格的主调，这都源于父母尤其是母亲的影响，让我从来没有太多地感知自己与他人有何不同。同时，还要感谢我的先生林映强，是他为我构筑了一个温暖宽舒的氛围，是他的操持家务和宽容让我可以愉快地享受研究过程的阅读与写作的时光。

最后，感谢我的儿子林耘志。在二稿完成后的修订中，他以其物理学专业学习的严谨给了我很多甚至可以说具有冲击性的意见和建议。

本书是在我的另一本书《税收制度社会认同研究——税制变迁衍生社会利益冲突及其治理视角》基础上的进一步探索，对税收社会认同的形成和演化有更进一步的研究和解读，并对中国税收社会认同及其税制变迁的历史线索和现实判断做了更为深入和细节的分析，以弥补上一本书的遗憾。但同样的，本书仍有不少的遗憾与不足。如对税制体系具体构建的分析，存在实证部分的欠缺及调研的面较窄等问题，希望再接再厉在未来的研究中进一步深入讨论。

焦耘

2020年8月